GARDASEE
MIT VERONA

DUMONT REISE-TASCHENBUCH

Nana Claudia Nenzel

GARDASEE
MIT VERONA

Inhalt

LAND & LEUTE

Inhalt

Das lombardische Westufer

REISEINFOS VON A-Z

GARDASEE-ATLAS

LAND & LEUTE

Quam te libenter
quamque laeutus
inviso …

(Wie gerne und mit
wie viel Fröhlichkeit
sehe ich dich …)

Catull,
Gesang 31, Vers 4

Uferpromenade mit der
Skaligerburg in Torri del Benaco

RIO 500 Midi

Die Vorboten des Südens

Die Villa Albertini in Garda

EIN ERSTER MEDITERRANER GRUSS

Gleich nach dem Brenner und hinter den Alpenriesen, die das Hinterland von kalten Winden abschirmen, durchfährt man von Norden kommend die Doppelregion Südtirol-Trentino. Dahinter öffnen sich Seenlandschaften, die mit ihrem milden Klima und der fast mediterranen Vegetation bereits den Süden Europas erahnen lassen.

In seinem Norden gleicht der Gardasee einem schmalen Fjord, seine Ufer fallen vor allem im Osten (Monte Baldo) und im Westen (Hochebene von Tremósine und Tignale) steil ab – doch in seiner ausladenden südlichen Hälfte erinnert er an ein Meer. Bei diesigem Wetter verschwinden die Ufer im Nichts.

Rund um den See liegen kleine Orte wie Perlen an einer Schnur, einige ragen vorwitzig in den See hinein, wie das zauberhafte San Vigilio in der Mitte des Ostufers. Oder Sirmione auf einer weit vom Südufer in den See reichenden Halbinsel, das wohl bekannteste Kleinod des Gardasees. Mit einigen anderen hat es eines gemeinsam: eine trutzige Skaligerburg. Mit ihren markanten Zinnen prägen solche Festungen, zum Teil nur noch als Ruine, auch das Bild der in ihrem Kern mittelalterlich gebliebenen Städtchen Riva und Malcésine, Bardolino und Lazise oder das Hinterland von San Felice am südlichen Westufer.

Da der Gardasee ein ›beliebter‹ Kriegsschauplatz auch späterer Jahrhunderte war, entstanden im Lauf der Zeit weitere Befestigungsanlagen oder die alten wurden erheblich verstärkt, wie die von Riva im Norden und Peschiera im Süden. In Friedenszeiten dagegen wurden prachtvolle, Reichtum und private Macht signalisierende Villen errichtet, in denen auch gekrönte Häupter verkehrten und bedeutende historische Ereignisse stattfanden, wie zum Beispiel in der Villa Albertini in Garda, in der Italiens erste Schritte in die Einigung besiegelt wurden.

Von besonderem Reiz ist das Ostufer mit den zum Teil uralten Olivenbäumen. Ihre ausladenden, geduckten Stämme zeigen viele Altersrunzeln und Schädlingsknoten, manche scheinen völlig ausgehöhlt, und es erstaunt, dass sie noch aufrecht stehen. Doch ihre kleinen, lanzettförmigen Blätter rascheln jugendlich-frisch mit jeder aufkommenden Brise und zeigen kess ihre silberne Unterseite – kein Wunder, dass die schon historischen Olivenbäume des Gardasees dem Ostufer den Beinamen »Olivenriviera« (»Riviera degli Olivi«) gaben. Die teilweise weniger erschlossene Westseite hat sich den Beinamen »Zitronenriviera« (»Riviera dei Limoni«) reserviert. Den Zitronenbäumen entströmen so betäubende Düfte, als stünden sie in der heißen Sommerglut Siziliens. Da es auch an guten Weinen nicht mangelt, die vor allem im südlichen und östlichen Bereich des Sees und in seiner Nähe gedeihen, sind die Voraussetzungen – Wein für jeden Geschmack und Olivenöl bester Qualität, frische Fische aus dem See und Gemüse aus den umliegenden Gärten – für eine gute lokale Küche perfekt.

STECKBRIEF GARDASEE

Lage und Größe: Oberitalien zwischen Alpenkamm und Po-Ebene, in durchschnittlich 65 m Höhe über dem Meer; Ostufer venetisch, Westufer brescianisch, im Norden Teil der autonomen Provinz Trient/Trentino; bis zu 52 km lang und 18 km breit, Uferlänge 158,4 m, mit 370 km^2 Fläche Italiens größter See (ital. »Lago di Garda« oder »Lago di Benaco«), maximale Tiefe 346 m. Wassertemperaturen: von Dezember bis Februar 6–10 °C, von März bis Mai 9–18 °C, von Juni bis August 17–27 °C, im September 17–22 °C, von Oktober bis November 10–15 °C. Der wichtigste Zufluss des Gardasees ist die Sarca aus dem trentinischen Norden, die den See in seiner gesamten Länge durchfließt und – sozusagen – als Mincio bei Peschiera del Garda im Süden verlässt. So behält der Gardasee fast ganzjährig einen gleich bleibenden Wasserstand, der höchstens um rund 1,5 m schwankt (zum Beispiel bei der Schneeschmelze).

Höchste Berge: Monte Baldo (2218 m) und Monte Caplone (1977 m).

Staat und Verwaltung: Da der See gleich drei italienischen Regionen gehört, unterliegt er verwaltungsmäßig auch drei verschiedenen Provinzen dieser Regionen, und zwar im Norden Trento, im Osten Verona und im Westen Brescia (den Süden teilen sich diese drei Provinzen ebenfalls, ›Treffpunkt‹ ist Sirmione).

Gesamtbevölkerung: mitsamt dem Umland ca. 160 000 Einwohner.

Wichtigste Orte (mit Einwohnerzahlen): Desenzano 22 000, Riva 13 800, Arco 14 100, Salò 10 000, Peschiera del Garda 9000, Toscolano-Maderno 7000, Bardolino 6200, Sirmione 5600, Malcésine 3600, Garda 3500, Torri del Benaco 2600, Gardone Riviera 2500, Lazise 1000, Limone 1000. Hinzu kommen die benachbarten Städte Verona (260 000) und Brescia (191 500), Trento (105 000) und Rovereto (34 200).

Religion: Wie fast alle Italiener sind die meisten Bewohner des Gardasees römisch-katholisch.

Wirtschaft: Das Baugewerbe spielt eine sehr bedeutende Rolle im Leben der Gardesaner. Viele von ihnen sind Nebenerwerbsbauern, immer mehr versuchen sich wieder als Voll-Landwirte, speziell im Wein- und Olivenanbau. Doch die wichtigste Rolle spielt der **Tourismus,** auch wenn er zum größten Teil ein Saisongeschäft geblieben ist (Ostern oder gar erst Pfingsten bis September/Oktober).

Neben Wochenendurlaubern, die zum Segeln, Surfen oder Golfspielen oder auch für einen kulinarischen Trip kommen, gibt es immer mehr Reisende, die einen Erholungsaufenthalt mit der Suche nach den interessanten kulturellen Zeugnissen rings um den See kombinieren wollen. Und sie werden hier mehr als fündig: ob es die Felsgravuren am Monte Baldo in nächster Seenähe oder die kleinen romanischen, teilweise reich freskierten Kirchen sind. Oder die prächtigen historischen Villen. Allein die hinreißend schönen Ortsbilder, im Kern noch mittelalterlich eng, bilden eine unwiderstehliche Verlockung. Vor allem dann, wenn man sie auf einer Bootsfahrt vom Wasser her für sich erobert.

An die 20 verschiedene Winde umwehen den Gardasee, davon zwei – Sóver und Andèr – besonders kräftig und pünktlich. Sie haben den See, vor allem im Norden, zu einem der beliebtesten Surfreviere Europas gemacht. So nah vor der Tür der Münchner etwa, dass ihre Wagen im Sommer jedes Wochenende die Uferstraßen Stoßstange an Stoßstange blockieren.

Natürlich kommen viele nach wie vor ausschließlich, um die Naturschönheit des größten italienischen Sees zu genießen. Vielleicht von der Seepromenade aus, geruhsam in einem Straßencafé sitzend und ein Eis oder den ersten *caffè* vor sich und in Erwartung der nächsten Farbveränderung des Wasserspiegels bei jedem Windhauch und je nach Stand der Sonne – am schönsten natürlich bei Sonnenuntergang, wenn bunte Lichtreflexe über den See tänzeln und die Zeit vergessen lassen.

NATURRAUM GARDASEE

Steile Bergmassive, sanfte Hügel

Im Norden verengt sich der Gardasee fjordartig auf nur 4 km Breite, während sich der Untersee in ein bis zu 18 km breites Becken ausweitet. Südlich des Sees haben die Endmoränen des Eiszeitgletschers eine sanft gewellte Hügellandschaft geformt, dagegen ist der Norden zum größten Teil von steilen Berghängen umgeben: im Osten vom markanten, über 2000 m hohen Massiv des Monte Baldo und im Westen von den Brescianer Voralpen, die nur hinter Maderno sowie zwischen Limone und Campione auf 1582 m (Monte Pizzócolo) ansteigen und mit Tignale und Tremósine zwei wunderschöne Hochebenen, Riesenalmen gleich, bilden – natürliche Aussichtsbalkone vom Feinsten.

Die größte der insgesamt fünf Inseln des Gardasees trägt seinen Namen: Isola di Garda (gegenüber Portese). Sie misst allerdings nur 1100 mal 60 m und wird fast vollständig von einer neugotischen, privat bewohnten *villa* eingenommen.

Drei italienische Regionen haben politischen und wirtschaftlichen Teil am Gardasee. Im Norden gehören Riva und Tórbole zur Region Südtirol-Trentino (Provinz Trentino), das Ostufer südlich Tórbole bis einschließlich Peschiera zur Region Veneto (Provinz Verona), das Westufer inklusive Sirmione und Desenzano im Süden zur Region Lombardei (Provinz Brescia), und im Süden greift die lombardische Provinz Mantua weit in das Moränengebiet des Gardasees hinein, ohne ihn jedoch zu berühren.

›Erbe‹ der Gletscher

Der mit seiner Oberfläche nur 65–67 m hoch gelegene Gardasee wird im Norden hauptsächlich vom Sarca-Fluss gespeist, der im Süden sozusagen als Mincio wieder abfließt, und erreicht eine Tiefe von bis zu 346 m. Entstehungsgeschichtlich und von seiner Form her ist er ein typischer Alpenrandsee. Die meisten Voralpenseen wurden während der letzten Eiszeit (vor 500 000 Jahren) durch sich nach Süden verschiebende Gletscher gebildet. Am Gardasee aber sind die Geologen der Meinung, die Gletscher hätten nur ausgeformt, was bereits zur Zeit des Adriatischen Beckens (ein riesiges Meer, das bis hierher reichte) entstanden war. Wie auch immer: Ohne die Bewegung der Eismassen wäre die fjordartige Form wohl nicht zu erklären.

Besonders markante sichtbare Spuren der Vorwärtsbewegung des Gletscherriesen sind im Norden bei Nago die imposanten Marmite dei Giganti: teilweise haushohe, durch so genannte Schleifsteine glattwandig aus dem Felsen ausgerundete Riesenschüsseln (»Gletschermühlen«, wie die Geologen sie nennen). Und die glatten Felswände des Monte Baldo sind von flachen Furchen durchzogen, die den Eindruck versteinerter Wellen vermitteln: Hier wurden kleinere Findlinge unter den Eismassen den Hang entlang geschoben. An manchen Stellen, meistens ebenfalls im Norden, liegen wie verloren noch große Findlinge herum. Etwa bei Arco, wo sich ein Restaurant in einen solchen, relativ glatt geschliffenen Felsbrocken ›eingenistet‹ hat.

Im Land der Oliven und Zitronen

Dank seiner windgeschützten Lage und seiner Öffnung nach Süden besitzt der Gardasee gleich mehrere Mikroklimata, die allesamt zum häufig freundlichen Wetter beitragen. So können heftige Regenfälle Frühjahr und Herbst durchaus vermiesen, doch frühlingswarme Winter mit 18–20 °C und herrlichem Sonnenschein sind keine Seltenheit. Das Klima ist insgesamt mediterran-mild, die Sommer werden am niedrig gelegenen See recht heiß (durchschnittlich 24 °C Lufttemperatur bei 22/23 °C Wassertemperatur).

Die unterschiedlichen Höhenlagen im Zusammenspiel mit dem Klima lassen eine Alpenflora (Christrosen und Zyklamen, Pfingstrosen und Edelweiß) am Gardasee ebenso gedeihen wie eine mediterrane. Ölbäume zählen hierzu ebenso wie Zitrusfrüchte, aber auch der Wärme liebende Feigenbaum sowie kräftig duftende Oleander und ganze Lorbeerwälder am steilen Westufer, prächtige Kapernbüsche, die aus hohen Mauern sprießen, und kräftig rosa blühende Valerianaceae (Rote Spornblumen) an den Abhängen der Brescianer Alpen.

Auf dem Monte Baldo im Osten und im Naturpark Alto Bresciano im Westen gedeihen wunderschöne Blumen in solcher Größe und Pracht, dass man immer wieder staunen muss: handtellergroße Christrosen (von November bis Ostern), gefüllte, brusthohe Pfingstrosen, langstielige Orchideen etc. In höheren Lagen trifft man vor allem über dem Westufer auf wunderbar hohe, teils uralte Esskastanien, darunter Maulbeerbäume, die früher für die Seidenraupenzucht angepflanzt wurden. Darüber hinaus kann man sich an den herrlichen Parks der großen Villen erfreuen, die zuletzt im 19. Jh. angelegt wurden und teilweise auch exotische Bäume und Büsche besitzen, die sich hier gut akklimatisiert haben.

Rings um den Gardasee gedeiht der Wein gleich in mehreren Lagen: im trentinischen Norden, im brescianischen Südwesten (Valtenesi und Lugana) und im veronesischen Südosten (berühmte Lagen: Bardolino und Custoza sowie Valpolicella Richtung Verona).

Legendärer Fischreichtum

An Fauna gibt es nicht viel, obwohl – oder vielleicht: weil? – die männlichen Gardasee-Bewohner wie wohl fast alle Italiener leidenschaftliche Jäger sind. Doch Wildgeflügel wie Rebhühner und Fasanen sind noch häufig zu finden, Rotwild und Wildschweine seltener.

DIE GEOLOGISCHEN FORMATIONEN

Die recht verschiedenen Gesteinsarten des Seebodens und der umliegenden Berge sind im Jura und in der Kreidezeit entstanden: fast strahlend weiß der kalkige Dolomit, wie man ihn etwa rund um die kleine Insel vor Sirmione am Nordende der Halbinsel erkennen kann (beim Umfahren der »Grotten des Catull« mit dem Boot oder von der Villa des Catull aus). Der gräuliche Kalkfels des Monte Baldo erreicht eine Dicke von 450 m, darüber liegt, vor allem oberhalb von San Vigilio, ein gelblicher Kalkstein, den man lokal »Oolitico di San Vigilio« nennt. Dieses fast reine Calciumcarbonat neigt stark zur Karstbildung und ist daher durchsetzt mit Grotten, Dolinen und ›Brunnen‹. In nächster Nachbarschaft findet man Muschelkalk mit zahlreichen Einschlüssen, ähnlich wie im Rosso Veronese mit seinen Ammoniten und anderen Fossilien, dem intensiv roten, aber auch rosafarbenen und gelblichen, feinkörnigen Stein, der seit der Antike im Veronesischen als Baumaterial abgebaut wird. Wegen seiner markanten Einschlüsse wird dieser Marmorstein auch als »Rosso Ammonitico« bezeichnet. Ein kostbarer Stein, dessen Schichtdicke ›nur‹ etwa 25 m misst.

Die Übergänge zwischen dem Rosso Ammonitico Veronese und dem weißlich-lehmigen Biancone der Kreidezeit sind meist fließend, seine Schichten erreichen eine Dicke zwischen 30 und 140 m. Sie bilden sanfte Hänge mit Hügelcharakter, ideal als Weideflächen, wie sie tatsächlich von den Schäfern in der Gegend von Prà da Stua bis vor wenigen Jahrzehnten genutzt wurden. Ganz gleichmäßig von hellen Kieselsteinchen (Konglomerat) durchzogen ist weiter oben der »Scaglia Rossa Veronese« (Schiefer) genannte Kalkstein, der zwischen 30 und 50 m Dicke erreicht. Damit endet der Aufbau der Kreideformation des Monte Baldo am östlichen Ufer des Sees.

Das westliche Ufer wurde in Perm, Kreide und Tertiär grundverschieden gebildet (zum Beispiel im Gebiet der Hochebenen von Tremósine und Tignale): Über dem Dolomit liegt eine etwa 200 m dicke Schicht Kalkstein, die kristallin, kompakt und weißlich ist, bei Campione weist die bis zu 350 m dicke Schicht (Calcari di stratiformi Campione) eine zum Teil ausgeprägt horizontale, meist aber vertikale, bräunliche und gräuliche Streifung mit Konglomerat-Einschlüssen auf, was auf ältere Sedimente als die normale Kalkschicht (Corna) hinweist. Darüber findet man eine eisenhaltige, rötliche Schicht und darauf ein rötliches, kalkhaltiges Gestein mit reichen Fossilien-Einschlüssen aus sehr tiefen Sedimenten. Die Kalkschichten darüber sind kompakt, rötlich oder grünlich weiß. Oberhalb von Gargnano überraschen große Brocken des Rosso Ammonitico Veronese und des Calcare Oolitico di San Vigilio vom Ostufer ebenso wie typische Elemente des lombardischen Gebietes im Westen, etwa so genannte Maiolica-Blöcke (mergelig und teerig) und eisenhaltige Kieselschichten (Selcifero).

Wölfe und Füchse verirren sich im Winter manchmal aus den Alpen in die tieferen Regionen um den Gardasee, ohne dass sie für Wanderer gefährlich wären. Und viele Vögel zwitschern munter, obwohl die Gardesani trotz Kinderschulung pro Tierschutz noch immer ihren heiß geliebten *spiedo*, einen Fleischspieß, gerne mit ein paar Vögeln spicken, wenn sie untereinander sind …

An Fischen mangelt es im See trotz Engpässen im Sommer nicht, denn die Gardesani achten streng auf Fangzeiten und züchten vor allem die beliebten rosafleischigen Forellen. Manche Arten werden außerdem durch das Einsetzen von Jungtieren vermehrt. Jedenfalls tummeln sich im See und seinen Zuflüssen viel mehr Fischarten als die üblichen Forellen, Felchen und Sardinen: Hecht und Seelotte, Aal und Schleie, Karpfen und Flussbarsch, Stör und kleine, wohl schmeckende Flusskrebse. Nur landen die meisten Raritäten in den feinen Restaurants oder in den Küchen von einheimischen Kennern …

Oliven und Zypressen: Vorboten des Südens

WIRTSCHAFT UND UMWELT

Der Tourismus ist neben Landwirtschaft – vor allem Wein und Olivenöl sowie Fischfang – und Bauwirtschaft die tragende Säule der Wirtschaft am Gardasee. Gut 1000 Hotels mit mehr als 50 000 Betten stehen rings um den See, dazu kommen fast 2000 Apartmentbetten in 70 Anlagen, und auf den etwa 130 Campingplätzen finden mehr als 26 000 Urlauber Platz. Jährlich kommen rund 3 Mio. Menschen an den Gardasee, wovon zwei Drittel auf ausländische Besucher und nur ein Drittel auf italienische Urlauber entfallen. Am beliebtesten ist der Gardasee bei den Deutschen, die jährlich mehr als 1,3 Mio. Besucher ausmachen. Die Zahl der ständig am See wohnenden Menschen liegt schätzungsweise bei 160 000.

Interessant ist die gesunde Mischung der Unterkünfte: Nur acht Hotels gehören der Fünf-Sterne-, 122 der Vier-Sterne-Kategorie an, 410 tragen drei Sterne, 351 nur zwei Sterne und immerhin 563 Häuser sind Pensionen mit einem Stern, die durchaus ihren Charme und ihre Klientel haben und teilweise einen erstaunlich guten Standard bieten. Nur wenige Hotels besitzen einen Pool, kaum eines ein beheiztes Hallenbad, was aber auch ein Beleg dafür ist, dass die meisten Gäste sich auch ohne Badevergnügen zu unterhalten wissen. Nebenbei bemerkt: Mehr als die Hälfte aller Hotels am See ist im Winter geschlossen. Um die Verlängerung der Saison bemühen sich auch nicht alle, weil sie im Sommer genügend verdienen. Aufwändiger geführte Hotels hoffen auf sportliche Gäste: auf Tennisspieler und insbesondere auf Golfer, denen mehr Plätze besser gefallen würden – im krassen Gegensatz zu manch grünen Bürgerinitiativen. Der Wintertourismus am Gardasee ist eher von lokaler Bedeutung.

Das Handwerk hat nicht zuletzt dank der florierenden Tourismusindustrie an Raum und Bedeutung gewonnen (Töpferkunst und Holzarbeiten). Darüber hinaus spielen modische Kleidung sowie Schuhe, Taschen, Gürtel und vor allem Lederbekleidung aus dem Veronesischen eine Rolle. Die Schiffswerften haben immer gut gefüllte Auftragsbücher, eine Werft in Garda arbeitet sogar für das spanische Königshaus, und auch die zwischen Verona und dem Gardasee ansässige Marmorindustrie kann nicht klagen. Fischerei und Landwirtschaft stellen mit intensivem, doch kontrolliertem Fischfang (auch Forellenzucht im Norden) bzw. der bedeutenden Olivenölproduktion sowie dem lohnenden Weinanbau florierende Wirtschaftszweige dar. Eine traditionell bedeutende Rolle spielt am westlichen Gardasee-Ufer die Papierindustrie, wenn auch bei weitem nicht mehr in dem Maße wie im ausgehenden Mittelalter, als eine Papiermühle neben der anderen im düsteren Toscolano-Tal viele Menschen beschäftigte. Die kleineren Seen in der Nähe leben praktisch nur vom Fremdenverkehr, der im Winterhalbjahr fast überall ruht.

GESCHICHTE IM ÜBERBLICK

4000 v. Chr. Besiedlung des Gardasees durch jungsteinzeitliche Menschen, die sowohl Pfahlbauten (besonders schön am Ledro-See im Nordwesten des Gardasees) als auch Felsgravuren (zum Beispiel im Hinterland der Punta San Vigilio am mittleren Ostufer) hinterlassen.

400 v. Chr. Einwanderung keltischer Stämme von Oberrhein und Oberdonau nach Oberitalien, wo sie mehrere Städte gründen, darunter nahe dem Gardasee Brescia und Verona. Sie leben in relativem Frieden mit den über den Apenninkamm aus dem Gebiet der heutigen Toscana gekommenen Etruskern und treiben regen Handel mit ihnen.

222 v. Chr. Die Römer beginnen ihren Vormarsch vom Süden her und verdrängen die Kelten aus dem Gebiet des Gardasees. Sie bauen das Straßennetz für den besseren Vormarsch ihrer Truppen aus und urbanisieren die bereits vorhandenen keltischen Gründungen.

191 v. Chr. Gründung der römischen Provinz Gallia Cisalpina, das Gebiet der Seen zwischen Garda- und Iseo-See inbegriffen, mit Mediolanum (Mailand) als Hauptort, aus strategischen Gründen aber auch Verona und Brescia. Von diesen starken Stützpunkten aus beginnen sie den Eroberungsfeldzug nach Norden, jenseits der Alpen.

102 v. Chr. Einfall der Cimbern und Teutonen, zwei ursprünglich aus dem heutigen Dänemark stammenden Stämme, aus Böhmen und Bayern in Oberitalien (Cimbern oder Zimbern siedeln im Trentino, im nach ihnen benannten Zimbertal bzw. in der Valcembra).

ab 88 v. Chr. Die Römer beginnen mit der Vergabe des römischen Bürgerrechts an die wichtigsten Städte Oberitaliens.

Christianisiertes Oberitalien

Nach der Zeitenwende geschieht erst einmal nicht viel Aufregendes mit den bäuerlichen Bewohnern des Gardasees, die sehr bescheiden von Olivenöl und Weinanbau leben.

313 Mit dem Mailänder Edikt beendet Kaiser Konstantin die Verfolgung der Christen, auch die Bewohner des Gardasees werden christianisiert.

374–397 Der sehr beliebte Bischof von Mailand, Ambrosius, fördert die weitere Christianisierung des Gebietes. Auch kulturell blüht die spätere Region der Lombardei auf.

5./6. Jh. Mit der Völkerwanderung beginnt eine unruhige Zeit für das gesamte Gebiet Oberitaliens.

412 Mailand wird von den Ostgoten völlig zerstört, danach folgen mehrere Eroberungszüge germanischer Stämme.

493 Der Ostgotenkönig Theoderich besetzt im Auftrag Ostroms das Weströmische Weltreich und damit auch das Gebiet des Gardasees. Er residiert sowohl in Ravenna (Ostrom) als auch in Verona und baut nahe dem heutigen Gardasee-Städtchen Garda am Ostufer eine strategisch bedeutende Burg (die *rocca*). Die Zerstörung der oberitalienischen Kulturlandschaft und der Städte wird von den Ostgoten systematisch voran getrieben.

Das Langobardenreich

568–774 Die Langobarden beherrschen Oberitalien und geben der Lombardei ihren Namen. Ihre Hauptstadt und königliche Residenz wird das lombardische Pavia. Sie bauen die zerstörten Städte wieder auf, ein langobardisches Rechtssystemn wird als bindend eingeführt und Kirchen errichtet. Doch die Langobarden bestehen nicht nur auf Einführung ihrer eigenen germanischen Kultur, sondern vermischen sie mit vielerlei christlich-römischen Kulturaspekten. So lassen sie von ihrem arianischen Glauben ab (Christus ist nicht Gott gleich, sondern nur Gott ähnlich; der Papst ist lediglich Bischof von Rom, nicht Führer der Christenheit) und bekennen sich zum römischen Katholizismus. Auch das römische Recht gefällt ihnen allmählich besser als das ihre, ebenso die lateinische Sprache.

nach 568 Bau der Burg von Malcésine am Westufer des Gardasees auf älteren, vermutlich etruskischen Grundmauern.

590 Zerstörung der Burg von Malcésine durch den fränkischen Heerführer Childerich.

774 Das Ende des Langobardenreiches wird eingeläutet: Karl der Große erobert es und damit auch das Gebiet des Gardasees.

Von den Franken bis zur Lombardischen Liga

800 Karl der Große wird mit der eisernen Langobardenkrone zum römischen Kaiser gekrönt. Das gesamte Gebiet Oberitaliens wird endgültig fränkisch, ohne dass Franken jedoch das Land besiedeln. Sie ernennen nur ihre Statthalter und der Kaiser setzt seinen Sohn Pippin in Verona als italienischen König ein.

806 Pippin stattet Malcésine einen Besuch ab; die Franken sind im Land aber nicht sehr präsent. Die Bevölkerung ist relativ schutzlos.

899 Überfälle magyarischer Reiterheere (aus dem heutigen Ungarn).

bis 951 Karolingische Kaiser und Könige sowie einheimische Fürsten kämpfen um die Macht in Oberitalien. Berengar II. gelingt es, einigermaßen Ordnung zu schaffen. Er möchte vom Papst zum König Italiens bestellt werden, doch dieser sieht darin seine eigene Macht gefährdet und bittet den deutschen König Otto I. um Hilfe. Dieser lässt es auf einen Streit mit dem Papst ankommen, indem er sich lieber auf die Bischöfe stützt, die ihm sowohl auf dem Land als auch in den Städten den Erhalt seiner Rechtsordnung garantieren. Dies wiederum gipfelt im so genannten Investiturstreit.

951–952 Otto der Große unterwirft Oberitalien und gliedert einen Teil (die Mark Verona und Friaul) dem Herzogtum Bayern an.

1076 Papst Gregor VII. reagiert mit dem Kirchenbann auf seinen Streit mit Heinrich IV., was mit dem berühmten Gang des Kaisers nach Canossa endet und die päpstliche Macht stabilisiert. Gestärkt gehen jedoch die oberitalienischen Städte aus dem Streit zwischen Kaiser und Papst, anstelle der Bischöfe regieren nun Konsuln zusammen mit bis zu 1000 Räten die Kommunen.

1158 Mailand wird von Kaiser Friedrich I. Barbarossa unterworfen.

1162 Barbarossa zerstört Mailand.

1163 Als direkte Reaktion der anderen gestärkten Kommunen entsteht der Veroneser Städtebund gegen Kaiser Barbarossa.

1167 Die Lombardische Städteliga etabliert sich als Ausweitung des Veroneser Städtebundes.

1176 Sieg der Lombardischen Städteliga über Barbarossa.

1183 Barbarossa muss die Autonomie der Lombardischen Städteliga anerkennen (Frieden von Konstanz), dafür versprechen die nun als Staaten anerkannten Städte (Stadtstaaten) dem Kaiser die Treue. Daneben bleiben einige Städte, speziell aus der Lombardischen Liga, bestehen, die dem Papst die Treue geschworen haben. Es entbrennt der Zwist zwischen den kaisertreuen Ghibellinen und den papsttreuen Guelfen, sowohl zwischen ganzen Gemeinden als auch zwischen Familien innerhalb dieser. Immer höher wachsen die *casetorri*, die Geschlechtertürme, in den Himmel, in denen sich die Familienclans verschanzen können.

Von den Visconti bis Napoleon

13. Jh. Mächtige Familien übernehmen in den Kommunen allmählich die Macht, im Mailänder Gebiet, der Lombardei also, für lange Zeit die Visconti, mit denen sich kleinere, aber potente Familien in der Machtfrage zu arrangieren verstehen und diese zeitweise behalten können. Am Gardasee sind es die Skaliger (Scaligeri) aus Verona.

1260–1387 Die Skaliger beherrschen vor allem Verona und das Ostufer des Gardasees.

um 1350 Mailand ist mächtigster Stadtstaat Oberitaliens.

bis 1400 Die Visconti beherrschen die gesamte heutige Lombardei bis zum Iseo-See, Teile der Toscana, Liguriens und Umbriens. Matteo Visconti und sein Sohn Galeazzo sind die treibenden Kräfte.

1405 Venedig übernimmt die Herrschaft über das Ostufer des Gardasees, als Statthalter der Serenissima regiert jeweils ein Capitano del Lago abwechselnd in Garda, Malcésine und Torri del Benaco.

1428 Venedig weitet seine Macht bis zum Iseo-See aus.

ab 1440 Der gesamte Gardasee (außer Riva) gehört zu Venedig, Salò ist Hauptverwaltungsort.

1450 Francesco Sforza wird in Mailand zum Herzog ausgerufen.

1454 Mailand und Venedig, die Serenissima, die sich lange um die Vorherrschaft in Oberitalien bekämpft haben, beschließen im Frieden von Lodi die Teilung des Gebietes: Den Osten behält die Republik Venedig, den Westen Mailand bzw. die Sforza in der Nachfolge der Visconti, genauer Francesco Sforza, der Schwiegersohn des letzten Visconti.

1494 Ludovico Maria Sforza tritt die Nachfolge an, einer der intellektuellsten und kunstverständigsten Herrscher der Lombardei.

1499 Der französische König Ludwig XII. nimmt Sforza gefangen und bemächtigt sich zumindest zeit- und teilweise der Lombardei.

1535 Mailand gerät in den Besitz der spanischen Habsburger.

1701–1714 Spanischer Erbfolgekrieg und Übernahme der Herrschaft durch die österreichischen Habsburger.

1796–1800 Napoleon Bonaparte rückt gegen das Herzogtum Mailand vor und befreit es durch die entscheidende Schlacht bei Marengo (1800) von den Habsburgern.

1797 Im Oktober Ausrufung der *Repubblica Cisalpina* (»Republik südlich der Alpen«). Damit wird das Ende der venezianischen Herrschaft eingeläutet.

1802 Die italienische Republik wird ausgerufen, mit Napoleon als Präsident. Ein Jahr später lässt er sich in Paris zum Kaiser krönen und in Mailand zum König von Italien, das damals aus der Lombardei, aus Ligurien und Venetien besteht.

Einigung Italiens

1814 Die Franzosen räumen nach Napoleons Sturz Italien; Südtirol-Trentino und die Lombardei werden nach dem Wiener Kongress wieder Österreich angeschlossen.

1821–1861 Die oberitalienische Freiheitsbewegung führt zur Einigung Italiens *(Risorgimento)*. Ihr gingen Aufstände in den großen Städten und blutige Kämpfe auf den Schlachtfeldern südlich des Gardasees (Solferino) voraus.

1858/1859 Durch das Kriegsbündnis mit Frankreich (zwischen Cavour und Napoleon III.) wird Österreich gezwungen, die Lombardei an Italien abzutreten.

1861 Der größte Teil Italiens ist unter der Führung des charismatischen Freiheitskämpfers Giuseppe Garibaldi befreit, Vittorio Emanuele II wird König des Vereinten Italien.

1866 Anschluss des Veneto an das Vereinte Italien.

1871 Rom wird Hauptstadt des Vereinten Italien, aber Südtirol-Trentino gehört weiter zu Österreich.

1918 Anschluss Südtirols an Italien (Friedensvertrag von Saint-Germain).

1939–1945 Zweiter Weltkrieg: Die mit Nazi-Deutschland verbündeten Faschisten unter der militärischen wie politischen Führung Benito Mussolinis (1883–1945) beherrschen Italien, das Gardasee-Gebiet haben die Deutschen fest in der Hand.

1943 König Vittorio Emanuele III setzt Benito Mussolini sowohl als Feldherr als auch als Ministerpräsident ab. Nazi-Deutschland richtet für Mussolini einen faschistischen Satellitenstaat namens »Republik von Salò« ein, eine Marionettenregierung, die allerdings für grausame Gemetzel unter der Bevölkerung sorgt und ganze Dörfer in den Bergen vernichtet. Mussolini residiert quasi als Gefangener der Deutschen in der besetzten Sommervilla des Verlegers Feltrinelli am Rande von Gargnano.

1945 Mussolini versucht in der Verkleidung eines deutschen Offiziers ins neutrale Ausland zu fliehen, wird jedoch von Partisanen abgefangen und zusammen mit seiner Geliebten Claretta Petacci am Comer See erschossen; zur Mahnung und zum Gespött werden sie danach in Mailand kopfunter aufgehängt.

Italienischer Befreiungs- und Einigungskrieg: Begrüßung der toscanischen Artillerie in Montechiaro durch in der Schlacht bei Solferino verwundete Franzosen (1859). Gemälde von Telemaco Signorini (um 1859)

WIE DAS DAS ROTE KREUZ ENTSTAND

Die Schlacht von San Martino, die dem Ort später den Beinamen »della Battaglia« einbringen sollte, fand am 24. Juni 1859 statt und brachte Italien die Unabhängigkeit. Die beiden Heere (das französisch-piemontesische unter Napoleon III. und das österreichische unter Kaiser Franz Joseph) standen sich mit 150 000 Mann und 360 Kanonen sowie 135 000 Mann und 400 Kanonen gegenüber.

Die Schlacht wurde in zwei Teilen ausgetragen: im Norden um San Martino, wo die vier piemontesischen Divisionen unter Vittorio Emanuele II das österreichische Armeecorps unter Führung von Marschall Benedek zurückstoßen konnten, und im Süden in der Nähe der *rocca* von Solferino, wo Napoleon vier Divisionen seiner Garde dem Armeecorps zur Unterstützung schickte. In Madonna della Scoperta schließlich, also zwischen den beiden Schlachtfeldern, kamen die Sarden ihren Verbündeten zur Hilfe. Dabei erlitten alle drei Heere wegen der unzureichenden Sanitätsdienste so hohe Verluste (man spricht von 40 000 Verletzten und Toten), dass sie für den Schweizer Jean Henry Dunant, der nur zufällig am Ort des Geschehens war, den Ausschlag gaben, eine internationale Gesellschaft zu gründen: das Rote Kreuz. Damit war die größte humanitäre Einrichtung der Welt ins Leben gerufen.

Die Verwundeten von den Schlachtfeldern des Risorgimento aber fanden bereits durch den Solidaritätsgeist der einheimischen Bevölkerung und einiger Freiwilliger an mehreren Orten Hilfe – und zwar ungeachtet ihrer Nationalität.

1977 Die Lombardei und der Veneto erhalten weit gehende, Südtirol-Trentino ihre volle Autonomie als Regionen.

1996 Wiederholte Bestrebungen, den Norden Italiens vom Süden abzutrennen. Es erfolgt sogar die Gründung einer so genannten Repubblica del Nord (oder Padania); Sprachrohr ist die rechte Lega Nord.

1997 Reformkonzept zur Abschaffung der bisherigen Region Trentino-Südtirol und Errichtung einer eigenen Region Südtirol (Bundesland Südtirol) mit mehr Eigenständigkeit und Selbstverwaltungsbefugnissen.

1998 Ein Erdrutsch, dem weitere folgen, schneidet das Westufer des Gardasees vom Norden ab, es folgen langwierige Baumaßnahmen zur Sicherung der Strecke Riva–Limone–Gargnano.

2001 Ein neuer Tunnel zwischen Riva und Limone beendet die Ängste und Umstände – zeitweise nur Fährverkehr – am nördlichen Westufer.

2002 Auch Italien führt den Euro als Zahlungsmittel ein.

Kultur und Leben

Die Skaligerburg in Sirmione

ALLTAGSLEBEN AM GARDASEE

Keine Frage: Der Gardasee lebt vom Fremdenverkehr, und vieles hat sich nach dem Geschmack der meist ausländischen Touristen zu richten. Doch selbst diejenigen, die in dieser Gegend aufgewachsen und später auf der Suche nach einer Ganzjahres-Beschäftigung oder einem Beruf, der nichts mit dem Hotel- oder Gaststättengewerbe zu tun hat, von hier weggezogen sind, kommen immer wieder zurück. Weit sind sie ohnehin selten gekommen ... Bis zur lombardischen Regionalmetropole Mailand vielleicht, ins nähere Brescia, auf der venetischen Seite bis Verona, im Süden nach Mantua und im Norden bis Trento. Die Gardesaner entfernen sich ungern vom See – und ein ererbtes Zuhause bleibt in der Regel in der Familie: als Zweithaus, die Sommerfrische für die ganze Familie.

Andererseits wurde viel Land an Ausländer verkauft – und meist einsam stehende Häuser, die heute als Ferienhäuser dienen. Ganze Feriensiedlungen entstanden. Die Hochebenen von Tremósine und Tignale am nördlichen Westufer sind Beispiele für teils scheußliche, die Landschaft verschandelnde Erschließungen. Aber auch für das Hinterland von Malcésine und vor allem für Garda mit Costermano gilt Gleiches. Überall Ferienhäuser und Apartments, die für wenige Wochen im Jahr bewohnt oder vermietet werden. Hinzu kommt, dass die meisten Hotels am See Saisonbetriebe sind, also vielleicht um Ostern öffnen und schon Ende Oktober wieder schließen, gefolgt von manchen Restaurants – ebensolchen, die sich ausschließlich an Touristen wenden und bei deren Preisen die Einheimischen nur staunen.

Zauberhafter Winter

Ganze Ortschaften sind daher im Winter wie ausgestorben. So auch das hübsche Limone am Nordwestufer, dessen Hoteliers längst andere Häuser etwa in Fernost oder in der Karibik besitzen, wohin sie sich dann selbst am liebsten zurückziehen. Oder das viel berühmtere Sirmione im Süden. – Schade. Denn gerade der Winter ist am Gardasee von besonderem Zauber. In dieser Jahreszeit ist schlechtes Wetter etwas Besonderes, man kann fast allabendlich großartige glühend rote Sonnenuntergänge beobachten oder dem Lauf der Wolken zuschauen. Bei einem Regenschauer kommt der Besuch in einer urigen Trattoria gerade recht, in der zumindest am Westufer mit Bestimmtheit das Kaminfeuer lodert. Und (meist nicht nur) an den Sonntagen durchziehen köstliche Düfte die Dorfgassen: Es ist der *spiedo*-Tag, der Tag, an dem sich der beliebte Fleischspieß in fast jeder Kneipe in den Brescianer Bergen dreht.

Intakte Städtchen

Das Alltagsleben in einigen Städtchen direkt am See hat sich so erhalten kön-

Schnack am Ufer von Salò

nen, wie es deren Bewohner lieben und brauchen. Und sie atmen hörbar auf, wenn die Fremden ihren Ort verlassen haben, treffen sich wieder zum *caffè* in den schön aufgeheizten Bars und zum kleinen Schwatz auf der Piazza. So ist das Kreisstädtchen Salò mit seinem malerischen Golf am südlichen Westufer lebendig geblieben, weiter nördlich das viel kleinere Gargnano, im Süden Desenzano mit mehreren Behörden und guten Einkaufsmöglichkeiten; am Ostufer vielleicht noch Lazise und mit Einschränkung auch Garda. Grundsätzlich gilt, dass sich die Orte im südlichen Bereich des Westufers ihren natürlichen Charakter erhalten haben, weil dieser Teil vom Massentourismus verschont geblieben ist.

Wer nicht in der Tourismusbranche arbeitet, verdient sein Geld vielfach als Angestellter oder Handwerker. Viele Gardesaner sind Nebenerwerbsbauern, denn fast jeder hat sein kleines oder größeres Stück Land, das nahezu alles abwirft, was man zum Leben braucht. Was fehlt, wird in den kleinen Läden des Heimatdorfes oder -städtchens, am liebsten aber auf dem Wochenmarkt gekauft, der gleichzeitig als Treff- und Kommunikationspunkt fungiert. Trotz der paar Supermärkte, die es auch gibt. Und was hier noch immer funktioniert: Es gibt fahrende Händler, für Obst und Gemüse genauso wie für Kleidung und Schuhe, für Lebensmittel und Fisch. Sie haben ihren festen Verkaufstag in den abseits gelegenen Dörfern. Es ist unglaublich, mit welch vielfältigem Angebot die Händler in die Örtchen kommen, ihre Verkaufswagen quellen geradezu über, was insbesondere die älteren Dorffrauen freut, die sich den mühsamen Weg an den See sparen können.

Geliebter »Campanilismo«

Wie fast alle Italiener sind auch die Menschen rings um den Gardasee *campanilisti*, also Leute, die Kirchturmpolitik betreiben. Sie machen darüber zwar ihre Scherze, meinen es aber trotzdem ernst. Diese Beschränkung auf den Nahbereich verwundert nicht, gehört doch der See gleich drei Regionen an, die sich sowohl landschaftlich als auch geschichtlich und kulturell unterscheiden, ja deren Bewohner zeitweise sogar gegeneinander gekämpft haben. So wird man selten jemanden in den Brescianer Bergen finden, der sich am Ostufer des Gardasees auskennt. »Ist denn unsere Seite nicht schön genug?«, wird derjenige gefragt, der sich über diesen *campanilismo* wundert.

Religion und Kulte

Die meisten Einheimischen sind römisch-katholisch, ohne jedoch allzu fromm zu sein. In die Kirche gehen allerdings erstaunlich viele, vor allem zur Sonntagsmesse und zu den wichtigsten religiösen Feiertagen. Junge wie Alte – auch wenn manche Männer lieber draußen vor der Tür bleiben und eine Zigarette rauchen, anstatt der Messe zu folgen. Hauptsache, man lässt sich sehen. Das ist in den kleinen Bergdörfern ebenso wie in den Städtchen, soweit eine funktionierende Gemeinschaft erhalten geblieben ist. Wer sich die Dorffeste entgehen lässt, wird fast schon vom Dorfleben ausgeschlossen. Auch die Kindergartenfeste gehören dazu und die Schulfeste. Denn hier ist Spendenbereitschaft gefragt und die Mithilfe der Mütter beim Kuchenbacken und beim Organisieren von Spiel und Spaß.

Übrigens gilt die lombardische Provinz Brescia, zu der das Westufer des Gardasees gehört, als diejenige mit den hilfsbereitesten Italienern. Viele engagieren sich sowohl lokal als auch weltweit mit Spendenaktionen oder beispielsweise bei der alljährlichen Aufnahme von Kindern aus Tschernobyl. Menschen aus verschiedenen Dörfern und Kirchengemeinden kümmern sich um die verseuchten Kinder, bezahlen den Flug, besorgen Unterkunft und Essen, kleiden sie neu ein, organisieren Ausflüge etc.

Feste und Traditionen

Wer auf die örtlichen Feste neugierig ist, sollte gleich nach der Ankunft im zuständigen Informationsbüro nach dem Veranstaltungskalender fragen oder auf entsprechende Plakatanschläge achten. Als Faustregel gilt: Im Sommer findet fast täglich mindestens an einem Ort eine Veranstaltung statt, sei sie musikalischer Natur (von volkstümlich bis klassisch) oder rein touristischer (Tanzmusik, Tombola u. ä.), kirchlicher (etwa eine *sagra,* »Kirchweih«) oder kulinarischer wie beim freien Sardinenessen in Malcésine. Apropos Essen: Fast jedes Fest am Gardasee hat etwas mit Essen und Trinken zu tun, zumindest bildet das Festmahl immer den Abschluss.

Kirchliche Feste

Kirchliche Feiern stehen bei den Gardesanern nicht besonders hoch im Kurs, auch wenn sie ihre Ortsheiligen lieben. Beispielsweise den hl. Valentin, den Schutzpatron der Liebenden. Nördlich der Alpen schenkt man sich Blumen, südlich davon ehrt man den freundlichen Heiligen aus Umbrien am Sonntag um den 14. Februar herum zum Beispiel mit Wallfahrten. Wie der vom kleinen Nest Sasso oberhalb von Gargnano am Westufer bis zur San Valentino-Kapelle. Immerhin rund 400 m Höhenunterschied gilt es auf einem steinigen und steilen Pfad zu überwinden. Der jüngste Pfarrer der Gemeinde, der mit den frischesten Beinen, hält dann oben vor der Kapelle die Messe.

Zu Ostern findet man eigentlich nur eine einzige nennenswerte Prozession: am Ostufer in Brenzone. Im Ortsteil Castelletto steigt nachts im Schein von Fackeln die Prozession der Einheimischen wie Touristen die Via Crucis hoch bis nach Biaza.

Musikfreunde können sich in Arco im Norden des Sees bereits seit drei Jahrzehnten an den Osterkonzerten erfreuen. Und in Bardolino spielen von Mai bis September die einheimischen Philharmoniker jeden Mittwoch auf der Piazza Matteotti auf. Um den 20. Mai herum findet hier auch die schöne »Festa del Chiaretto Bardolino« statt, bei der der süffige Rosé in Strömen fließt, ›garniert‹ mit Konzerten von Klassik bis Rock.

Dort, wo Sant'Antonio da Padova verehrt wird, findet am Wochenende um den 10. Juni herum bestimmt eine kleine Land- oder Bootsprozession statt, so von Gargnano auf dem Wasserweg nach Villa.

Beliebte Ruderwettbewerbe

Die Gardesaner sind insgesamt recht sportlich, viele jagen gerne oder betreiben aktiv Rad(renn)sport. Doch auf dem Wasser, da sind viele von ihnen kaum zu schlagen. Nicht beim Surfen oder Segeln – ihre Zuneigung gilt traditionell dem Rudern. Ihre Lieblingsboote sind die so genannten Bisse, lange schmale Boote, die von jeweils vier Männern im Stehen gerudert werden. Von Juni bis September geht es an den Wochenenden von Regatta zu Regatta – auf die Plakate zu achten lohnt sich!

»Il fuoco d'artificio«

Kein großes Fest am Gardasee ohne das abschließende Feuerwerk! Diese (schöne) Faustregel wird man sich sicher schnell merken können. Und das neue Jahr begrüßen alle rings um den See mit den längsten und prächtigsten Feuerwerkkünsten. Als Zuschauer ist man an einem höher gelegenen Ort am besten aufgehoben – der Übersicht halber.

Musik und Tanz

Die Gardesaner singen gerne. Es gibt kaum jemanden, der als junger Mensch nicht im Kirchenchor gewesen wäre oder es noch ist. Gesungen wird dann nicht nur zu kirchlichen Anlässen, sondern auch bei ganz profanen Veranstaltungen.

Größere Orte am See haben ihren eigenen Chor, der vielfach vom Tourismus sogar profitiert hat. So etwa der von einem der touristischen Flaggschiffe am See, der von Garda. In der Volksschule besitzt der Chor von Garda (Coro la Rocca) ein eigenes kleines Theater, über und über dekoriert mit Preisen und Erinnerungsstücken der 35 ständigen Mitglieder. Man kann den seit 1956 existierenden Chor im Sommer, also während der Saison, auch auf den hübschen Plätzen des Ferienortes singen hören (erst alte Garda-Lieder, dann volkstümliche oder auch mal beliebte Operettenstücke) – und seine CDs kaufen.

Beim traditionellen Fischessen in Riva

KUNST UND KULTUR AM GARDASEE

Architektur

Rätselhafte Frühgeschichte

Es ist sicher, dass der Gardasee bereits zur Jungsteinzeit besiedelt war. Augenfällige Zeugnisse einer noch früheren Besiedlung (ab 8. Jt. v. Chr.) sind Funde von Pfeilspitzen und anderem primitiven, aber wirksamen Werkzeug sowie Jagdhilfen. Spätere Pfahlbauten (4.–2. Jt. v. Chr.) sind im südlichen Bereich des Sees zu finden (vor allem bei Desenzano, woher auch der vielleicht älteste noch erhaltene Pflug der Welt stammt, 2. Jt. v. Chr.) sowie im Nordwesten im nahen Ledro-See.

Hinzu kommen die zum Teil noch immer rätselhaften Felsgravuren am Ostufer des Gardasees. Es handelt sich um recht einfache Darstellungen von Tieren und Menschen sowie Szenen aus dem täglichen Leben (Jagen, Fischen) und kultische Sonnenzeichen. Die durch die Gletscherwanderung glatt geschliffenen Felsen empfahlen sich den frühen Künstlern als geeignete ›Tafeln‹.

Römisches Erbe

Aus der relativ späten Römerzeit stammt eine Reihe interessanter Funde. Die imposantesten sind wohl die so genannten Grotten des Catull (87–54 v. Chr.) in Sirmione, an der äußersten Spitze der Halbinsel. Es ist zwar unwahrscheinlich, dass sich der aus Verona stammende römische Dichter eine solche Villa leisten konnte, dafür ist diese Erklärung aber werbewirksam. Bei genauer Betrachtung dürfte es sich bei dem Bauwerk um ein festes Militärlager gehandelt haben, und die als »Grotten« bezeichneten Bauteile dienten wohl als Unterbau für die darüber liegenden Räume.

Im Südwesten des Gardasees, inmitten des Häusergewirrs von Desenzano, wurde die relativ große Anlage eines römischen Hauses aus dem 4. Jh. entdeckt. Besonders hübsch sind die Mosaiken in dem zu einem kleinen Museum abgesteckten Areal.

Auch in Toscolano wurden die mit zierlichen Mosaiken geschmückten Fußböden einer kleinen Villa entdeckt (im kleinen Park direkt am See hinter der großen Pfarrkirche). Römische Funde machte man ebenso an der Punta San Vigilio, wo ein Vorgängerbau der Villa Pellegrini stand.

Veronas römische Ausgrabungen unter der Piazza dei Signori und die Porta di Borsari (1. Jh.) treten natürlich in den Schatten angesichts der mächtigen Arena von 290.

Frühchristliche Kirche und der Einfluss von Byzanz

Das hübsche Kirchlein Sant'Andrea am Hafen von Maderno steht auf den Grundmauern einer frühchristlichen Kirche. Und manche Fresken am Ostufer des Gardasees sind in byzantinisierendem Stil ausgeführt, etwa das »Abendmahl« von San Nicola di Bari in Assenza (14. Jh.).

Romanik: abgeschiedene Kirchen und trutzige Burgen

Zu den Prachtbauten der Romanik zählt im Reisegebiet die Lieblingskirche der Veroneser, San Zeno Maggiore. Rund um die Seen beeindrucken die kleinen, meist abgeschiedenen romanischen *pievi,* wahre Kleinodien der Kirchenarchitektur: ob in Castelletto di Brenzone das Kirchlein San Zeno mit zierlichen Absiden oder San Severo in Bardolino, ob die Pieve von Tremósine, San Pietro in Limone oder in Sirmione San Pietro in Mavino, ob Sant'Andrea mit dem aufwändig abgestuften Portal in Maderno oder die Pieve von Cisano.

Zur selben Zeit entstanden die stark befestigten Burgen, in erster Linie die der Skaliger. Nicht so zahlreich wie in Südtirol und im Trentino, dafür aber fast durchweg in spektakulärer Seelage und zum Teil als Museen zugänglich: in Sirmione und Lazise, in Torri del Benaco, in Malcésine und in Arco (nördlich von Riva) auf steilen Felsen. Im Südwesten des Gardasees, im hügeligen Gebiet der Valtenesi zwischen Padenghe sul Garda und San Felice del Benaco stehen viele, teils nur als Ruine erhaltene Burgen (Padenghe und Moniga, auch Manerba sowie weiter westlich Puegnago und Soiano) und ein Stück weiter südlich die trutzigen Reste der *rocca* von Lonato und die Burgruine von Desenzano.

Gotik: Fresken und zarte Skulpturen

Fast alle romanischen Kirchen tragen spätere, gotische Fresken, in Torri del Benaco sogar der Giotto-Schule zugeschriebene. In der Bildhauerei wird der Stein fast filigran behauen, das Resultat sind Skulpturen und Grabmäler feinster Handwerkskunst wie die Skaligergräber in Verona. Das schöne gotische Portal (1456) des Domes von Salò hat man, als es durch ein Renaissanceportal ersetzt wurde, in die Wand der Kirche des Kapuzinerklosters im Vorort Barbarano eingelassen.

Renaissance: wenige, aber wertvolle Arbeiten

Die Renaissance hat sich nördlich der Toscana nur punktuell durchgesetzt. Am Gardasee sind in der Sakralarchitektur nur Ergänzungen und Innenausbauten überliefert, etwa das klassische, marmorweiße Renaissanceportal des Domes Santa Maria Annunziata von Salò und darin der Ausbau der Sakramentskapelle mit den Fresken von keinem Geringeren als Gerolamo Romano aus Brescia, genannt »Romanino« (1486–1560).

Unter den zahlreichen, meist späteren und prunkvollen Villen rings um den Gardasee ragt ein Renaissancejuwel wohltuend heraus: die Villa Brenzone-Guarienti auf der Punta San Vigilio, ein Werk des Veroneser Architekten und Festungsbaumeisters Michele Sanmicheli (1484–1559).

18.–20. Jahrhundert: Villen, Gärten und Hotels

Wie üblich wurden im Barock viele Kirchen verändert, rings um die Seen meist nur durch Barockaltäre im Inneren. Es war die große Zeit der Villenarchitektur, die bereits ein halbes Jahrhundert früher während der Renaissance eingeläutet wurde. Etwa mit dem fast finsteren, festungsartigen Palazzo Martinengo-Terzi bei Salò (ab 1556). Häufig wurden kleinere Festungen zu repräsentativen Villen umgebaut und mit prächtigen Parks umgeben. So die Villa Pellegrini (1790) in Castión Veronese (Ortsteil von Costermano) oberhalb von Garda; mitten in Garda, dem See zugewandt, die Villa Albertini mit den im 19. Jh. ergänzten vier festungsartigen Ecktürmen; Richtung Punta San Vigilio die Villa Canossa; in Bogliaco am Westufer die prächtige Villa Bettoni (ab 17. Jh., 1768 vollendet).

Neugotisch präsentiert sich mit einigen architektonischen Entgleisungen, die man als moresque-venezianisch bezeichnet, die Villa der Familie De Ferrari auf der Isola di Garda, deren Bau nach 1903 begonnen wurde. Angenehm klassisch dagegen wirkt die Villa Zanardelli in Maderno (ab 1886) mit ihren klaren Linien und Rustika-Verzierungen. Ähnliches gilt für die Neorenaissance des Palazzo Feltrinelli in Gargnano, heute Sitz der Ausländeruniversität von Mailand, wohingegen die Villa Feltrinelli im Vorort San Faustino, letzter Wohnsitz Mussolinis während der von ihm ausgerufenen »Republik von Salò«, eher Jugenstil-verspielt geriet. Zu dieser Zeit entstanden am See auch die ersten Hotels: im feinen Gardone Riviera das Grand Hotel (1882 eingeweiht), in Maderno Hotel du Park (1895), Hotel Bristol (1904) und Hotel Lignet (1906), in Salò das Hotel Laurin (1911).

Eine Gardesaner Besonderheit sind die *limonaie,* geradezu waghalsig gestelzte Treibhäuser, in denen früher Zitronenplantagen untergebracht waren, um sie winterfest zu machen. Sie waren auf beiden Ufern des Gardasees zu finden, doch während es am Ostufer gerade noch ein ›Museumsstück‹ an der Burg von Malcésine gibt und eine Mini-*limonaia* im Garten der Punta San Vigilio, prunken Limone und Gargnano am nördlichen Westufer mit vielfältigen Anlagen (s. S. 206 f. und 187 ff.).

Bildende Kunst

Der Gardasee ist ein bei Malern beliebtes Motiv. Sehnsüchte beim Betrachter weckt sicherlich Johann Jakob Wetzels 1824 entstandenes Album »Voyage pittoresque au lac de Garde ou Benaco«, in dem er vom reinen Himmel und der Vielfalt der südländischen Flora berichtet. Und in Malcésine bemerkt er, könne man nun ruhig Zeichnungen von der Burg anfertigen, ohne gleich verhaftet zu werden – wie dem Geheimrat aus Weimar widerfahren (s. S. 72).

Um 1830 veröffentlicht Pietro Filippini seine Lithografien, deren Thema das Tal der Papiermühlen von Toscolano ist – der technische Fortschritt steht im Mittelpunkt. Das ganze 19. Jh. hindurch und zu Beginn des 20. Jh. entstanden mehr oder weniger romantische Bilder des Sees, u. a. von Anton Roth (1807–1868), Gio Batta Ferrari (1829–1906), Antonio Vicentini (1809–1873) und Cesare Bertolotti (1854–1932).

PINO CASTAGNA, EIN MULTITALENT

Der Künstler mit einem seiner Werke

Fährt man von Costermano auf der alten Landstraße nach Garda, entdeckt man unweigerlich einige der hohen Metallskulpturen Castagnas, die linker Hand aus seinem großen Garten herausragen. Sie sind sowohl technisch als auch gestalterisch einmalige Kunstwerke. Das Atelier des vielseitigen Künstlers, der sich ganz ohne Allüren als bescheidener Handwerker fühlt und gibt, kann besichtigt werden.

Der 1932 in Castelgomberto in der Provinz von Vicenza geborene Pino Castagna lebt seit 1956 am Gardasee. In Costermano besitzt er in herrlicher Panoramalage über dem See ein mehrstöckiges Atelier, das er für seine vielseitige Begabung benötigt: Er ist zugleich Maler, Bildhauer (Glasobjekte, Bronze, Marmor, Aluminium, Eisen und Beton) und Grafiker, Restaurator und Töpfer. Seine Kunst versteht er ganz in der Tradition des Bauhauses: Kunst und Mensch als Einheit, als Ganzes. Und: Kunst und Gebrauchskunst im besten Sinne des Wortes, Gebrauchsgegenstände als Kunstwerk – oder Kunstwerk für den alltäglichen Gebrauch? Wie auch immer, Pino Castagna liebt es, außer seinen Großplastiken wunderschöne Geschirrunikate zu schaffen, u. a. Obstschalen von immenser Größe, die man auch als Wanddekoration benutzen kann.

Adresse des Ateliers: Pino Castagna, Via Salita degli Olivi 20, 37010 Costermano (VR), Mo–Fr 9–12, 15–18 Uhr.

ESSEN UND TRINKEN

Fest steht: Man kann am Gardasee hervorragend speisen. Sieht man von den meisten Hotelküchen einmal ab, die sich ›italienisch-international‹ gebärden und sich momentan sogar dem deutschen Gaumen anpassen, haben in den letzten Jahren immer mehr Wirte die ursprüngliche Gardasee-Küche wiederentdeckt, die sie vielleicht noch verfeinern und variieren.

Zugute kommt der hiesigen Küche, dass der Gardasee drei doch recht unterschiedlichen italienischen Provinzen (und sogar Regionen) angehört: dem Trentino, dem venetischen Verona und dem lombardischen Brescia. Alle drei sind berühmt für ihre kulinarischen Spezialitäten, von lokalen Abwandlungen ganz zu schweigen, die eine große Bereicherung sein können. Im Süden des Sees ist zusätzlich der Einfluss der nahen lombardischen Provinz Mantua zu spüren.

Die Stars in der Küche: Fisch & Co.

Die Hauptrolle spielen natürlich Fische. Fische aus dem See und seinen Zuflüssen. Sogar Flusskrebse gibt es und Sardinen, die sonst nur im Meer zu finden sind – hier historisches ›Überbleibsel‹ früherer geologischer Epochen. Berühmt sind die rosafleischigen Gardasee-Forellen, die allerdings schon längst kaum noch aus dem See kommen, sondern gezüchtet werden müssen (der großen Nachfrage wegen).

Doch auch eine schwere bäuerliche, stark vom Hinterland beeinflusste Küche trägt zum Reichtum der lokalen Spezialitäten bei. So auch Polenta, bevorzugt aus Vollkorn-Maismehl und mit viel Butter sowie deftigem Käse hergestellt. Dieser Maisgrießbrei ist nicht wegzudenken als Beilage zu den Feiertagsspezialitäten wie dem *spiedo*, dem Spieß aus verschiedenen Fleischsorten, Schweinefleisch bevorzugt. In der Provinz Brescia wird hochwertiges Geflügel gezüchtet – von Wachteln über Hähnchen, Perlhühner und Truthähne bis zu Straußen. Und bis ins Mantovanische handelt es sich um Italiens wahrscheinlich größtes Rinderzuchtgebiet.

Ein ganz wichtiger Bestandteil der Gardasee-Küche ist das äußerst schmackhafte hiesige Olivenöl, und zwar sowohl im historischen Anbaugebiet im Osten als auch im Westen.

Und nicht unwichtig für Feinschmecker zu wissen: Drei Trüffelgebiete wurden neuerdings quasi unter Schutz gestellt (Monte Baldo, Valtenesi und Tremósine). Mit den toscanischen, umbrischen oder piemontesischen Trüffeln sind sie zwar nicht zu vergleichen – aber dennoch!

Typische Trattorien in den Bergen

Die Gardesaner lieben es, in großer Gesellschaft essen zu gehen, ob im Freundeskreis oder bei Familienfeiern, bei denen leicht 20–30 Personen zusammen kommen. Große Probleme bei der Menüauswahl haben sie nicht. Denn: Ganz groß wird die *spiedo*-Tradition geschrieben, und zwar speziell am Brescianer Ufer bzw. in dessen Hinterland. Schon wenige Meter hinter der Gardesana Occidentale (Westufer) beginnt sozusagen das *spiedo*-Land. In jedem Dorf, das auch nur ein wenig oberhalb liegt, wird sonntags (und auf Bestellung auch an anderen Tagen) der Spieß über dem Holzkohlenfeuer gedreht, stets mit reichlich Butter bepinselt. Zwischen den diversen Fleischstücken sind große Kartoffelstücke aufgespießt, dazwischen ganze Salbeiblätter, die herrlich duften. Zum Spieß, den in der Regel alle Gäste ordern, weil es anderes nur auf Anfrage gibt, wird reichlich lokaler Rotwein getrunken. (Achtung: Weil sich der Spieß drei oder vier Stunden lang drehen muss, bevor er perfekt ist, sind die vom Wirt angesetzten Essenszeiten genau einzuhalten: mittags um 12, abends um 20 Uhr – wenn nicht anders angegeben!)

Aus dem trentinischen Norden des Sees stammt die Tradition der *carne salada*, des gepökelten Fleisches. Sehr gutes, sehr mageres Rindfleisch wird wochenlang in einer Kräutermarinade eingelegt (oft streng gehütete Rezepte). Kalt wie *carpaccio* serviert oder

In Pieve di Ledro am Ledro-See

kurz gegrillt und mit weißen Bohnen serviert, immer aber dünn geschnitten. Die beste *carne salada* bekommt man in seit Generationen auf diese Köstlichkeit spezialisierten Berglokalen.

Die Weine

Mehrere Weinanbaugebiete bieten auch außerhalb Italiens bekannte Lagen an, wie Bardolino und Valpolicella im Südosten bis hin ins Gebiet des trockenen Soave, Custoza, Lugana und Colli Morenici im Süden sowie Valtenesi im Südwesten. Die Weinkellereien haben es in den letzten Jahren mit bekannten Fachleuten etwa aus dem Trentino oder aus der Toscana zu erstaunlichen Qualitäten gebracht, die sie sich allerdings auch entsprechend zahlen lassen. Wer eine gute Flasche Wein, gar eine Besonderheit wie den Amarone aus der Valpolicella, den trockenen Lugana oder Custoza aus den Moränenhügeln trinken möchte, muss schon tiefer in die Urlaubskasse greifen als beispielsweise für einen Chiaretto oder Groppello aus der Valtenesi. Es lohnt sich, den zahlreichen Angeboten der Weinkellereien und auch mancher Enothek rund um den See zu folgen und erst einmal eine ›gründliche‹ Weinprobe zu machen, sich durch die Lagen zu schmecken …

Die Espresso-Bar

Wie überall in Italien gilt die Bar als der Treffpunkt des Ortes schlechthin. Die Gardesaner halten sogar besonders an dieser Tradition fest. Ob Jung oder Alt, Frauen oder Männer – alle haben ihre festen Zeiten, zu denen sie ›ihre‹ Bar aufsuchen. Meist trinken sie nur einen *caffè*, den man nördlich der Alpen Espresso nennt, vielleicht mit etwas heißer, aufgeschäumter Milch ›geschminkt‹ (*macchiato*) oder zu Cappuccino verlängert. Eher selten trinken die Gardesaner *caffè corretto* in der Bar, also einen mit Grappa oder einem anderen Schnaps ›korrigierten‹ Kaffee, wenn, dann eher im Restaurant nach einem üppigen Essen.

Morgens bestellen sie zum *caffè* eine *brioche*. Zur Aperitifzeit, vor allem am späten Sonntagvormittag, trifft man sich am See zum *aperitivo*, was in den noch nicht so touristischen Ortschaften am Tisch im Café genauso viel kostet wie im Stehen an der Bar. Nicht so in den ausgesprochenen Ferienorten, wo es den »Tischzuschlag«, ähnlich dem *coperto,* wie überall in Italien gibt.

Wochenmärkte

Ein anderer wichtiger Treffpunkt sind die Märkte rings um den See, die im Sommer teilweise etwas touristisch aufgepeppt werden, aber im Prinzip für die Einheimischen gedacht sind. Doch auch bei den Urlaubern erfreuen sie sich großer Beliebtheit. An Markttagen sind die Boote zum jeweiligen Marktort und die Parkplätze vor Ort überfüllt. Marktzeit ist frühmorgens bis etwa 12.30 Uhr – je nach Jahreszeit.

Die wichtigsten Märkte sind bei den jeweiligen Ortsbescheibungen erwähnt (s. S. 49 ff.).

Tipps für Ihren Urlaub

Der Gardasee zählt zu den besten
Surfrevieren Europas

DER GARDASEE ALS REISEZIEL

Nicht nur ›Nordlichter‹, auch Südtiroler, die an trüben Novembertagen oder im frühen Frühjahr (noch mehr) Sonne und mediterranes Flair genießen wollen, fahren ein oder zwei Stunden weiter nach Süden, an den Gardasee. Es ist ihr erstes Stück ›richtiges‹ Italien, ohne politische und sprachliche Zweiteilung, mit einem See, der sie in seinem Süden wiederum an das Meer erinnert, an das zu gelangen sie noch ein paar Kilometer mehr fahren müssten.

Die ersten deutschen Reisenden, die den Gardasee besuchten, liebten hier insbesondere die stets gegenwärtige Verbindung von Nord und Süd: Das Klima ist sowohl von den Alpen beeinflusst als auch von der fast mediterranen Po-Ebene. Und die Kulturen, die hier von Anbeginn der Geschichte aufeinander prallten, befruchteten sich auch stets gegenseitig, von Norden einfallende Teutonen oder Kelten ebenso wie die von Süden eingewanderten Etrusker und Römer. Im Mittelalter und später sind es die Rivalinnen Venedig und Mailand, deren architektonische und künstlerische Hinterlassenschaften fast alle Ortschaften rings um den See geprägt haben.

Das Dolcefarniente

Die meisten Reisenden kommen an den Gardasee, um sich hier im medi-

Dem »süßen Nichtstun« kann man sich rund um den See hingeben

terran angehauchten Dolcefarniente zu üben – im genießerischen Nichtstun. Herumzuschauen, ein Sonnenbad zu nehmen, in einem Café am See einen großen Eisbecher oder einen Aperitif zu genießen, richtig italienisch mit ein wenig Knabberzeug – das ist erlaubt, mehr würde diesem Lebensgefühl widersprechen ... Mittags ein leichtes Fischgericht in einem Seerestaurant, abends bei der Wirtsmama im Hotel einkehren. Das gibt es noch, obwohl die meisten Betten naturgemäß in größeren Hotels und Ferienanlagen zu finden sind, meist oberhalb des Sees.

Während des Sommers veranstalten alle Orte am See Konzerte, am liebsten im Freien, auf den schönsten Plätzen oder den Seepromenaden. Viele Veranstaltungen sind speziell für die Touristen ins Leben gerufen worden, man weiß, was man seinen Feriengästen schuldig ist. Am Abend wird häufig Tanzmusik gespielt, und den krönenden Abschluss bildet ... ein Feuerwerk.

Das schließt nicht aus, dass es auch (in wenigen Orten) ein reges Nachtleben mit Nachtclubs und Diskos geben kann. Doch auch in den anderen Städtchen und Dörfern ist bis in die Nacht hinein immer etwas los, denn man sitzt an lauen Sommernächten lange in den Cafés an der Seepromenade, an der Hotelbar oder im Hotelgarten.

Pauschal oder individuell?

Der Gardasee gilt als reines Autofahrerziel, und wird von den meisten Urlaubern auch tatsächlich mit dem eigenen Wagen angefahren. Was aber nicht bedeutet, dass Reiseveranstalter und Reisebüros den Gardasee – entweder übers Wochenende, für drei bis vier Tage oder auch länger – nicht im Programm hätten. Oft mit preiswerteren Angeboten in Hotels als Privatreisende sie bekommen, die auf eigene Faust eine Unterkunft buchen.

Vor Ort lassen sich Ausflüge mit dem Bus nach Verona oder auch Venedig buchen. Zur Arena di Verona fahren Busse sogar nur für einen Abend; nach der Oper fährt man durch die Nacht wieder zurück in sein Urlaubsdomizil.

Sauberes Wasser, individuelle Badeplätze

Nachdem fast der gesamte Gardasee an die Ringkanalisation mit Zentrum in Peschiera im Südosten angeschlossen ist, gilt sein Wasser als sauber. Der ADAC hat hier jeden Sommer seine Fachleute stationiert, die in Zusammenarbeit mit den lokalen Kräften Messungen vornehmen. Man kann sich an die entsprechende Gemeinde bzw. den ADAC-Sommerdienst wenden (s. S. 220), um über die Gewässerqualität informiert zu werden.

Viele Strände im üblichen Sinne gibt es am Gardasee nicht gerade, aber die kleinen, normalerweise kiesigen Strände sind der Stolz eines jeden Ortes. Man hat sich in den letzten Jahren sehr darum bemüht, diese zu erweitern und hübsch zu gestalten. Geradezu ein Paradebeispiel ist die Strandzone von Riva, die sich jenseits des Fährhafens und der Festung bis zum großen Yachthafen hinzieht: schmal zwar, aber mit vielen teils schattigen Liegewiesen und kleinen Halbinseln, ein paar Ständen für das leibliche Wohl der Sonnenanbeter und Badelustigen. Einheimische zieht es in der Mittagspause und an Wochenenden ebenso her wie Feriengäste. Und fast immer kommt ein wenig Feststimmung auf.

Besonders schön ist der Seeweg zwischen Garda und Bardolino am Ostufer. Auch hier geht es am schmalen Strand entlang, der teilweise durch Naturschutzzonen mit Schilfdickicht unterbrochen wird. In seinem Rücken finden sich die beliebtesten Campingplätze am See. Der schönste freilich, La Quercia, liegt am südlichen Rand von Lazise und hat einen aufgeschütteten, goldfarbenen Sandstrand bekommen. Es ist übrigens der einzige Sandstrand am Gardasee, wo man solche aber offensichtlich nicht vermisst. Es gibt viele Badelustige, die Kiesstrände bevorzugen, weil sie nach dem Bad keine Mühe mit dem Abduschen des Sandes haben.

Im Süden des Sees, bei Sirmione, sind manche Uferabschnitte sumpfig, etwa bei der Punta Grò. Dafür ist der hohe Wald am dortigen Strand ein Labsal in der hochsommerlichen Hitze. Man muss genau abwägen, welche Art von Strand man bevorzugt.

Freizeitparks

Die Vergnügungs- und Wasserparks am See verlangen ein recht hohes Eintrittsgeld – dafür gibt es dort Vergnügen satt: Gardaland, Castelnuovo del Garda, Tel. 045 64 44 97 77; Acquapark Altomincio, Valéggio sul Mincio, Località Salizone, Tel. 045 79 45 131; Canevaworld/Aqua Paradise, Lazise, Tel. 045 75 90 622; Parco Acquatico Cavour, Valéggio sul Mincio, Tel. 045 79 50 904; Parco Acquatico Le Ninfee, Desenzano del Garda, Località San Martino della Battaglia, Tel. 03 09 91 04 14; Parco Acquatico Riovalli, Cavaión Veronese, Tel. 045 72 35 043.

Ein Dorado für Kinder

Der Gardasee gilt als besonders kinderfreundlich, auch wenn man in den Restaurants zum Beispiel selten Kinderstühle oder gar Kindermenüs findet. Aber die Kleinen sind ja ohnehin am glücklichsten, wenn sie Spaghetti oder Pizza und natürlich ein Eis bekommen.

Viele Ferienanlagen und vor allem einige der Campingplätze sind bestens für Ferien mit Kindern ausgestattet; bei speziellen Angeboten wird darauf in den Reisekapiteln (s. S. 49 ff.) hingewiesen.

Wassersport, Wandern und mehr

An allererster Stelle bei den Urlaubsaktivitäten muss das Surfen genannt werden, denn der Gardasee gilt als das Surferparadies überhaupt! Im Norden,

Auf dem Monte Baldo, mit grandioser Aussicht auf die Adamello-Brenta-Gruppe

zwischen Riva und Tórbole, müssen sich während der Saison sogar die Linienboote nach den für die Surfer so wichtigen Winden richten, um die Sportler nicht zu stören ...

Keine Frage, dass auch Segeln und Motorbootfahren (mit Einschränkungen, die in den Häfen angeschlagen bzw. im Informationsbüro zu erfahren sind) wichtige Argumente für einen Aufenthalt am Gardasee sind.

Wer gerne wandert, findet am See, auf den Hochebenen und in den Bergen ringsum wunderbare Möglichkeiten. Ein spezieller Wanderführer lohnt sich für Kenner, die auf eigene Faust losziehen wollen. Wer in Gesellschaft wandern möchte, findet wochenweise Angebote u. a. bei der AlpinSchule Innsbruck (In der Stille 1, A-6161 Natters/Tirol, Tel. 0034/512/546000, www.asi.at), aber auch die örtlichen Tourismusvereine bieten ihren Gästen meist kürzere geführte Wanderungen an. So bekommt man auch eher Anschluss an die einheimische Bevölkerung, die zum größten Teil sehr gut zu Fuß ist.

Die schönsten Wanderreviere dürften am Monte Baldo liegen, erschlossen durch die Seilbahn von Malcésine aus, im trentinischen Norden um Arco und Tenno herum sowie im Westen innerhalb des Parco Naturale dell'Alto Garda Bresciano mit Gargnano im Zentrum.

In den genannten Wandergebieten begegnet man aber auch den Mountainbikern, gegen die sich zumindest im Norden bei Arco und Tenno in der einheimischen Bevölkerung geradezu Aggressionen aufgestaut haben, weil sie überall herumfahren, ganz gleich, ob es sich um markierte Strecken handelt oder nicht. Also ist man gut beraten, auf den ausgezeichneten Wegen zu bleiben und manche Dörfer zu meiden, wenn am Eingang ein Verbotsschild für Mountainbikes angebracht ist.

Arco zählt übrigens zu einem der wichtigsten europäischen Gebiete für Freeclimbing, Steilwandklettern. Hier findet man gute Kletterschulen und perfekte Wände. Und wer vom Rafting nicht lassen kann, ist hier ebenfalls gut aufgehoben.

Hotels und Ferienanlagen

Natürlich gibt es ein paar Luxushotels am See: das Du Lac et Du Parc in Riva (etwas nüchtern von außen, super der Park und die Schönheitsfarm), die Villa Cortine Palace in einem herrlichen Park an der Spitze von Sirmione, den Palazzo Arzaga mit zwei Golfplätzen inmitten der Valtenesi, das ältliche Grand Hotel direkt am See und die traumhaft im eigenen Park gelegene Villa del Sogno in Gardone Riviera, schließlich das neueste kuschelige Luxushotel Villa Feltrinelli an Gargnanos Nordrand und das moderne und doch sehr luxuriöse Imperial mit eigener Gesundheitsfarm am Hang von Limone.

Typisch für den Gardasee sind jedoch kleinere familiäre Häuser und – das genaue Gegenteil davon – große Residenzen. Diese Ferienanlagen, teils mit Apartments und Hotelbetrieb, sind ideal für Familienferien. Fast allen gemeinsam ist die kurze Saison: Die meisten Hotels öffnen frühestens zu Ostern, viele erst zu Pfingsten, und schließen im Oktober schon wieder. Vorher also unbedingt anrufen, wenn man im Winter Lust auf einen Abstecher an den See bekommt, da auf die Angabe »ganzjährig« nicht immer Verlass sein muss …

Zimmer werden während der Hochsaison im Juli/August oft nur mit Halbpension oder gar Vollpension angeboten. Die Preissituation variiert von Ort zu Ort sehr. Generell gilt, dass Sirmione auf jeden Fall teurer ist als Peschiera, um das krasseste Beispiel in nächster Nachbarschaft zueinander zu nennen.

Interessant sind die Pauschalangebote der Reiseveranstalter, die oft billiger ausfallen als die offiziellen Hotelpreise (s. auch S. 43).

Campingplätze und Ferien auf dem Land

Rund um den Gardasee gibt es eine große Anzahl von Campingplätzen, manche von geradezu luxuriösem Komfort mit Pool und Badestrand, vielen Sportmöglichkeiten und Kinderanimation, Bungalows und Leihcampern. Die größte Dichte schöner Plätze findet sich zwischen Garda und Lazise im Osten sowie in der Valtenesi zwischen Desenzano und Salò im Westen.

Da der Gardasee als ausgesprochener Familiensee gilt, sind natürlich familienfreundliche Ferienwohnungen und Apartments immer stärker gefragt und werden vor allem in größeren Ferienanlagen angeboten, die sich hier gerne *residence* nennen.

Ferienhäuser werden meistens von Privatpersonen vermietet. Angebote sind häufig in der Tageszeitung zu finden, aber auch die Touristenbüros geben Vermieterlisten heraus. Die in Deutschland bekannten Anbieter von Ferienhäusern verfügen übrigens nur über ein erstaunlich kleines Kontingent.

Immer interessanter werden die Angebote des *agriturismo:* Ferien auf dem Bauernhof, auf dem Landgut oder etwa auf historischen Weingütern in der Valpolicella. Auch Reiterhöfe zählen zum *agriturismo.* Eine Auswahl solcher Ferienmöglichkeiten auf dem Land wird im Reiseteil (s. S. 49 ff.) genannt.

Beste Reisezeit

Romantiker lieben den Gardasee im Winter, auch wenn sich der See dann zeitweise in ein aufbrausendes Ungeheuer verwandelt. Was aber niemals lange dauert. Danach ist die Welt umso schöner, sind die Sonnenuntergänge von tiefstem Rot, rücken die Gipfel des Tosco-Emilianischen Apennin so nahe, als stünden sie gleich hinter Solferino und den Endmoränenhügeln.

Die gängige Reisezeit beginnt jedoch erst zu Ostern und endet etwa Mitte Oktober, liegt also zwischen der Frühlingsblüte und der Pilz- bzw. Jagdsaison mit den entsprechenden kulinarischen Spezialitäten.

Wer Badeferien machen möchte, reist am besten im Sommer; für Kultur- und Genießerreisen bieten sich das Frühjahr und der Herbst an, wobei, wer ohne Kinder verreist, die Schulferien möglichst meiden sollte. Die Sommerhitze ist an den Seen durch die ständige Brise recht gut verträglich, vor allem natürlich in den Höhen.

Antiquitätenmärkte

- **Arco:** 3. Fr und Sa des Monats
- **Bardolino:** 3. So des Monats
- **Brenzone:** 1. Fr des Monats abends (Juli/Aug.)
- **Brescia:** 2. So des Monats außer im Juli/Aug.
- **Bussolengo:** 1. Sa des Monats außer im Jan./Aug.
- **Caprino Veronese:** 1. Do des Monats (Mai–Okt.)
- **Castiglione delle Stiviere:** 1. So des Monats
- **Desenzano:** 1. So des Monats außer im Jan./Aug.
- **Gardone Riviera:** Sa alle 14 Tage (Juni–Sept.)
- **Gargnano:** jeden Fr im Sommer
- **Lonato:** 3. So des Monats außer im Jan.
- **Solferino:** 2. So des Monats (März–Nov.)
- **Toscolano-Maderno:** jeden Mi am Nachmittag (Mai–Sept.), Okt.–April jeden 4. So
- **Valéggio sul Mincio:** 4. So des Monats
- **Verona:** 3. Sa des Monats

Der Monte Baldo – im Winter Skigebiet (Aufstiegshilfen vorhanden) – bietet im Frühjahr, Sommer und Herbst herrliche Wandermöglichkeiten. Die für die Sommersaison 2002 komplett erneuerte Seilbahn mit ihren drehbaren Kabinen fährt praktisch das ganze Jahr von Malcésine hinauf und befördert zu bestimmten Zeiten auch Fahrräder.

UNTERWEGS AM GARDASEE

Ein Leitfaden für die Reise und viele Tipps für unterwegs.

Genaue Beschreibungen von Städten und Dörfern, Reiserouten und Ausflugszielen, Sehenswürdigkeiten und Stränden.

Den Gardasee erleben: ausgesuchte Hotels, Unterkünfte auf dem Land und Campingplätze, Restaurants und Enotheken.

Die Felswände im Norden des Gardasees sind ein Dorado für Freeclimber

Der trentinische Norden

Der Monte Brione zwischen Riva und Tórbole

Gardasee-Atlas S. 230–231

RIVA UND TÓRBOLE

Riva ist eine lebhafte, kleine Urlaubs- und Handelsstadt am See mit guter Hotellerie und einer großartigen bergigen Umgebung, Tórbole dagegen fast ein reiner Ferienort, der freilich für das vielleicht beste Surfrevier Europas bekannt ist.

Riva

Gardasee-Atlas: S. 230, B 1
Die Lage Rivas (13 800 Einw.) ist ausgesprochen hübsch: Am fjordartig verengten Nordufer in Seehöhe (78 m ü. M.) gelegen, konnte sich das Städtchen über seine mittelalterliche Mauer hinaus nach Norden bequem ins Schwemmgebiet des Sarca-Tales ausbreiten. Im Westen wird es von seinem Hausberg, dem steil aufragenden Monte Rocchetta (1575 m) mit dem Bastione-Hügel (212 m), begrenzt. Zu dessen Füßen breitet sich das große Ponale-Kraftwerk aus, das eher wie eine Villa des beginnenden 20. Jh. aussieht. Durch drei Druckleitungen ist es mit dem 500 m höher gelegenen Ledro-See verbunden, der als Speicherbecken für den Gardasee dient. Auf der anderen Seite des Hafenbeckens hat auf einer kleinen Insel die mächtige Seefestung Platz gefunden, die über eine Brücke zu erreichen ist.

Die Dächer der meist drei- und vierstöckigen Häuser sind mit roten Ziegeln bedeckt und bilden eine schöne ›Dachlandschaft‹, aus der die mittelalterliche, so genannte Torre Apponale mit der Stadtuhr herausragt. Im historischen Kern findet man kleine nette und größere Hotels, viele Restaurants, Cafés und ein paar Bummelgassen mit Souvenirläden. Das Städtchen besitzt eine lange Seepromenade, hinter der der Stadtpark und die Hotels liegen und die bis zum Yachthafen vor dem steilen Abhang des Monte Brione (376 m) reicht. Sie stellt die Verbindung zum benachbarten Tórbole her.

Rund um den Fährhafen

Von der modern aufpolierten Bootsanlegestelle mit ihren kleinen Kiosken fällt der Blick unweigerlich auf den klobigen Uhrturm der Stadt, die mittelalterliche **Torre Apponale** [1]. Sie wurde erstmals 1273 erwähnt – ist jedoch sicher älter – und 1555 auf die jetzigen 34 m aufgestockt. Der Turm diente wohl der ersten, nicht mehr vorhandenen Festung Rivas als Burgfried. Die Piazza Catena (dt. »Kette«, weil der Hafen nachts mit einer Kette abgeschlossen wurde) und die Piazza III Novembre zwischen Hafen und Turm mit den umliegenden, einladenden Cafés sind für den Autoverkehr gesperrt. Der dahin-

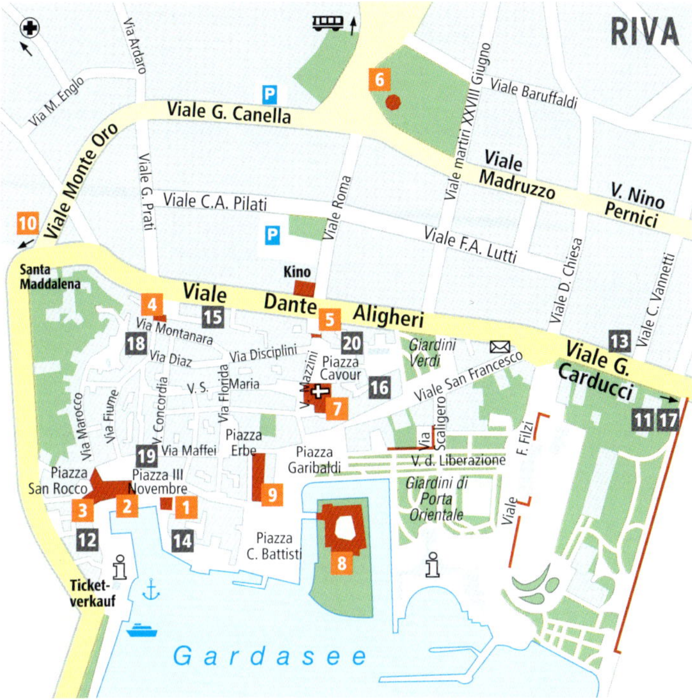

Sehenswürdigkeiten

1 Torre Apponale
2 Rathaus
3 Porta Bruciata
4 Porta San Marco
5 Porta San Michele
6 Chiesa dell'Inviolata
7 Santa Maria Assunta
8 Rocca
9 Reptiland
10 Bastione

Unterkünfte

11 Du Lac et Du Parc
12 Europa
13 Grand Hotel Liberty
14 Sole
15 Ancora
16 Jugendherberge
17 Camping Monte Brione

Essen und Trinken

18 Al Volt
19 Caffè Centrale
20 Caffè Italia

ter liegende Altstadtkern mit seinem typisch mittelalterlichen Charakter, den engen und krummen Gassen, ist ebenfalls den Fußgängern vorbehalten, so auch die zur Porta San Marco führende rege Einkaufsstraße Via Fiume.

Im Westen des Platzes erstreckt sich der große, in hellem Gelb gestrichene Komplex des **Rathauses** 2 mit seinen tiefen Arkadenbögen. Er besteht aus dem **Palazzo Pretorio** (Prätorenpalast) von 1375 und dem **Palazzo del Provveditore** (Palast des Landvogts) von 1475–82. Zahlreiche, vor allem unter seinem Bogengang eingemauerte Steine bezeugen die Stadtgeschichte. Der Bogengang des architektonisch ausgewogenen Palazzo Pretorio setzt sich im Westen in den Bogen des mittelalterlichen Stadttores an der Piazzetta San Rocco fort. Nur auf der Rückseite erkennt man das schmale Tor, die **Porta Bruciata** 3, mit Schwalbenschwanzzinnen und Resten der Zug-

Blick vom Bastione auf die Altstadt von Riva

vorrichtung für die Brücke. Das so genannte verbrannte Tor erhielt seinen Namen, weil es die Mailänder 1406 in Brand gesteckt hatten.

Von der Rückseite des Rathauses gelangt man über die krumme Via Fiume zwischen schmalen Stadtpalästen mit teils abbröckelndem Putz und barockem Stuck um Türeingänge und Fenster zum landwärts gerichteten Stadttor in der gut erhaltenen mittelalterlichen Stadtmauer, zur **Porta San Marco** 4 Richtung Arco. Auch in diesem von den Venezianern errichteten Bauwerk mit seinen schmalen Fenstern über dem Eingang, darüber Schwalbenschwanzzinnen, sind die Rillen für die Hebevorrichtung der Zugbrücke erhalten.

Bleibt man innerhalb der mittelalterlichen Stadtmauer ist schnell die Piazza Cavour erreicht. Hier steht die zierlich wirkende mittelalterliche **Porta San Michele** 5. Sie trägt einen Glockenaufsatz (für die nahe Pfarrkirche Maria Assunta, s. S. 56) mit großen Klangöffnungen und hübschen Schwalbenschwanzzinnen darüber. Direkt am Tor lädt das Caffè Italia mit Tischen auf der Piazza zu einer Pause ein.

Zwischen Largo Marconi und Rocca

Verlässt man das Zentrum durch die Porta San Michele, beginnt jenseits der verkehrsreichen Via Dante der Viale Roma und endet am Largo Marconi, der vom Zentralbau der **Chiesa dell'Inviolata** 6 dominiert wird. Sie gilt als die schönste barocke Kirche der Provinz Trentino. Der achteckige Bau mit seiner hohen Kuppel neben dem zierlichen Glockenturm wurde 1603 von einem unbekannten portugiesischen Architekten entworfen, der sie außen schmucklos ließ. Umso überraschender ist der reich stuckierte und freskierte barocke Innenraum mit einem über und über mit Skulpturen geschmückten Gesims. Da die Bewohner

TURBULENTE GESCHICHTE

Schon für die Römer war die strategisch günstige Lage der nördlichen Gardasee-Region auf dem Weg zwischen ihrem Kernland und Trient als Tor nach Norden von Bedeutung, und so errichteten sie am Nordufer die erste bleibende Siedlung am See. Die Verbindung zu Trient blieb bestehen, auch nach dem Verfall des Römischen Reiches und während der Wirren der Völkerwanderung.

1155 leisteten die Bewohner Rivas dem Fürstbischof von Trient den Treueschwur, wofür sie die Erlaubnis zur freien Fahrt auf dem Gardasee erhielten, was ihnen bald den Neid der umliegenden Mächte einbrachte. In der Mitte des 13. Jh. versuchten der berühmt-berüchtigte Ezzelino da Romano und danach Mastino I della Scala (1273) vergeblich, die Stadt gewaltsam einzunehmen – was 1283 schließlich dem Tiroler Grafen Mainhard II. gelang. Die zur Hilfe gerufenen Skaliger vertrieben ihn zwar 1299, blieben aber selbst in der Stadt. Sie waren es schließlich, die bis zum Ende ihrer Herrschaft 1387 Riva im Kern städtebaulich prägten. 1388 übernahmen die Visconti die Macht in Verona und u. a. auch in Riva und setzten den Venezianern mit ihrer starken Flotte massiv zu. Doch Venedig ließ sich nicht unterkriegen: Nach dem Sieg über die Mailänder und mit der Eroberung Rivas 1440 konnte es seine Machtposition auf dem gesamten See sichern. Erst 70 Jahre später wurde Riva wieder trientinisch und blieb es bis zum Jahre 1802. Danach fiel die Stadt für kurze Zeit unter französische und bis 1918 unter österreichische Herrschaft, bis sie mit Ende des Ersten Weltkriegs endlich italienisch wurde.

Rivas diese Kirche gerne aufsuchen, bleibt sie tagsüber meistens geöffnet. (Das höchste Kirchenfest findet hier am 8. September statt.)

Zurück zur Piazza Cavour. Hier steht die turmlose Pfarrkirche des Städtchens, **Santa Maria Assunta** [7]. Vom romanisch-gotischen Vorgängerbau ist im Süden noch ein mittelalterliches Relief mit gotischen Skulpturen und Wappen (Ende 14. Jh.) erhalten geblieben. Ihren düsteren Charakter verdankt sie dem totalen barocken Umbau im Jahre 1728: Sie wurde dabei mit Ausnahme der oktogonalen **Cappella del Suffragio** rechts prächtig stuckiert und mit einer Himmelfahrt Mariä von Giuseppe Alberti im Kuppelgewölbe freskiert. Den Hochaltar schmückt eine Schmerzensmutter des in Riva geborenen Malers Giuseppe Craffonara (1790–1837).

Die Via Santa Maria führt vom Portal der Kirche aus wieder direkt ins Herzstück des Städtchens. Links abbiegend stößt man auf die kleine, aber für Riva bedeutende **Piazza Erbe** – den historischen Marktplatz mit Renaissanceportikus und Brunnen. Die von schönen Palästen umstandene Via Maffei führt zur **Rocca** [8]. Eine steinerne Brücke sichert heute den Zugang zu dieser Wasserburg der Skaliger (1124) mit ihren vier quadratischen Eckbastionen, die anstelle einer römischen

Festung entstanden war. Sie wurde im Lauf der Geschichte mehrfach umgebaut, zuletzt im 18. Jh. zu einer österreichischen Kaserne. Heute ist hier im ersten Obergeschoss das sehenswerte **Museo Civico** untergebracht. Die zwölf Säle des Städtischen Museums sind in folgende Abteilungen untergliedert: Pfahlbauten, Bronze- und Eisenzeit, Römerzeit und Mittelalter, Waffen und Kostüme, alte und moderne Kunst (Gemälde italienischer Meister), Zoologie (vor allem Fische), Mineralogie und Geologie. (Di–So 9–13, 14–18 Uhr.) – Gegenüber befindet sich an der Piazza Garibaldi die Reptiliensammlung von Riva, das **Reptiland** 9, mit allerlei Schlangen und Spinnentieren, Skorpionen u. a. m. (März, Nov. So 11–19, Ostern–Ende Okt. tgl. 13–19, Juli, Aug. 11–20 Uhr.)

An den Giardini Porta Orientale (mit rührigem Touristenamt) beginnt die hübsch angelegte **Seepromenade** mit Kieselstränden und Anlegeplätzen, die sich bis hin zum eigentlichen Yachthafen, dem Porto San Nicolò vor dem grandios schräg abfallenden Monte Brione im Osten ausdehnt.

Aufstieg zum Bastione

Am steil aufragenden Hang des Monte Rocchetta im Westen Rivas liegt in 212 m Höhe der **Bastione** 10 von 1508. Er ist zu Fuß über die zunächst in Serpentinen steil aufsteigende Passeggiata Santa Maddalena zu erreichen. Die Festung wurde 1703 von französischen Soldaten in die Luft gesprengt und ist daher nur noch in Resten erhalten. Bereits von hier genießt man einen herrlichen Blick auf die sichelförmig am Ufer gelegene Stadt, ihre rote Dachlandschaft und den See. Ein schönes Plätzchen, um Pläne für weitere Ausflüge zu schmieden. Noch besser ist die Aussicht von der oberhalb des Bastione in 625 m Höhe gelegenen **Santa Barbara-Kapelle** (steiler Fußweg hinauf).

APT del Garda Trentino (für den gesamten Norden des Sees): Giardini di Porta Orientale 8, 38066 Riva, Tel. 04 64 55 44 44, Fax 04 64 52 03 08, www.gardatrentino.it, www.gardatrentino.de, www.gardaqui.it.

Du Lac et Du Parc 11: Viale Rovereto 44, Tel. 04 64 55 15 00, Fax 04 64 55 52 00, www.garda.com/dulac/, April–Okt. Eines der größten und teuersten Häuser des Trentino in einem riesigen Park, vom Strand durch die öffentliche Promenade getrennt; mit Tennisplatz, Außen- und Innenpool, Fitness- und Schönheitsfarm; 200 Zimmer, 5 Suiten, Bungalows. DZ mit Frühstück 120–260 €.
Europa 12: Piazza Catena 9, Tel. 04 64 55 54 33, Fax 04 64 52 17 77, www.rivadelgarda.com/europa, März–Nov. Komfortables Best Western-Hotel mit 63 Zimmern und Terrassenrestaurant am Fährhafen; internationales Publikum (behindertengerecht). DZ mit Frühstück 105–170 €.
Grand Hotel Liberty 13: Via Carducci 3/5, Tel. 04 64 55 35 81, Fax 04 64 55 11 44, www.grandhotelliberty.it, Ostern–Ende Okt. Gepflegtes Jugendstilambiente im Haupthaus mit rückwärtigem Anhang, dazwischen Pool und Garten, gutes Restaurant; 90 Zimmer, im Haupthaus teils sehr großzügig. DZ mit Frühstück 100–170 €.
Sole 14: Piazza III Novembre 35, Tel. 04 64 55 26 86, Fax 04 64 55 28 11, www.hotelsole.net, Mitte März–Anfang Nov., manchmal auch zu Weihnachten und

Messezeiten (z. B. im Jan.) geöffnet. Wunderschön renoviertes Traditionshaus mit 55 Zimmern zwischen Hafen und Stadtturm, Sauna, Solarium; hier wohnte schon Nietzsche. DZ mit Frühstück 88–144 €.

Ancora 15: Via Montanara 2, Tel. 04 64 52 21 31, Fax 04 65 55 00 50, www.rivadelgarda.com/ancora, ganzjährig geöffnet, mitunter im Feb. geschl. Zauberhaftes kleines Jugendstilhaus mit nur 14 Zimmern und Restaurantterrasse im Zentrum. DZ mit Frühstück 88 €.

Jugendherberge

Ostello Benacus 16: Piazza Cavour 9, Tel. 04 64 55 49 11, Fax 04 64 55 99 66, nur im Sommer geöffnet. Sehr zentral, altmodisch. Bettpreis 10 €, Frühstück 1,50 €.

Camping

Monte Brione 17: Via Brione 32, Tel. 04 64 52 08 85, Fax 04 64 55 31 78, Ostern–Ende Okt. 4-Sterne-Platz für sportlich Aktive an den Abhängen des Monte Brione, wenige Gehmin. vom See entfernt. Stellplatz 11 €, p. P. 7 €.

Zwei einfache Campingplätze liegen auch am See bzw. nahe dem Yachthafen.

Rivas Restaurants genießen insgesamt keinen besonders guten Ruf, weil sie sich vor allem den Wünschen der Tagestouristen beugen, also schnelles Essen, Pizza am Stück etc. anbieten.

Al Volt 18: Via Fiume 73, Tel. 04 64 55 25 70, Di–So mittags und abends geöffnet. Sehr feines Altstadtrestaurant in drei engen Gewölben mit herrlich romantischer Atmosphäre, perfekter Gardasee-Küche (Fisch- u. a. lokale Spezialitäten) sowie ausgesuchtem Weinkeller; gerechtfertigt höhere Preise.

Bei **kleinem Hunger** ist man besser in einem der Straßencafés aufgehoben:

Caffé Centrale 19: Piazza III Novembre 27, Tel. 04 64 55 23 44. Gehobene Preise.

Caffè Italia 20: an der Porta San Michele/Piazza Cavour, Tel. 04 64 55 25 00. Modernes, angenehmes (auch Internet-)Café mit Tischen auf der Piazza, schöne Eisbecher, gute Sandwiches; preiswert.

2. und 4. Mittwoch des Monats: **ausgedehnter Markt** (Obst/Gemüse, Wäsche, Trödel) im Bereich der Viali Dante, Palati und Via Prati.

Im Trentino wird gerne gut – und meist deftig – gegessen und getrunken. Daher finden auch in Riva während der gesamten Saison von März bis Sept. **kulinarische Veranstaltungen** statt, die immer auch einen religiösen Bezug bzw. Schutzpatron haben (ital. *sagre*).

Mai: Pane, vino e pesciolino (Brot, Wein und Fischchen).

Ca. Mitte Juli–Anfang Aug.: Musikfestival junger Musiker aus aller Welt auf hohem Niveau.

Juli, Aug.: laut-buntes Fest mit mehreren Feuerwerksnächten, die an die siegreiche Seeschlacht der Venezianer gegen die Mailänder Visconti erinnern. Höhepunkt Ende Aug.: die Notte di Fiaba, die Märchennacht, mit dem schönsten und längsten Feuerwerk (www.nottedifiaba.it).

Sept.: Sagra della lumaca – Fest der Weinbergschnecke.

Kanu: Canottieri Riva, Colonia Sabbioni.

Motorbootfahren: Privatpersonen im Norden des Gardasees untersagt.

Mountainbiker: kommen in Rivas Umgebung voll auf ihre Kosten; s. auch Arco S. 61 ff. Infos beim Comitato Garda Trentino Sport Promotion, Via Maffei 7, Tel. 04 61 56 01 13, Fax 04 61 52 09 00, www.bikefestival.it.

Radverleih: Carpentari Sport, Viale Trento 52, Tel. 04 64 55 47 19; auch Mountainbikes.

Schwimmen: Außer im See und in ein paar wenigen Hotelpools kann man das

kommunale Hallenbad benutzen, Piscina Comunale, Via Martini, Tel. 04 64 52 00 78.
Segeln: Nautic Club Riva, Viale Rovereto 44, Tel. 04 64 55 44 40.
Velavacanze, Porto San Nicolò, Tel. 04 64 55 32 59.
Surfen: s. o. Nautic Club Riva und Velavacanze.
Windsurfing School Sandro, Camping Bavaria, Tel. 04 64 55 25 24.
Michiel Bouwmeester, Tel. 04 64 55 42 30. Am westlichen Rand von Riva, an der Gardesana Richtung Limone, steht das wohl berühmteste Surferhotel des Sees, das »Pier« mit dem Sitz der Surfschule.
Tauchen: F.I.P.S., Porto San Nicolò. Tauchschule und Tauchgänge.
Tennis: Tennisplätze in einigen Hotelanlagen, sonst gibt es zwei Tennis-Clubanlagen: Circolo Tennis Casina Magnolie, Giardini di Porta Orientale, Tel. 04 64 55 22 25, und Circolo Tennis Lido, Viale Carducci 10, Tel. 04 64 55 18 75.
Wandern/Klettern: Zuverlässige Informationen (über das APT von Riva) und gute Tourenkarte von CAI-SAT mit Sitz an der Porta San Marco, auch Veranstaltung von **geführten Wanderungen** und anspruchsvollem Trekking sowie Klettersport.

Boote: Der Fahrplan der Navigarda ist vor allem während der hochsommerlichen Saison dicht und erschließt mehrmals tgl. den gesamten See (vor Ostern–31. Okt). **Autofähren** verkehren im Sommer 2 x tgl. zwischen Riva und Desenzano. Man kann auch Tagestickets für den oberen Teil des Sees extra kaufen. Im Bedarfsfall verkehren auch Fähren zwischen Riva und Limone.
Busse: dichter Fahrplan mit komfortablen Bussen zwischen Riva und Rovereto bzw. Trento zum Bahnhof/Anschluss an die IC-Strecke Brenner–Verona. Während der Woche Busverbindungen auch zwischen Riva und dem südlichen Westufer, also nach Salò bzw. Desenzano.

Tórbole

Gardasee-Atlas: S. 230, C 2
Goethes erste Begegnung mit Italien fand in Tórbole statt. Der kleine bescheidene Ort (1100 Einw.) ist heute als Surferparadies bekannt. Er dankt dem Dichterfürsten für die literarische Erwähnung (»Italienische Reise«) mit einer Erinnerungstafel im kleinen historischen Kern auf der dem See abgewandten Seite der Straße. Man geht am besten durch den gedrungenen Hausbogen des so genannten Alberti-Hauses hindurch, der zur lang gestreckten Piazza Vittorio Veneto führt. Am grünen Haus Nr. 2 steht über einem kleinen Säulen-

Am Strand von Tórbole

brunnen fast unleserlich, was Goethe hier am 12. September 1789 notierte: »Heute hab ich an der Iphigenie gearbeitet, es ist im Angesichte des Sees gut von statten gegangen.«

Von diesem Platz aus führt eine teils mit Stein gepflasterte Gasse durch das alte Herz des Städtchens relativ schnell hinauf zum Burgberg (Ruine). Vom **Castel Penede** (1210 erstmals erwähnt und 1703 von den Franzosen zerstört) ganz oben genießt man traumhaft schöne Aussichten auf Tórbole. Bei guten Windverhältnissen natürlich auch auf die zahllosen Segel der über den See flitzenden Surfer.

Azienda Autonoma di Soggiorno: Via Lungolago Verona 19, 38069 Tórbole, Tel. 04 64 50 51 77, Fax 04 64 50 56 43, Internet s. Riva S. 57.

Piccolo Mondo: Via Matteotti 7, Tel. 04 64 50 52 71, Fax 04 64 50 52 95, April–Okt. Freundliches, familiäres Hotel mit 36 relativ einfachen kleinen Zimmern etwas von der Hauptstraße zurückversetzt am Ortsrand, mit Pool im rückwärtigen ruhigen Garten sowie sehr gutem Restaurant. DZ mit Frühstück 100–120 €.

Lido Blu: Via Foci del Sarca 1, Tel. 04 64 50 51 80, Fax 04 64 50 59 31, www.lidoblu.it, Mitte Nov.–Mitte Dez. geschl. Komfortables Surferhotel am See am Ortsrand Richtung Riva, mit Hallenbad, Sauna und Fitnessraum; 40 Zimmer mit Balkon/Seeblick, Surfschule (s. nebenstehend). DZ mit Frühstück 80–150 €.

Centrale: Piazza Vittorio Veneto 10, Tel. 04 64 50 52 34, Fax 04 64 50 61 50, März–Nov. Freundliches Haus mit Restaurant im historischen Zentrum, relativ ruhig. DZ mit Frühstück 74 €.

Villa Magnolia: Via al Cor 10, Tel./Fax 04 64 50 50 50, magnolia@torbole.com, April–Anfang Nov. Kleines Hotel mit Pool (21 Zimmer), ohne Restaurant. DZ mit Frühstück 44–55 €.

Camping

Europa: Via Al Cor, Tel./Fax 04 64 50 52 22, April–Ende Okt. Netter Platz jenseits der Seepromenade Richtung Riva auf ebenem Grasgelände, parkähnlich mit Hecken und Bäumen gestaltet; mit Surfschule. Stellplatz ab 9 €, p. P. ab 6 €.

Canyoning und Klettern: Canyon Adventure, Tel. 04 64 50 54 06, www.canyonadv.com. Alle waghalsigen Unternehmungen mit täglichen Touren wie Canyoning und Climbing, also Klettern, bietet dieser Spezialist, der am Gardasee einen guten Ruf genießt.

Mountainbikes: s. Surf Segnana; außerdem mehrere Radverleiher am Ort.

Surfen: Tórbole gilt als das Surfzentrum des Gardasees, weshalb man hier nicht nur auf Surfer spezialisierte Campingplätze direkt am See (s. o.) findet, sondern auch mehrere Surfschulen.

Vasco Renna, Professional Surfcenter, Parco Pavese, Tel. 04 64 50 59 93, Fax 04 64 50 62 54, www.vascorenna.com. Ende März–Anfang Nov. Kurse, auch für Kinder; Brettlagerung möglich.

Surf Segnana, Foci del Sarca, Tel. 04 64 50 59 63, Fax 04 64 50 54 98, www.surfsegnana.it. Kurse für jede Könnerstufe, Verleih von Brettern, Lagerplätze; auch **Catamaranschule** und -verleih, Kästle-Mountainbike-Center, geführte Touren.

Boote: während der Saison von ca. Ostern–Ende Okt. Verbindungen mit allen Seeorten (kein Autotransport).

Busse: in dichter Folge zwischen Tórbole und Riva bzw. Rovereto und Trento/Bahnhof; auch Verbindungen entlang dem Ostufer (inkl. dem Süden und Verona).

UMGEBUNG VON RIVA UND TÓRBOLE

Der trentinische Norden ist ein idealer Ausgangspunkt für landschaftlich schöne und kulturell interessante Ausflüge: zum kleinen Tenno-See, dem faszinierenden Wasserfall von Varone oder zum hübschen Ledro-See mit seinen frühgeschichtlichen Pfahlbauten.

Arco

Gardasee-Atlas: S. 230, C 1
Arco (14 100 Einw.) liegt im breiten Tal der Sarca und ist am besten über die östliche, schmalere, der SS 45 Richtung Trento parallel verlaufenden Straße zu erreichen, die durch ein architektonisch hübsches Industriegebiet führt. So fährt man direkt auf die wie ein Adlerhorst auf einem einsamen steilen Felsen hockende Festungsruine (*rocca*) der Grafen von Arco zu. Allein schon der Anblick lohnt die Fahrt. Das wunderhübsche Arco (91 m hoch) ist dank der windgeschützten Lage mit einem ausgesprochen milden Klima gesegnet und schon lange als Luftkurort bekannt.

Die sanierte Altstadt besteht aus hohen Häusern in einer Stilmischung aus Renaissance und dem Älplerischen Südtirol-Trentinos. Die weit vorkragenden Dächer berühren sich fast in den engen, im Verlauf noch mittelalterlich geschwungenen Gassen. Einige nette Geschäfte haben sich darin eingenistet. Überall gibt es Durchblicke auf die *rocca*. Bühne frei heißt es jedoch gleich bei der Einfahrt in die Stadt für die große Piazza III Novembre: Auf dem Platz steht die mächtige Pfarrkirche Arcos, die kalksteinhelle **Collegiata** mit ihrer verspäteten, geradezu monumentalen Renaissance-Architektur des 17. Jh. In der reich mit Bildern einheimischer Künstler ausgestatteten, einschiffigen Kirche mit ihren Barockaltären ist besonders die Orgelempore erwähnenswert. Sie zieren nicht die üblichen Putten, sondern höfisch gekleidete Bürger der Stadt. Östlich der Kollegiatskirche erstreckt sich der große **Palazzo Marchetti,** 1550 für den Grafen Felix Marchetti begonnen. Interes-

Pause im Park

Auf dem Weg zur *rocca* nicht zu verfehlen ist der Parco Arciducale Arboreto, ein herrlicher grüner, aus einer fürstbischöflichen Anlage hervorgegangener Park mit dichter, im Sommer angenehm Schatten spendender Vegetation und kleinen, bepflanzten Teichen. Hier kann man abseits vom See außer der herrlichen Pflanzenwelt wirkliche Ruhe genießen.

sant sind die lebensnahen Fresken unterhalb des weit vorkragenden Daches: Götter, Musikanten und Helden, Teufel und Nymphen.

Der 20-minütige Aufstieg zur **Rocca** führt durch einen idyllischen Ölbaumhang – und ist eine Pflichtübung. Besonders sehenswert sind die zuletzt entdeckten Fresken (14./15. Jh.) mit höfischen Szenen im »Zimmer der Spiele«. Auch der Ausblick auf Arco und über den Gardasee ist hinreißend schön. Dürer hat diese Festung auf seiner Italienreise 1495 präzise gezeichnet und damit ihr Aussehen vor der Sprengung durch die Franzosen (1703) der Nachwelt überliefert. (Tgl. Sommer 10–19, Winter 10–16 Uhr.)

Viale delle Palme 1, Tel. 04 64 53 22 55, Fax 04 64 53 23 53, Internet s. Riva S. 57.

Die spektakulär gelegene Burg von Arco bei Nacht

Alla Lega: Via Vergolano 4, Tel. 04 64 51 62 05, Do–Di mittags und abends geöffnet. Uriges Lokal in einem historischen Altstadt-Palazzo mit Weinpergola im Innenhof, dem schönsten Platz im Sommer; gute lokale Spezialitäten, mit vielen Fleischgerichten und Grill auch für Gemüse zu moderaten Preisen.

Zum Mittelpunkt des Sarca-Tales verwandelt sich Arco jeden dritten Freitag und Samstag im Monat, wenn die Plätze rings um die Collegiata zum Schauplatz des **Floh- und Antiquitätenmarktes** werden.

Varone, Tenno, Canale

Gardasee-Atlas: S. 230, B 1
Auf Schleichwegen geht es von Arco nach Südwesten. Kurz vor Riva kann man zum Tenno-See abbiegen (insgesamt 15 km). Die schmale Bergstraße (SS 421) durchzieht zuerst das lang gestreckte Dorf **Varone** mit Papierfabrik und Wasserfall, dessen Besuch man nicht versäumen sollte. Abgesehen vom faszinierenden Naturschauspiel des brausend in eine tiefe und sehr enge Klamm fallenden Wassers haben die privaten Betreiber der **Cascate di Varone** eine Art botanischen Garten angelegt und auch Picknicktische aufgestellt. (Tgl. März, Okt. 10–12.30, 14–17, April, Sept. 9–18, Mai–Aug. 9–19, Nov.–Feb. nur So 12–17 Uhr.)

Zum Dorf Tenno (428 m hoch) steigt die Straße recht kurvenreich hinauf und bietet grandiose Ausblicke von fast jeder Kehre aus, bis weit über den Gardasee hinweg. **Tenno** (1660 Einw.) gruppiert sich mit seinen schmalen steinernen Häusern auf einem einsamen Felsen gegenüber dem kleinen, zinnenbekrönten mittelalterlichen Kastell. Im Dorf sind die meisten Häuser in der Zwischenzeit als Zweitwohnungen restauriert worden, weshalb man hier außerhalb der warmen Jahreszeit kaum jemandem begegnet.

DER WASSERFALL VON VARONE

Der Parco Grotta Cascate di Varone nordwestlich von Riva wurde dem Publikum bereits am 20. Juni 1874 zugänglich gemacht, und schon 1901 besuchte ihn Thomas Mann. Er war so fasziniert von dem ohrenbetäubenden Lärm des stäubenden Wasserfalls, dass er ihn in seinem »Zauberberg« literarisch verewigte. Zu den weiteren berühmten Besuchern zählen Prinz Umberto II, Gabriele D'Annunzio, Kaiser Franz Joseph und Franz Kafka.

Zehn lang gezogene Stufen führen zum Wasserfall, genauer zur Grotta Inferiore, der unteren Grotte: eine enge Klamm mit vom Wasser glatt geschliffenen Wänden – ein natürlicher Riss, durch den sich das Wasser kämpft: 55 m lang und 73 m tief. 40 m höher erreicht man die Grotta Superiore, sozusagen eine senkrecht gestellte Klamm, die noch faszinierender ist und in die man wegen des feinen ›Wasserstaubes‹ nur mit Mühe hineinschauen kann. 20 000 Jahre soll das Wasser benötigt haben, um dieses Naturschauspiel zu produzieren. Und obwohl ein Teil des Wassers für die Papierfabrik unten abgezweigt wird, bleibt es eine der größten natürlichen Attraktionen im Gebiet des Gardasees.

Für den Besuch des Varone-Wasserfalls sollte man zu jeder Jahreszeit an einen wärmenden Pullover und auch an Regenschutz denken.

Im weiteren Verlauf des Weges liegt rechter Hand das mittelalterliche Dorf **Canale.** Mit seinen von Bogen überspannten, Stein gepflasterten Gassen zwischen den fast düster wirkenden Steinhäusern konnte es als ›Künstlerkolonie‹ vor dem Verfall gerettet werden. Das Haus des Künstlers Vittone wurde zu einem Treffpunkt für Künstler und Kunstschüler (Seminare und Ausstellungen sowie Sommerkurse). Im Museum für landwirtschaftliches Handwerksgerät sind Zeugnisse aus der Bauern- und Hirtenvergangenheit der Region ausgestellt. Anfang August werden unter dem Namen »Rustico Medioevo« (»mittelalterliches Landhaus«) mittelalterliche Aufführungen u. a. Veranstaltungen geboten. Im Winter ist auch in Canale nichts los.

Schließlich ist der kleine, fast kreisrunde **Tenno-See** erreicht. Diese Ausbuchtung des Varone-Baches in 590 m Höhe hat sich zur Oase für sportliche Urlauber, insbesondere Mountainbiker, und Wochenendausflügler gemausert. Hier gibt es viel Natur, um tief durchzuatmen …

Nur in der Saison: Tel. 04 64 50 08 48, Fax 04 64 52 03 08; sonst **APT in Riva** (s. S. 57).

Club Hotel Lago di Tenno: Lago di Tenno, Tel. 04 64 50 20 31, Fax 04 64 50 21 01, www.clubhoteltenno.com, bei Bedarf ganzjährig geöffnet. Sportliches, zu einem Apart-Hotel umgebautes Haus über dem See mit Pool und Tennisplatz, 30 Apartments (1–3 Zimmer, die auch einzeln vermietet werden) für Selbstversorger; Restaurant mit guter lokaler Küche. DZ mit Frühstück 100 €.

Piè di Castello: Via Diaz 55, Località Cologna, Tenno, Tel. 04 64 52 10 65, Mi–Mo mittags und abends geöffnet. Zwischen Riva und Tenno im winzigen Dorf Cologna befindet sich diese urige Familien-Trattoria; einzige Spezialität: *carne salada* in zig Variationen, also das gepökelte Fleisch des Trentino – hausgemacht und preiswert.

Agritur Calvola: Ville del Monte, Tenno, Tel. 04 64 50 08 20, nur im Sommer geöffnet. Ländliches, relativ preiswertes Restaurant mit typisch trentinischer Küche unter Steingewölben.

Radsport: Alles steht im Zeichen der **Mountainbiker**, so sehr, dass es ihnen verboten ist, manche Dörfer zu durchfahren. Informationen bei den Hotels und beim Touristenamt. Die Hotels bieten zum Teil Biker-Weekends an.

Ledro-See

Gardasee-Atlas: S. 230, A 2

Ein 5 km langer, gut ausgeschilderter Tunnel führt kurz vor Riva (von Norden kommend) ins Ledro-Tal. Die so oft beschriebene, atemberaubend schöne Bergstraße direkt am Gardasee hingegen ist aus Sicherheitsgründen schon seit einer Ewigkeit gesperrt. Auf den Tunnel folgt eine 5 km lange, schöne, kurvenreiche Strecke oberhalb des tief unten fließenden Ponale-Baches. Alternativ kann man auch das zwischen den Weilern Prè und Barcesino führende Sträßchen im Tal wählen.

Wieder hinauf geht es nach **Molina di Ledro** (652 m), um in dieser beliebten Sommerfrische den Spuren der Ureinwohner der Gardasee-Region zu folgen: im **Museo Palafittico**, dem Pfahlbautenmuseum direkt am See. Hier kamen 1929 Reste der prähistorischen Pfahlbautensiedlung (um 1700 v. Chr.) zum Vorschein, nachdem man den Seespiegel abgesenkt hatte. 1937 begannen die Ausgrabungen der 4500 m² großen Siedlung auf mehr als 10 000 Pfählen, deren Verbindungskonstruktion mit den Hüttenböden genau erkennbar und nachvollziehbar war. Aus den reichen Funden an Waffen, Gebrauchsgegenständen und Schmuck richtete man ein schönes Museum ein. Zu sehen sind Gegenstände aus Bronze und Feuersteine, geschliffene Steinwerkzeuge und Tongut, Spieße und Fäustlinge, und in Vitrinen Getreide, Eicheln, Kastanien und Haselnüsse. Doch die meisten der im Freien wieder aufgebauten Hütten riss vor einigen Jahren ein Erdrutsch fort. (März–Juni Di–So 9–12, 14–18, Juli, Aug. tgl. 9–12, 15–19, Dez. nur Sa, So 9–12, 14–17 Uhr.)

Die nächsten 5 km führen am nördlichen Ufer des bis zu 49 m tiefen Le-

Geführte Touren

Ledros Verkehrsamt (s. S. 66) organisiert für die Gäste von Mai bis Sept. kostenlose, geführte Wanderungen, meist zu einem bestimmten Thema. Auch Vorbereitungsabende gehören dazu, man lernt eine Menge über Geschichte (Pfahlbauten!), Fauna und die reiche Flora des Gebietes.

dro-Sees entlang, durch **Mezzolago** (ruhig, mit Segelschule) nach **Pieve di Ledro,** dem Hauptort des Sees mit netten, kleineren Hotels. Eine Rundtour ist normalerweise mit dem Wagen möglich, doch zu Fuß oder mit dem Fahrrad ist es schöner. Am Westufer, an das der dichte Buchenwald nahe heranrückt, liegen zwei Campingplätze sowie kleine Ferien- und Wochenendhäuschen. Kein Wunder angesichts der Schönheit des tiefgrünen Sees mit einladenden Badeplätzen, der intakten, an Wildblumen reichen Natur und der hervorragenden Wandermöglichkeiten.

Ufficio Turistico Valle di Ledro: Piazza Garibaldi 14, 38060 Bezzecca, Tel. 04 64 59 12 22, Fax 04 64 59 15 77, www.vallediledroinfo.com.

Lido: Via Al Lago 1, Pieve di Ledro, Tel. 04 64 59 10 37, Fax 04 64 59 16 60, hotellido@trentino.net, ganzjährig geöffnet. Schön renoviertes Hotel am Nordende des Sees mit 20 Zimmern, großem Garten und eigenem Seezugang (Bootsstege, Bootsverleih), ruhig abseits der Hauptstraße; Galaabende und Abendessen mit Trentino-Spezialitäten; gepflegte, sportliche Atmosphäre (auch Fitnessraum). DZ mit Frühstück 88–110 €.
Garden: Pieve di Ledro, Tel./Fax 04 64 59 10 33, ganzjährig geöffnet. Ruhig gelegenes Haus mit 30 Zimmern an der Pfarrkirche. DZ mit Frühstück ab 65 €.
San Carlo: Molina di Ledro, Tel. 04 64 50 81 15, Fax 04 64 50 88 18, ganzjährig geöffnet. Kleineres Hotel (20 Zimmer) mit Terrasse zum Pfahlbautenmuseum, davor Badeplatz mit Tretbootverleih. DZ mit Frühstück ab 60 €.
Mezzolago: Località Mezzolago di Ledro, Tel. 04 64 50 81 81, Fax 04 64 50 86 89, ganzjährig geöffnet. An der Landstraße, aber mit den meisten Zimmern mit Balkon zum See gelegenes, familiär geführtes Hotel mit 38 recht komfortabel renovierten Zimmern und Terrasse zum See, eigener Kiesstrand. DZ mit Frühstück 46–56 €.

Camping
Al Lago: Via Alzer, 38060 Pieve di Ledro, Tel. 04 64 59 12 50, Fax 04 64 59 12 50, mb.penner@libero.it, Ostern–Ende Sept. Campingplatz am See mit Verleih von Caravans und zahlreichen Sportmöglichkeiten in der Nähe (Wassersport, Reiten und Tennis). Zelt 6–8 €, p. P. 4,50–6 €.

Von Tórbole zu den Marmite dei Giganti

Auf der SS 240dir von Tórbole Richtung Nago bzw. Rovereto gelangt man linker Hand an eine Art Bergterrasse (Parkplatz) mit Blick auf den See. Hier kann man den Wagen parken und ein paar Schritte zurückgehen, um die wenigen Stufen den Hang zu den Marmite dei Giganti (ausgeschildert) hinabzusteigen. Diese haushohen Vertiefungen im Felsen, »Giganten-Schüsseln« genannt, sind durch das mahlwerkartige Zusammenspiel von Eis, Wasser und Felsbrocken zur Zeit der schmelzenden Gletscher entstanden.

Noch schöner ist der Weg von Tórbole zu Fuß: Ein recht bequemer Wanderweg führt durch einen schönen Olivenhain von dem kleinen Ort zu den Marmite dei Giganti, das letzte Stück immer an den von den Gletschern geschliffenen, mächtigen Felsen entlang.

In Tenno, einem schönen alten Dorf im Norden des Gardasees

Das venetische Ostufer

Malcésine

Gardasee-Atlas S. 230–231, 233–235, 237–239

VON MALCÉSINE BIS LAZISE

Auf der Uferstraße Gardesana Orientale entlang der Riviera degli Olivi nach Malcésine mit seiner trutzigen Skaligerburg und von dem ebenfalls von seiner Festung geschmückten Torri del Benaco bis zur idyllischen Halbinsel von San Vigilio. Schließlich ins lebhafte Garda, zur Weinprobe nach Bardolino und in das alte Hafenstädtchen Lazise mit seinen ausgezeichneten Fischrestaurants.

Malcésine

Gardasee-Atlas: S. 230, B 4

Südlich von Tórbole rückt der Monte Baldo so dicht an den See, dass ein paar Tunnel notwendig waren, um die Uferstraße Gardesana Orientale zu bauen. Die meisten Hotels stehen auf der Bergseite, vom selten ansehnlichen Strand durch die in der Regel viel befahrene Straße getrennt – also nicht gerade ruhig. Aber das scheint Wassersportlern und sonnenhungrigen ›Nordlichtern‹ wenig auszumachen. 10 km lang ist dieser Abschnitt, bis plötzlich die dekorativ auf einem kleinen Vorgebirge am See thronende, sehr hübsche *rocca* von Malcésine auftaucht.

Kostenpflichtige Parkplätze befinden sich vor dem Rathaus in Höhe des historischen Zentrums und auf der Bergseite nach der Tankstelle (unter Olivenbäumen). Gleich dahinter liegt die Talstation der Seilbahn zum Monte Baldo.

Vermutlich war Malcésine schon prähistorisch und etruskisch besiedelt, wie Grabfunde auf dem Hügel an der Festung zu belegen scheinen, und wurde wahrscheinlich von den Römern übernommen. Ganz sicher ist ein erster Burgbau aber erst um 568, nachdem die Langobarden Oberitalien eingenommen hatten. Die Zerstörung der Burg erfolgte allerdings schon 590 durch die Franken, deren Herrschaft in Verona erst 774 von Karl dem Großen durch die Einsetzung seines Sohnes Pippin als italienischer König manifestiert wurde. Mit dem Untergang des Frankenreiches gingen Burg und Ort an den Bischof von Verona über, gefolgt von den Skaligern. Diese bauten den Ort aus und befestigten die *rocca*.

Doch am deutlichsten drückten die Venezianer Malcésine ihren Stempel auf, ausgehend vom (bereits skaligerischen) Palast des Capitano del Lago, dessen Hausherren 1405–1797 abwechselnd von hier, Garda oder Torri del Benaco das Sagen hatten. Später folgte Malcésine dem Schicksal des gesamten venetischen Gardasee-Ufers: 1798–1866 wurde es österreichisch, dann italienisch.

Zum Glück blieb Malcésine (ca. 3600 Einw.) bei all dem touristischen Rummel mit den unschönen Nebenwirkungen in seinen mittelalterlichen Mauern ziemlich intakt, ja wurde immer weiter saniert und restauriert. Die Gassen sind wieder mit Steinpflaster belegt und die Häuser gepflegt. Der alte Bootshafen zu Füßen der Festung hat sein schlichtes Aussehen behalten. Der Bootsbetrieb wird ausschließlich über den neuen, auch nicht gerade großen Hafen abgewickelt, wo sich ein Café an das andere reiht und es ein laut-buntes Kommen und Gehen gibt, sobald die ersten Sonnenstrahlen das kleine Rechteck beleuchten. – Malcésine lässt sich mit Recht kein Gardasee-Besucher entgehen!

Zwischen Hafen und Rocca

Malcésines Besichtigung sollte am **Bootshafen** 1 beginnen. Angenehm ist der Fußgängerbereich aber nur, wenn nicht allzu viele Touristen durch die engen Gassen laufen. Richtung Festung zieht tagsüber ein unaufhörlicher Menschenstrom. Es heißt sich dann durchzuwühlen: zum **Palazzo del Capitano del Lago** 2, zum Palast des venezianischen See-Statthalters. Der kleine Innenhof, der eigentlich eine ummauerte Terrasse zum See ist, bietet sich für eine entspannende Ruhepause an. Hier gibt es Palmen und ein paar knallbunte Blumen, eine kleine Bar, Blick auf die Fassade mit den Renaissancefenstern und Balkönchen sowie hinauf zu den Fantasiezinnen und dem

Von der Skaligerburg hat man einen schönen Blick auf die Altstadt und den See

nahen Monte Baldo. Im Erdgeschoss ist die Information untergebracht; die ornamental freskierten Repräsentationsräume im Obergeschoss werden leider nur für Ausstellungen geöffnet.

So verlässt man den Palast wieder, geht die Gasse weiter und folgt dem Vicolo Porto Vecchio zum alten Hafen, dem **Porto Vecchio** [3]. Sehr bescheiden und heimelig ist dieser Platz: Er zieht sich ins Wasser hinein, einer Rampe ähnlich, auf der man früher die Boote an Land zog, umgeben von schlichten Altstadthäusern mit Restaurants. Dahinter steigt die Gasse relativ steil an Richtung Castello (ausgeschildert).

Schwalben umschwirren die trutzig auf einem steilen Felsen hockende Skaligerburg, die *rocca* oder das **Castello Scaligero** [4] mit den backsteinernen Schwalbenschwanzzinnen. Der Burgfried aus glatt behauenen weißen Steinen ragt hoch aus dem großen Komplex aus Bruchsteinmauerwerk empor. An der Gassenecke, von der man steil hinauf blicken muss, um die Zinnen des Burgfriedes zu erkennen, ist linker Hand eine Inschrift angebracht: »Hier wurde Goethe festgenommen …«. Das erste Abenteuer seiner Italienreise erlebte der Dichter nämlich in Malcésine. Hier hatte man den Geheimrat gefangen genommen und bezichtigt, Pläne von der Festung gezeichnet zu haben – als Spion. Fast dramatisch ist die Schilderung des 13. September 1786 in der »Italienischen Reise«. (April–Okt. tgl. 9.30–19, im Winter Di–So 11–17 Uhr oder auf Anfrage, Tel. 0457400837.)

Der ursprüngliche Eingang der Festung weiter oben ist meist geschlossen. Dann einfach den Hinweisschildern und dem Strom der Besucher nach links folgen und durch eine Mauer mit einfachen, geraden Zinnen steigen. Dass die gut erhaltene Anlage (seit 1902 ein geschütztes Nationalmonument) aus drei ineinander verschachtelten Innenhöfen besteht, ist nicht ganz leicht zu erkennen, es sei denn, man schaut vom Burgfried hinab. Zu entdecken gibt es hier einiges, gleich nach dem Eingangstor das reich bestückte Doppelmuseum im harmonisch wirkenden Palazzo Inferiore, den die Venezianer 1620 als Kaserne errichten ließen: **Museo del Garda** und **Museo del Baldo.** Mit Malcésine, so erfährt man hier, beginnt die geologisch interessante Val di Sogno, das »Tal der Träume«, mit reichen Ammonitenfunden, Seeschnecken u. a. Vor 70 Mio. Jahren bedeckte noch das Thetys-Meer das Gebiet der Brescianer Berge, des Gardasees, des Monte Baldo und der Lessiner Berge.

Eine steile Treppe führt zum zweiten Hof, in dessen österreichischer Pulverkammer das kleine **Goethe-Museum** eingerichtet ist. Im winzigen Vorgarten steht Goethes schmeichelhafte Bronzebüste.

Den dritten Hof bildet die eigentliche Skaligerburg, der Urkern der Festung also, mit dem imponierend hohen *mastio* (Burgfried, 70 m), den man erklettern kann, um eine fantastische Aussicht zu genießen. Doch nicht minder schön ist der Blick von den Mauern

Sehenswürdigkeiten
1 Bootshafen
2 Palazzo del Capitano del Lago
3 Porto Vecchio
4 Castello Scaligero
5 Albergo San Marco

Unterkünfte
6 Excelsior Bay
7 Park Hotel Querceto
8 Venezia
9 Du Lac
10 Ischia
11 Camping Tonini

Essen und Trinken
12 Trattoria Vecchia Malcésine
13 Baita dei Forti
14 La Campannina
15 Locanda Monte Baldo

AUSFLUG AUF DEN MONTE BALDO

Halbstündlich verlässt die 1962 eingeweihte und 2002 mit Drehkabinen völlig umgebaute Seilbahn die Talstation in Malcésine in 106 m Höhe und führt über San Michele (572 m) mit der einladenden Locanda Monte Baldo, die noch mit dem Auto zu erreichen ist, hinauf zur Bergstation des Monte Baldo (1790 m). Nach zehn Minuten muss man in San Michele umsteigen, dann geht es nochmals zehn Minuten weiter hinauf. Viele Wanderwege führen oben zu den Berghütten und Gipfeln des Bergmassivs, zum Beispiel der CAI-Weg Nr. 651 in dreieinhalb Stunden zum Rifugio Telegrafo oder zum Rifugio Monte Altissimo in zwei Stunden und 40 Minuten. Wer nur eine kurze Wanderung machen möchte, kann den Weg Nr. 11 nach Prai zum Rifugio Kira wählen (45 Min.) oder einfach über den Panoramaweg und die weite Alm oben links kaum merklich ansteigen. Vorbei an der sehr einladenden Blockhütte der Trattoria La Capannina mit Tischen im Freien. Diese Alm ist nicht nur eine saftig grüne Sommerweide, sondern auch das Revier der Gleitsegler, die die günstigen Fallwinde zu nutzen verstehen.

Der Boden ist schon im beginnenden Frühjahr bedeckt mit winzigen, aber leuchtenden Blumen: weiße Krokusse und dunkler Enzian, kleine Kissen blass gelber Himmelsschlüsselchen. Vom letzten Sommer übrig geblieben sind geduckte Golddisteln. Unten liegt Malcésine mit seiner markanten Festung, weiter südlich Brenzone, ganz im Süden taucht die lange schmale Halbinsel von Sirmione auf, wie eine Kobra mit dickem Kopf. Am gegenüberliegenden Seeufer erkennt man im Süden den tiefen Einschnitt von Salò, fast vis-à-vis erscheint Limone zum Greifen nahe. Dahinter sieht man von hier oben das riesige Almgebiet von Tremósine und Tignale wie aus der Vogelperspektive – darüber die Gletscher mit ihrem weiß strahlenden, ›ewigen Schnee‹.

Wenn die Sonnenstrahlen zwischen den Wolken über den See huschen, verändert sich sein Graublau in helles Blau und unglaubliches Smaragdgrün. Boote fahren zwischen Limone und Malcésine unaufhörlich hin und her. Die beiden Inselchen vor der Val di Sogno wirken von oben wie zwei vor Anker liegende Boote. Großartig sind auch die Ausblicke, die sich auf der Ostseite des Bergmassivs auftun, über den kleinen Stausee von Prà da Stua zum Etsch-Tal. Vorne, wo die sanfte Weide abrupt an einer Steilwand endet, schaut man auf das Nordende des Gardasees im Kranz der Alpenriesen und hat eine Totale von Riva zu Füßen.

Seilbahn: März–Okt., Nov. je nach Wetter tgl. 8–18 Uhr Malcésine–San Michele (umsteigen)–Monte Baldo; zu festen Uhrzeiten ist auch Fahrradbeförderung möglich. Die Seilbahn wurde 2002 völlig modernisiert (3-fache Kapazität, um die üblichen Warteschlangen zu verkürzen) und erhielt für den zweiten Teil des Aufstiegs neue, drehbare Kabinen, um den Fahrgästen einen Rundumblick zu ermöglichen, ohne dass sie sich vom eingenommenen Platz bewegen müssen.

dieses dritten Hofes aus. Natürlich befindet sich hier aus Gründen der Autarkie, der Selbstversorgung bei Belagerungen, eine Zisterne – vor dem **Museo Pariani,** dem kleinen Fischereimuseum.

Entlang der Strandpromenade zur Val di Sogno

Geht man vom Bootshafen, an dem übrigens im jetzigen **Albergo San Marco** [5] Geheimrat Goethe am 13. und 14. September genächtigt hatte, nach Süden, beginnt nach dem kleinen Yachthafen parallel die Via Domenico Turazzo. Sie endet im Viale Roma, der nach der kleinen Werft in die Strandpromenade (Fußgängerzone) mit Cafés und Restaurants übergeht, den Lungolago. Hier, im Süden von Malcésine, stehen ein paar der meist teureren Hotels, obwohl der Einstieg über das steinige Ufer ins Wasser nur über Holzstege möglich ist. Der angenehme Fußweg führt weiter nach Süden und um die breite, dicht mit mediterranen Bäumen bepflanzte Landzunge der Val di Sogno herum bis zu deren erstaunlich breitem Kiesstrand. Von hier hat man den Blick frei auf das winzige Inselchen **Isola dell'Olivo.** Ihre Nachbarin, die etwas längere und mit Resten einer Befestigung bedeckte **Isola di Sogno,** legt sich weiter südlich quer zum Ufer.

APT: Via Capitanato del Porto 6–8, 37018 Malcésine, Tel. 04 57 40 05 55, Fax 04 57 40 16 33, www.malcesinepiu.it. **Hotelverein:** Tel./Fax 04 57 40 03 73, www.bikehotelmalcesine.com.

Excelsior Bay [6]: Via Lungolago, Tel. 04 57 40 03 80, Fax 04 57 40 16 75, www.hotelexcelsiorbay.com, Ostern–Ende Okt. Trotz seines schlichten Äußeren beliebtes Hotel mit 64 Zimmern in ruhiger Lage am südlichen Ende der Seepromenade, mit Pool und Fitnesszentrum sowie großem (Ausflugs-)Restaurant; Parkplätze. DZ mit Frühstück 170–215 €.
Park Hotel Querceto [7]: Località Campiano 17/19 (5 km östl. an der Strada Panoramica), Tel. 04 57 40 03 44, Fax 04 57 40 08 48, www.parkhotelquerceto.com, April–Okt. Rustikales Haus auf einer Hangterrasse in Panoramalage (346 m) mit 22 komfortablen Zimmern, Pool, gutem Restaurant. DZ mit Frühstück 120–160 €.
Venezia [8]: Viale Roma, Tel. 04 57 40 00 70, Fax 04 57 40 10 77, Ostern–Ende Okt. Kleineres Haus mit 26 Zimmern direkt am See bzw. an der Strandpromenade, ruhige Lage; mit Restaurant und Anlegebojen. DZ mit Frühstück 98–108 €.
Du Lac [9]: Via Gardesana 18, Tel. 04 57 40 01 56, Fax 04 57 40 07 88, www.dulac.it, April–Ende Okt. Ruhig an der Strandpromenade zwischen Val di Sogno und Malcésine gelegenes Hotel mit Garten und Terrassenrestaurant sowie eigenem Bootssteg (Liegen am Wasser), mit 30 Zimmern (darunter ein paar Suiten mit Terrasse), Garage und Parkplatz. DZ mit Frühstück 90–130 €.
Ischia [10]: Via Fornaci 4, Località Fornaci, Tel. 04 57 40 05 88, Fax 04 56 57 00 50, ischia@malcesine.com, April–ca. 20. Okt. Familiäres kleines Hotel garni im Oliven-

Sommerkonzerte

Besonders schön ist die Stimmung bei den abendlichen Sommerkonzerten auf der Festung. Eintrittskarten rechtzeitig besorgen (beim APT, s. nebenstehend).

Eine Seilbahn führt von Malcésine 2000 m hinauf auf die Almen des Monte Baldo

hain in ruhiger Lage 200 m vom See und 700 m vom Zentrum Malcésines entfernt, mit Pool und Garage; alle 14 Zimmer mit Bad, Balkon, Telefon und SAT-TV. DZ mit Frühstück 58–78 €.

Zimmer mit Frühstück/Apartments: s. in der allgemeinen Hotelliste des Tourismusamtes; zum Teil erstaunlicher Komfort in guter Lage.

Camping: Die dichteste Konzentration der insgesamt zwölf Campingplätze von Malcésine (davon elf mit nur einem, einer mit zwei Sternen) befindet sich in den nördlichen Vororten, meistens liegen sie auf der von Olivenbäumen bestandenen Bergseite der Gardesana Orientale.

Tonini 11: Località Polpere, 2 km südlich von Malcésine, Tel. 04 57 40 13 24, Fax 04 57 40 13 41, info@campingtonini.com, April–Anfang Okt. Schöner Platz auf einer terrassierten Wiese mit Ölbäumen, Blick auf den See, Fußgängertunnel zum Strand. Stellplatz 11 €, p. P. 5,50 €.

Die meisten Restaurants Malcésines sind eher touristische Lokale, sowohl um den kleinen Bootshafen als auch am alten Hafen.

Trattoria Vecchia Malcésine 12: Via Pisort 6, Tel. 04 57 40 04 69, Feb. geschl., Do–Di abends geöffnet. Wunderschönes kleines Lokal in einem alten Steinhaus am oberen Rand des Städtchens mit Panoramagarten, raffinierter traditioneller Küche, gehobene Preise.

Auf dem Monte Baldo (alle während der Saison durchgehend geöffnet):

Baita dei Forti 13: direkt an der Bergstation der Seilbahn, preiswertes Selbstbedienungslokal.

La Capannina 14: nahe der Bergstation; einladend nette Trattoria in einer Blockhütte mit Tischen im Freien.

Locanda Monte Baldo 15: an der Zwischenstation San Michele, gute und relativ preiswerte Hausmannskost sowie Aufschnittplatten, herrliche Aussichtsterrasse.

Wein- und Grappaverkauf: Enoteca Malcésine, Viale Roma. Reiche Auswahl an lokalen Weinen, Grappa und anderen Spirituosen aus verschiedenen italienischen Regionen; auch Probieren ist möglich.

Mai/Sept.: Konzerte auf der Rocca.
Juni: Festa del Pesce – Fischfest mit Sardinen für jedermann und Musik.
Juli: Festa Patronale – Stadtfest mit großem Feuerwerk.
Aug.: Festa dei Ciclamini – Fest der Alpenveilchen.

Baden: Der eigentliche (kiesige) öffentliche Strand Malcésines liegt im Norden, im Vorort Retelino. Er beginnt zu Füßen der Festung.
Paragliding: Paragliding Club Malcésine, Via Navene 23, Tel. 033 56 76 46 75 oder 03 60 84 35 18 (deutsch- und englischsprachig).
Radfahren: »Bike Hotels« (s. o.). Räder können auf den Monte Baldo mitgenommen werden (s. S. 74).
Wassersport: Vor allem im südl. Bereich wird Wassersport angeboten, inkl. Val di Sogno, bzw. nördlich von Malcésine.
Sailing Center Hotel, Località Campagnola, Tel. 04 57 40 00 55, Fax 04 57 40 03 93, sailing@malcesine.com.
Nany's Aqua Center, Località Navene, Tel./Fax 04 57 40 15 06, nany@windsurfers.com. Kooperation mit Catamaran Center (s. u.).
Catamaran Center, Tel. 04 57 40 17 95, europahols@aol.com. Geräteverleih, Kurse und Programme.

Boote: Verbindungen mit Limone und Riva sowie **Wassertaxi** nach Limone, während der Saison je nach Bedarf in dichter Folge. Sonst Linienboote zu allen anderen Seeorten.

Bike Hotels

Radfahrer finden in Malcésine einige Bike Hotels, die gemeinsame Programme veranstalten; außerdem bieten sie Platz für die Räder sowie Werkzeug, Umkleideraum etc. Bei ihrer Ankunft erhalten die Hotelgäste eine Bike Card, die viele Nachlässe gewährt. Infos im Internet unter: www.bikehotelmalcesine.com.

Busse: Entlang der Gardesana Orientale verkehren Busse in relativ dichter Folge (ca. stündl.) zwischen Tórbole und Garda bzw. bis nach Verona.
Seilbahn zum Monte Baldo: s. S. 74.

Brenzone

Gardasee-Atlas: S. 235, E 1
Gleich nach den Villen der Halbinsel der Val di Sogno und den wenigen verwinkelten Häusern des freundlichen Cassone in Höhe der **Insel Trimelone** (mit kleiner Festungsruine) beginnt die Streusiedlung Brenzone (2300 Einw.) mit dem Vorort **Assenza.** Er hat sich auf der Bergseite der Gardesana Orientale, die hier ganz nah am See entlang geführt werden musste, entwickelt. An der baumbestandenen Piazza San Nicolò lohnen die Fresken der kleinen, tagsüber fast immer geöffneten Kirche San Nicolò aus dem 14. Jh. einen Besuch. Sehenswert ist vor allem die noch streng byzantinisch komponierte Abendmahlszene links vor dem Chor mit der allerdings recht

DAS OLIVENÖL VOM GARDASEE

Olivenbäume gedeihen auf beiden Erdhälften zwischen dem 30. und 50. Breitengrad. Der Gardasee gilt als das nördlichste Anbaugebiet der Welt und sicherte den Bauern insbesondere durch den Export in die nördlichen Regionen, speziell nach Deutschland, seit dem Mittelalter zwar keinen Reichtum, aber ein ordentliches Einkommen.

Schon die Römer, die den Olivenanbau hier angesiedelt hatten, schätzten den guten Geschmack und wohl auch die gesundheitsfördernden Eigenschaften des Olivenöls. Aus dem 9. Jh. existieren detaillierte Zeugnisse über die Bedeutung des Olivenöls in Malcésine, Garda und Assenza, seit dem 10. Jh. ist der ›Export‹ des begehrten Öls durch Mönche von San Colombano zum Kloster von Bobbio im Piemont belegt. Verona erließ bereits im 12. Jh. ein Gesetz zur Kontrolle von Olivenölherstellung und -handel. 1623 ordnete die damals herrschende Republik Venedig die monokulturelle Anpflanzung des Ölbaums an.

Dazu wurden Wälder gerodet, neue Terrassen angelegt und der Boden bis zu 2 m tief von Steinen befreit. Alles für die Republik. Doch die hohen Steuern, die man den Ölproduzenten auferlegte – und somit praktisch allen Familien –, waren erdrückend. Ein Dokument des 18. Jh. aus Salò belegt, wie hart das Auskommen war: Für eine Maßeinheit von etwa 70 kg Olivenöl bekam man ca. 90 Lire, 45 davon gingen an Steuern weg, 8 für die Pressung; von den verbliebenen 37 Lire bekam der Landbesitzer 10, den Rest musste der Pächter mit seinen Pflückern teilen. Logisch, dass man das Einkommen aufzubessern bemüht war und dem Joch der hohen Zölle, kontrolliert durch das venezianische Zollamt von Lazise, zu entkommen versuchte.

Ein blühender Schmuggel entwickelte sich. Es genügte ja, im Schutze der Nacht mit dem Boot nach Norden bis Riva, dann auf dem Landweg über die nördlichen Ausläufer des Monte Baldo und die Etsch hoch bis zum Markt von Bozen zu fahren. Oder nach Süden auf dem See bis Peschiera, dort in den Mincio hinein bis Mantua, von wo aus man auch auf dem Landweg weiterziehen konnte, sogar bis in die Emilia-Romagna. Um den Schmuggel einzudämmen, ordnete Venedig 1745 ein (geschätztes) Minimum der Produktion an, das versteuert werden musste. Viele gaben daher die Ölbaumkultur auf. Doch das Fällen eines Olivenbaums wurde mit sage und schreibe 25 Dukaten und 18 Tagen Kerker bestraft.

1904 zählte man am venetischen Ufer des Sees allerdings noch zahlreiche Ölmühlen: fünf in Garda, sechs in Malcésine, zwei in Torri, drei in Castelletto und zwei in Bardolino; außerdem befanden sich viele kleine Mühlen in Familienbesitz, allein in Torri zehn.

»A San Marti sendrise le scali.« An San Martino, also dem 11. November, sagt dieses Sprichwort in Gardesaner Mundart, werden die Leitern für das Pflücken angehoben, hohe Masten mit beidseitigen Sprossen. Die Pflücker halten sich an einem Büschel von Zweigen fest, kämmen diese mit einem Holzkamm durch, lassen die Oliven auf die am Boden aufgespannten Netze fallen, wo sie sogleich von flinken Händen aufgesammelt und in Körben zur Presse gebracht werden. Je schneller möglichst handverlesene, also nicht verletzte Oliven in die Presse gelangen und dort verarbeitet werden, desto reiner ist das Olivenöl.

Während die Oliven ursprünglich mit Hilfe von Lasttieren (Eseln oder Maultieren) von schweren Mahlsteinen zermahlen wurden, entwickelte man Ende des 19. Jh. zwei neue Systeme: ein hydraulisches (also mit Wasser getriebene Mühlräder) und den Dampfantrieb, bei dem eine ausgeklügelte Folge von Zahnrädern die Arbeit erleichterte. Heute geschieht dies elektrisch. Alle Systeme werden im Museum von Cisano (s. S. 103 f.) eindrucksvoll demonstriert. Die eigentliche Pressung erfolgte früher in Jutesäcken, die mit der Olivenmeische gefüllt aufeinander gestapelt und langsam in einer Presse aus Eichenholz zusammengedrückt wurden. Natürlich sah das uriger aus, und man hatte das Gefühl, ein reineres, besseres Olivenöl zu bekommen als durch die heutige maschinelle Verarbeitung. Doch das täuscht: Die modernen Zentrifugen arbeiten schonender und vor allem unter Luftabschluss, sodass einer Verschmutzung des kostbaren Öls vorgebeugt werden kann. Durch das extrem schnelle Schleudern läuft das leichtere Olivenöl in der Mitte zusammen, umgeben vom schwereren Wasser und ganz außen vom noch schwereren Olivenmark (zusammen mit den zermahlenen Kernen). Keine Chemie, kein kochendes Wasser wird benötigt. Reiner kann ein Produkt kaum hergestellt und schließlich direkt abgefüllt werden!

Das Olivenöl des Gardasees gilt als besonders säurearm, aromatisch und vitaminreich, es ist sozusagen auch medizinisch anwendbar, geeignet zur Vorbeugung von Herz- und Kreislauferkrankungen. Die bevorzugten Olivensorten sind Casolino und die frostresistentere Leccino. Schließlich heißen die Hauptfeinde der Olive, außer der berühmt-berüchtigten Olivenfliege, die ihre Larve in ihr Fruchtfleisch setzt, Frost und Feuchtigkeit.

Alte Olivenbäume (sie können 300–400 Jahre und älter werden) sind häufig ausgehöhlt, was daran liegt, dass faule Stellen radikal mit Spezialwerkzeug entfernt werden. Starke Verdickungen am Stamm sind Zeugen eines verheilten Pilzbefalls. Heute lässt man die Olivenbäume möglichst nicht mehr in den Himmel wachsen, zieht sie teilweise nach neuester Erkenntnis sogar wie Spalierobst klein. Hier geschieht sozusagen eine Rückbesinnung auf die ursprüngliche Pflanze, die Wildolive, die eigentlich ein Strauch ist. Man erleichtert sich so zwar die Pflückarbeit, bekommt aber einen geringeren Ertrag pro Baum. Dies wird wiederum durch eine höhere Anzahl an Pflanzen kompensiert. So kommen zurzeit wieder mehr Olivenbäume denn je im gardesanischen Anbaugebiet von Verona hinzu. 1985 zählte man etwa 300 000 Bäume, in der gesamten Provinz doppelt so viele, und zwar auf 2600 ha Land mit Monokultur und rund 5400 ha Mischkultur. Auf Brescianer Seite sind es im Gardasee-Gebiet rund 900 ha Ölbaumkulturen und 2500 ha mit Mischkultur mit insgesamt ca. 400 000 Olivenbäumen.

lebendig dargestellten Tischgesellschaft mit jugendlich wirkenden Jüngern. Während manche eine Wassermelone auf dem Tisch entdeckt haben wollen, sprechen einheimische Kenner eher von einer Schüssel und sehen in den so genannten Melonenstücken einfach kleine Brötchen. (Schlüssel, falls die Kirche nicht offen sein sollte, im Nachbarhaus links.)

Zu Füßen von **Castello** am Berghang liegt am See das winzige **Porto** mit seinem Miniaturhafen (nur ein enger Kanal für zwei kleine Bootsreihen). Dann folgt übergangslos **Magugnano,** dessen durchgezogene, enge Einbahnstraße – praktisch parallel zur Landstraße – man vom Süden her anpacken muss (oder man parkt am Rand der Gardesana). Das unmittelbar am See gelegene Rathaus (kleiner Parkplatz) ist während der üblichen Bürostunden zugänglich. In der kleinen Eingangshalle ist der **Stein von Castelletto** aufgestellt, der 1965 von Mario Pasotti entdeckt wurde. Nach einer längeren Odyssee kam der etwa 2 m x 4 m große, vermutlich 4000 Jahre alte Stein erst vor wenigen Jahren wieder fast an seinen Fundort zurück und wird hier liebevoll als ein Stück Kulturgeschichte der Gemeinde Brenzone gehütet. Für die auf dem Stein zu erkennenden Symbole und Zeichen gibt es die verschiedensten Deutungen. Was sollten zum Beispiel die Äxte aussagen? Waren sie religiöser Ausdruck der prähistorischen Menschen? Jedenfalls ist ihre Ähnlichkeit mit den Doppeläxten der Minoer auf Kreta verblüffend.

Marniga schiebt sich mit seinen bescheidenen Häusern die Ölbaumhänge des Monte Baldo hinauf, nach weniger als 2 km folgt nach Süden das hübsche **Castelletto di Brenzone,** der Fundort des Steins (s. o.). Platanen schmücken den schmalen Streifen zwischen See und Straße (Kurzparkplätze), der Hafen mit Bootswerft und Segelschule wirkt auch in der Hochsaison wegen der Cafés und Fischrestaurants recht einladend. Allerdings durchschneidet die Gardesana den historischen Kern brutal in zwei Teile. Auffällig ist das Kloster mit der Schule der Piccole Suore Sacra Famiglia (Orden der kleinen Schwestern zur Heiligen Familie) hart an der Bergseite der Gardesana. Dahinter führen zwischen Häusern, die zum Teil noch aus dem 16. Jh. stammen, enge Gassen und Treppengänge gemächlich hinauf und bieten gute Ausgangspunkte für die ausgeschilderten Wanderwege.

Südlich von Castelletto steht auf dem Friedhofsgelände (Bergseite) direkt neben dem gleichnamigen Campingplatz die interessante kleine Kirche **San Zeno** (10.–12. Jh.) aus sorgfältig behauenen Steinen und mit einem auffälligen Aufbau. Sie ist zweischiffig, aber das linke Schiff ist schmaler als das rechte. Die Trennwand ruht abwechselnd auf Säulen mit unterschiedlichen Kapitellen und auf dicken Pfeilern bzw. schlichten Wandstücken. Außerdem besitzt sie – ungewöhnlich bei nur zwei Schiffen – einen Dreikonchenchor, der von außen besonders harmonisch wirkt. Chorapsiden und Nordwand sind innen freskiert, wahrscheinlich zur selben Zeit wie das Kirchlein von Assenza (14. Jh.). Die Bilder haben im Lauf der Jahrhunderte

An den Hängen des Monte Baldo erstrecken sich große Olivenhaine

ziemlich gelitten, ihre Motive sind aber noch gut zu erkennen, etwa das Leben Johannes des Täufers und mehrere Apostel. Der Kirchturm links der Fassade besitzt gedrungene romanische Klangöffnungen (Biforien).

Rathaus in Magugnano: 37010 Brenzone, Tel. 04 56 58 95 55, Fax 04 57 42 07 07.

Pro Loco: Ortsteil Porto, Tel. 04 56 59 01 14, und Ortsteil Assenza (nur während der Saison) Tel. 04 57 42 00 76; www.brenzone.com.

Du Lac: Porto, Via Zanardelli 21, Tel. 04 57 42 01 38, Fax 04 57 42 06 75, www.brenzone.com/dulac, April–Mitte Okt. Größeres, nicht besonders hübsches, aber am See gelegenes Haus mit 42 Zimmern, geeignet für Wassersportler. Mit eigenem Kiesstrand, Bootshafen und Parkplatz; freundlicher Familienbetrieb. DZ mit Frühstück 70–120 €.

Rabay: Castelletto di Brenzone, Via Vespucci 89, Tel. 04 56 59 90 13, Fax 04 56 59 90 18, www.rabay.it, ca. Mitte März–Mitte Okt. Komfortables Hotel mit 37 Zimmern an der Bergseite, großer Garten mit Ölbäumen, Tunnel zum See, Innenpool; Restaurantterrasse mit Seeblick, Parkplatz. DZ mit Frühstück 55–90 €.

Villa del Lago: Località Magugnano, Via XX Settembre 28/b, Tel. 04 57 42 01 28, Fax 04 57 48 08 57, ganzjährig. 22 Mini-Apartments in einem sanierten historischen Gebäude nahe dem Hafen, ruhig. Apartment für 2 Pers. mit Frühstück 50–120 €.

Piccolo Hotel: Magugnano di Brenzone, Tel. 04 57 42 00 24, Fax 04 57 42 06 88, normalerweise April–Okt. Kleineres Haus (22 Zimmer) im Ortszentrum direkt am See mit eigenem Strandabschnitt und Parkplatz. DZ mit Frühstück 40–65 €.

Bus & Bike

Der spezielle Service am Veroneser Ufer des Gardasees: Von Juni bis September den Berg rauf mit dem Bus und mit dem Bike abwärts fahren. Von Garda, Costermano, Caprino Veronese, Spiazzi, Ferrara di Monte Baldo und Novezza; von Bardolino, Torri del Benaco, Albisano, San Zeno und Prada. Weitere Infos: www.apt.vr.it.

Camping
San Zeno: Tel. 04 57 43 02 31, Fax 04 57 43 01 71, Mai–Sept. Hübsche Anlage mit 110 Plätzen, allerdings direkt an der Gardesana von Castelletto, neben der Kirche San Zeno.

Mehrere kleine Restaurants mit Fischküche sowie Bars mit Snacks findet man entlang der Ortsstraßen und an den kleinen Häfen des vielteiligen Ortes Brenzone. In den Bäckereien kann man sich außerdem duftend-frische *focacce* (fladenartiges flaches, pikant belegtes Brot) kaufen, für den kleinen Ausflugshunger zwischendurch.
Alla Fassa: Via Beato Nascimbeni 13, Castelletto di Brenzone, Tel. 04 57 43 03 19, Jan.–Anfang März geschl., Juli–Sept. tgl., Okt.–Juni Mi–Mo mittags und abends geöffnet. Sehr gutes und dafür nicht teures Restaurant mit Fischküche, am nördlichen Ortsrand von Castelletto direkt am See, mit Garten und Wintergarten.
Taverna del Capitano: Via Lungolago 8, Tel. 04 57 42 01 01, Nov.–Ostern geschl., Herbst–Frühjahr Mi–Mo, sonst tgl. mittags und abends geöffnet. Spartanisch und doch gemütlich eingerichtete Trattoria mit Tischen im Freien, direkt an der schmalen Mole am See, mit echten lokalen Spezialitäten (vor allem Seefische); kleine, aber passende Weinauswahl.
Da Umberto: Castelletto di Brenzone, Via Imbarcadero/am Hafen, Tel. 04 57 43 03 88, im Sommer durchgehend, sonst Do–Di mittags und abends geöffnet. Einladendes Restaurant mit großer gedeckter Terrasse am Wasser, zurückversetzt von der Hauptstraße; mit lokalen Fischgerichten aber auch normaler italienischer Küche, Snacks und Pizza, auch Gelateria; leicht gehobene Preise.

Die Feste von Brenzone sind religiös-volkstümlicher Natur und finden hauptsächlich im Sommer statt, begleitet von Prozessionen und Gottesdiensten:
Ostern: Prozession.
11. Juli: Festa della Madonna del colera in Castelletto.
16. Aug.: Festa di San Rocco im Ortsteil Marniga
29. Sept.: Festa di San Michele in Prada.

Radfahren: s. nebenstehend und S. 74 bzw. S. 77.
Segelschulen in Castelletto di Brenzone: Scuola di Vela Vito Steger, c/o Hotel Santa Maria, Tel. 04 57 42 05 55.
HP Sports Hans Peter Noll, Via Imbarcadero, Castelletto (am kleinen Hafen), Tel. 04 57 43 07 07, hpnautic@tin.it.
Yachtclubs: Circolo Nautico Brenzone, Località Castelletto, Tel. 04 57 43 01 69, cnbrenzonevela@infopoint2.com.
Acquafresca, c/o Assessorato polisportivo culturale Fior d'olivo, Località Acquafresca, Tel. 04 57 42 05 75.

Boote: zweimal am Tag (in jeder Richtung).
Busse: Verbindungen mit den anderen Orten des Ostufers ganzjährig in ca. stündlichem Rhythmus.

San Zeno di Montagna

Gardasee-Atlas: S. 235, D 2
Die recht zersiedelte Sommerfrische San Zeno di Montagna in 581 m Höhe mit mehreren einfacheren Hotels hat auch Kunstinteressierten eine Besonderheit zu bieten: die erst jüngst zum Kulturzentrum restaurierte **Ca' Montagna** (14. Jh.) im gleichnamigen Ortsteil (590 m). Typisch für die Patrizierhäuser am Monte Baldo sind die *portici* (Bogengänge) des Erdgeschosses, darüber eine offene Loggia, von der aus man den gotischen Saal des Obergeschosses erreicht. Drei harmonische, typisch zugespitzte gotische Fenster öffnen sich über den Loggiabögen zum Vorhof, auf dem jetzt ein kleines Freilichttheater entstanden ist. Das Haus der noblen Familie Montagna, die hier zwischen dem 13. und 17. Jh. wohnte, besteht aus hellem Bruchsteinmauerwerk mit Rändern aus gebranntem Ton *(cotto)* und zeigt an der geschützten Außenwand der Loggia u. a. das Freskobild eines riesigen Christophorus sowie geometrische Muster (Rhomben) in brauner und beiger, grüner und weißer Farbe (14./15. Jh.).

Der Monte Baldo war damals ein reiches Weideland, fast 50 000 Schafe wurden im 16. Jh. registriert. Heute sind es nur noch 200, gehütet von einem einzigen Schäfer aus dem Trentino, also dem nördlichen Monte Baldo. Wo früher Schafweiden die Berghänge bedeckten, sind es heute im unteren Bereich zumindest die dichten Macchia-Wälder. Ein Projekt zur Wiederansiedlung von Schafen am Monte Baldo scheiterte am Protest der Naturschützer, die die Wild- und vor allem reiche Vogelwelt bedroht sehen. Dass es noch immer gutes Weideland ist, beweisen die vielen grasenden Kühe und Pferde auf den Weiden. Wunderschöne, uralte Kastanienbäume mit ihren markanten Kronen setzen Akzente, sonst gedeihen hier zahlreiche Kirschbäume. Darüber hinaus handelt es sich um ein beliebtes Ausflugsziel für Feinschmecker, wie man unschwer an den Restaurants und *trattorie* erkennt, die vornehmlich Zicklein mit Polenta als Spezialität anpreisen.

Taverna Kus: Via Castello 14, San Zeno di Montagna, Tel. 04 57 28 56 67, nur Do–Di ab 19/20 Uhr, im Hochsommer tgl. geöffnet. Schlichtes Bauernhaus mit Stallungen und *cantina,* aus dem eine beliebte und gemütliche Adresse für Einheimische wie Touristen wurde, die guten Wein und leckere Grillgerichte schätzen; gehobene Preise.

Torri del Benaco

Gardasee-Atlas: S. 235, D 3
Rings um den kleinen Hafen gedeihen prächtige Olivenbäume, seine Mole schmücken gestutzte Platanen, die Burgruine trägt eine imposante Mauer mit Schwalbenschwanzzinnen sowie einigen Turmresten, und die Pfarrkirche strotzt vor Steinintarsien: Torri del Benaco (rund 2600 Einw.) ist einfach zauberhaft. Mit kleiner Altstadt auf einer breiten Halbinsel, in der in den sauberen Gassen zwischen niedrigen, meist einfacheren Häusern recht feine Lebensmittelgeschäfte und Modeboutiquen Platz gefunden haben.

Abendstimmung im alten Hafen von Torri del Benaco

Das Bergmassiv des Monte Baldo rückt schon weiter ab bzw. ist in Höhe von Torri keine 1000 m mehr hoch. Auch das führt dazu, dass der Ort einen lichteren Charakter bekommt. Die befestigte Strandpromenade zieht sich bis zur wenig vorspringenden Punta Cavallo lange nach Norden hin und ist eine beliebte Flaniermeile. Im Süden befindet sich vor dem Parkplatz, auf dem montags der Wochenmarkt abgehalten wird, eine kleine Bootswerft, weiter südlich im Kreuzungspunkt mit der Gardesana Orientale der Fährhafen für die direkte Verbindung (für Autofahrer) mit Maderno am Westufer.

Der Platz war bereits vor etwa 4000 Jahren besiedelt, wie mehrere prähistorische Funde beweisen, vor allem die Felsgravuren am Fuß des Monte Baldo. Die Römer gründeten hier wohl gleichzeitig mit Verona eine Kolonie, doch Bedeutung erhielt der Ort erst unter den beiden letzten italienischen Nationalkönigen in der Tradition der langobardischen Herzogtümer, Berengar I. und Berengar II. Beide befestigten Torri del Benaco mit einer mächtigen Mauer. Die Burg in ihrer heutigen Gestalt wurde allerdings erst von Antonio della Scala 1383 auf den Grundsteinen der Festung aus dem 10. Jh. errichtet, von der nur der Westturm übrig geblieben ist.

Unter der Herrschaft von Venedig (1405–1797) bildete Torri im 15. und 16. Jh. das Zentrum der Marmorverarbeitung und des Schiffbaus am See. Im 16. Jh. erhielt der Ort als Mitglied der Gardesana dell'Acqua zusammen mit neun weiteren Seegemeinden am Ostufer weitgehende Autonomie unter der Schirmherrschaft Venedigs, also unter der Aufsicht des venezianischen Capitano del Lago, Venedigs Statthalter. Im 18. und 19. Jh. verarmte Torri wie alle Gemeinden rund um den Gardasee und erwachte, architektonisch noch recht intakt, wenn auch restaurierungsbedürftig, erst wieder mit dem in den anderen Seeorten längst aufgeblühten Fremdenverkehr im 20. Jh.

Rund um den Hafen

Autofahrer haben im historischen Ortskern von Torri del Benaco nichts verloren, sie müssen ihren Wagen draußen lassen (großer gebührenpflichtiger Parkplatz zwischen Bootsanlegestelle und Festung). Mittelpunkt des Geschehens ist auch hier der kleine historische Hafen, ein hübsches Oval, jetzt nur noch Anlegeplatz für kleinere Boote. Auffälligstes Bauwerk ist natürlich die **Skaligerburg** von 1383, die 1760 ihren Festungscharakter verlor, als man ihre Südmauer einriss, um stattdessen die *limonaia* auf der Sonnenseite zu platzieren. Übrigens ist dieses Gewächshaus für Zitronen jetzt neben dem kleinen privaten der Punta San Vigilio das einzige am Ostufer, das noch, wenn auch hier zu Demonstrationszwecken, wirklich funktioniert. Die teils gekappten Wachttürme mit ihren unterschiedlich hohen Zinnen sehen ein wenig zahnlos aus.

In der Burg hat das **Museo del Castello Scaligero** mit zehn didaktisch hervorragend aufgebauten Sammlungen seinen Sitz. Es beschäftigt sich zum größten Teil mit dem Leben und dem Handwerk der Bootsbauer und Fischer, mit der Körperschaft der Fischer, der Olivenölproduktion sowie dem Anbau der Zitrusfrüchte. Ein Saal zeigt ein Modell des mittelalterlichen Torri, in Saal 10 wird man mit Originalen, Kopien und Gipsabdrücken sowie Filmen über die Felsgravuren am Gardasee informiert, und die Türme der Festung gewähren herrliche Ausblicke. (Juni–Sept. Di–So 9.30–13, 16.30–19.30, April, Mai sowie Okt. 9.30–12.30, 14.30–18, Nov. geschl., Dez. nur So und feiertags 14.30–17.30 Uhr.)

Im Scheitelpunkt des Hafens steht ein schmales mittelalterliches Haus mit drei Loggiareihen. Die kürzliche Restaurierung dieser **Ca' Bertea** (um 1400) hat ein mittelalterliches Juwel zum Strahlen gebracht. Daneben befindet sich die einladende, winzige Bar Il Baretto, die auch im Winter ein paar Außentische hat, ein Stück Richtung Fußgängerzone eine zweite gastliche Stätte, die Trattoria Bell'Arrivo. Gegenüber, schon auf der Nordseite des Hafens, steht die kleine, unscheinbare Kirche **Santissima Trinità,** heute ein Kriegerdenkmal und praktisch den ganzen Tag über geöffnet. Ihre farbenprächtigen Fresken (der Giotto-Schule zugeschrieben) sind recht gut erhalten. Man betritt den einschiffigen Kirchenraum auf seiner Südseite. Rechts vom Altar, der im Westen steht, sind Reste eines »Abendmahles« zu erkennen, eine mit Fischen gedeckte Tafel und noch sechs Aposteln. An der Südwand befindet sich ein Fresko, das Madonna mit Kind und Heiligen zeigt, an der Ostwand Christus in einer zart ausgemalten Mandorla, von zwei Heiligen und den kräftigen Symbolen der vier Evangelisten umgeben, darunter eine Kreuzigungsszene. Links von der schönen Mandorla ist ein beschädigtes Fresko zu sehen, das einen kräftigen Christophorus und die Taufe des – völlig nackten – Christus zeigt.

Diese im ländlich-retardierten Veroneser Stil ausgemalte Kirche diente dem **Palazzo Gardesana dell'Acqua** als Kapelle. Im Palast ist heute das Hotel Gardesana untergebracht, das ein bedeutendes Stück Geschichte Torris schrieb und in dessen Ratsherrensaal fein gespeist wird. 1978–92 total renoviert, hat das Hotel seinen historischen Charme bewahren können.

Zwischen der Santissima Trinità und der Trattoria Bell'Arrivo geht es hinein in die freundliche Fußgängerzone mit schönen, recht modischen Geschäften und verlockenden Lebensmittelläden in eher bescheidenen Häusern. Dort, wo sich eine hohe *casatorre* erhebt, endet die Fußgängerzone. An diesem Turmhaus auf der dem Kirchplatz zugewandten Seite erinnert eine Tafel an den Besuch Berengars I. am 31. Juli 905 in Torri. Über Eck erhebt sich die Fassade der barocken Pfarrkirche **Santi Apostoli Pietro e Paolo,** die über den hübsch gestalteten Platz hinweg auf den See blickt. Sie entstand 1712–23 und überrascht mit kostbar intarsierten Marmoraltären im Chorbereich. Doch am eindrucksvollsten ist die Innenwand des Haupteingangs: Hier erkennt man seitlich vom Hauptportal je einen versteckten Beichtstuhl. Die Wand und das prunkvolle Orgelgehäuse darüber wurden von Angelo Bonatti aus Desenzano als reich geschmücktes Gesamtkunstwerk komponiert.

Nur während der Saison am Viale Lavanda, 37010 Torri del Benaco, Tel. 0457225120, Fax 0456296482, sonst Tel. 0456270384, Fax 045725 6720.

Associazione Albergatori: Via Gardesana 5, Tel./Fax 0457225120, www.torri delbenaco.com/hatb.

Gardesana: Piazza Calderini 20, Tel. 0457225411, Fax 04572257 71, www.hotel-gardesana.com, Nov.–Ende Feb. geschl. Historisches Hotel am Hafen mit hinreißendem Blick auf die Burg und den See von den meisten der 34 Zimmer; sehr gutes Restaurant mit Seespezialitäten. DZ mit Frühstück 80–140 €.

Galvani: Località Pontirola 7, Tel. 04 57 225103, Fax 0456296618, hotelgalvani@gardanews.it, April–Okt., zum Teil auch zu Weihnachten geöffnet. Freundliches Familienhotel etwas versetzt am Hang der Gardesana nördlich von Torri, also nicht sehr laut, mit eigenem Seeplatz und Bootsbojen, Terrassenrestaurant mit guter lokaler Küche; Parkplatz, Garage, Innen- und Außenpool; insgesamt 34 Zimmer. DZ mit Frühstück 70–150 €.

Baia dei Pini: Via Gardesana 115, Tel. 0457225215, Fax 0457225654, www.torridelbenaco.com/baiadeipini, Ostern–Ende Sept. Zauberhaft am See gelegenes, durch den eigenen Pinienpark vom Straßenlärm abgeschirmtes kleines Hotel mit hübscher Dependance (insgesamt 16 Zimmer) und guter Küche, Terrasse über dem Kiesstrand mit Surfschule (mit Mountainbike-Verleih). DZ mit Frühstück 70–110 €, inkl. Liegen am Strand.

Albergo del Garda: Località La Pozza 1, Via Gardesana, Tel. 0456290045, Fax 0457225130, www.albergodelgarda.com, April–Sept. Einfacheres Haus mit 23 Zimmern auf der Bergseite mit eigenem kleinen Strand- und Bootsbereich sowie Parkplatz. DZ mit Frühstück 45–65 €.

Camping: Zwei einfache Campingplätze liegen im nördlichen Ortsteil Pai (Ai Salici und Pai da Maria).

Al Caval: Via Gardesana 186, Tel. 0457225666, Fax 0456296570, Mitte Jan.–Mitte März geschl., Okt.–Mitte Juni Di–So, sonst tgl. abends geöffnet, an Feiertagen auch mittags. Freundliche Atmosphäre auf der Bergseite der lauten Gardesana Orientale, raffinierte Gerichte zu angemessen gehobenen Preisen; ausgesuchter Weinkeller.

Bell'Arrivo: Piazza Calderini 10, Tel. 0456299028, im Sommer tgl., sonst Di–So mittags und abends geöffnet. Feine und nicht allzu teure Fischküche mit hausgemachter Pasta, in zwei angenehmen Räumen sowie im schattigen, pergolierten Garten.

Gardesana (s. Hotels): Restaurant April–Okt. abends, Café in schöner Lage am Hafen von morgens früh geöffnet. Bei gutem Appetit ist das typische Menü »vom See« in diesem schönen Restaurant zu empfehlen; gehobene Preise bis teuer.

Letztes Januarwochenende: Festa dell'Oliva – kulinarisches Fest zum Thema Olive.

Um den 26. Mai herum: Festa di San Filippo – Kirchweihfest.

Juli, Aug.: Veranstaltungen, die sich speziell an die Gäste Torris richten, darunter Freilichtkino, Mondscheintheater etc.

Erstes Juliwochenende: Festa del Gallo im Ortsteil Albisano.

Ende Juli: Theaterabende und die Festa degli Alpini.

Anfang/Mitte Aug.: Festa della Gioventù (der Jugend) und Festa dell'Ospite (des Gastes) mit Essständen und Musik.
Mitte Sept.: Carnevale Settembrino mit fröhlichem Umzug.

Radtouren sowie **Wanderungen** auf dem Monte Baldo (s. S. 74).
Segeln und Motorbootfahren: Yachting Club Torri, Via Marconi 1, Tel. 04 56 22 51 24.
Surfen: Centro Surf Jean Pierre Ruesegger, c/o Hotel Baia dei Pini, Via Gardesana, Tel. 04 57 22 52 15.

Busse/Autofähren: Torri ist sowohl mit den öffentlichen Bussen entlang der Gardesana Orientale als auch mit den Autofähren nach Maderno auf der Westseite hervorragend angebunden; die Fähren verkehren als einzige am Gardasee (abgesehen von Notfällen auch zwischen Riva und Limone bzw. Desenzano) ganzjährig, im Sommer natürlich in dichterer Folge (Mittagszeit ausgenommen).

Punta San Vigilio

Gardasee-Atlas: S. 234, C 3
Arnold Böcklin hat sie angeblich in seinem Bild »Die Toteninsel« festgehalten, obwohl er nachweislich niemals hier war, am wohl schönsten Winkel des Gardasees: die Punta San Vigilio. Diesen weit in den See hineinragenden Ausläufer des Monte Lúppia (416 m) mochten wohl schon die Menschen in prähistorischer Zeit so, dass sie (und spätere Bewohner des Gebietes auch) der Nachwelt auf seinen von den Eiszeitgletschern glatt geschliffenen, schräg gestellten Felswänden ihre Felsritzungen hinterließen. So findet man zwischen Torri del Benaco und der Punta San Vigilio, vor allem oberhalb vom Ortsteil Brancolino, eine Menge dieser *incisioni rupestri,* heute von dichter Macchia und hohen Eichen überwuchert (s. S. 89).

Die Punta San Vigilio mit 30 000 m^2 Olivenhain schmückt als kostenlose Dreingabe der Natur eine zauberhafte Bucht. Seit Prinz Charles 1986 in der **Baia delle Sirene** gebadet hatte, sagen die erbosten Bewohner der Umgebung, wird hier im Sommer vom Nobelhotel an der San-Vigilio-Spitze für das Bade- und Sonnenvergnügen sogar ein saftiger Obulus für den Eintritt verlangt …

Eine kurze, aber imposant hohe und dunkle Zypressenallee führt von der Gardesana direkt zur **Villa San Vigilio** mit ihrer einfachen, aber eleganten Architektur. Sie ist von perfekten Dimensionen: nur zweistöckig mit fast flachem Dach, die Fenster zur Landseite einfache Rechtecke, nur die beiden Loggien übereinander zum See mit Rundbögen, als eine Art Wintergarten verglast. Tatsächlich darf man die Villa nicht für sich allein betrachten, sondern muss sie zusammen mit ihrem Park und dem Gardasee als homogene Einheit sehen und verstehen. Ganz so, wie es der Humanist Agostino Brenzone meinte, als er sie 1540 bauen ließ.

Schon die Römer hatten in dieser hervorragenden Lage eine Villa als Erholungsort errichtet, wie einige Fundstücke beweisen. Außerdem soll hier auch eine kleine Kapelle gestanden haben. Sie bildete den Grundstock für die heute noch vorhandene Kapelle, die

DIE FELSGRAVUREN VON SAN VIGILIO

Bei km 1,2 der Gardesana Orientale SS 249 zweigt die Via Castei ab, die mit verwitterten Hinweisen zum Monte Lúppia gekennzeichnet ist bzw. rot-weiße Wegmarkierungen für den CAI-Weg nach Crero (2,5 Stunden) trägt. Der wunderschöne Weg führt zuerst zwischen Ölbäumen und dann durch dichten Wald hindurch. (Den Wagen entweder am Straßenrand abstellen oder Richtung Punta San Vigilio bzw. direkt davor.) Man wandert zuerst auf dem alten steinbefestigten Weg, der bald in eine Schotterstraße und später in einen Trampelpfad übergeht, durch dichte Macchia mit hohen Steineichen. Bald trifft man auf eine kleine Wegkreuzung, »Carpine« genannt, mit dem Hinweis zu den »Incisioni«, den »Felsgravuren«.

Kurz danach breitet sich rechter Hand die Pietra delle Griselle aus, unschwer an den hübschen Segelschiffen mit ihren Strickleitern *(griselle)* zu erkennen. Der Stein zeigt eine lang gezogene Mulde, an der entlang der eiszeitliche Gletscher Mahlsteine vorgeschoben haben muss, die sich tief eingegraben hatten. Das soll vor 1,6 oder 1,8 Mio. Jahren geschehen sein. Auf der *pietra* ist die Landung mit Segelbooten zu erkennen, wie sie von den Bewohnern des Gebietes von hier oben beobachtet werden konnte. Prähistorisch sind diese Gravuren sicher nicht, Fachleute datieren sie sogar ins 19. Jh., weil deutlich Dampfräder zu erkennen sind. Schließlich sei es zur Tradition geworden, in den Felsen zu ritzen, was man ständig vor Augen hatte. Ob es Schäfer waren, die sich hier aus Langeweile verewigten? Der Monte Baldo bot ja bis in die 50er Jahre des 20. Jh. begehrtes Weideland. Auch Sonnensymbole und Hände findet man auf den nahen Felsen, diese sind wohl jungsteinzeitlich.

Der nächste, ausladende Fels trägt wegen seiner zwölf Reiterskizzen den Namen Pietra dei Cavalieri. Fabio Gaggia, der Experte der Monte-Baldo-Zeichnungen, hält diese Gravuren für napoleonisch. Denn die Reiter tragen keine Lanzen, sondern Gewehre mit Bajonett, wie am deutlichen Knick zu erkennen sei.

Bei Crero kurz vor Pai, in einem zehnminütigen Fußweg zu erreichen, befindet sich die Pietra di Crero mit eiszeitlichen Ritzungen, die stilisierte Menschen zeigen.

Nur 10 % der Felszeichnungen am Monte Baldo sind übrigens eiszeitlich, der große Rest entstand in späterer Zeit, vor allem ab dem Mittelalter. Die Bewohner des Gebietes nutzten die natürlichen Schreibflächen auch zum Festhalten ihrer Tätigkeiten: Olivenanbau, Schafe hüten, Steinbrucharbeiten, aber auch in Kriegszeiten, die es in diesem Grenzgebiet zwischen Veneto und Lombardei mehrfach gab.

Rund 90 % der Felszeichnungen bzw. -ritzungen am Monte Baldo wurden katalogisiert, zum größten Teil aber wieder mit Humus bedeckt, um sie vor Wetter und Vandalismus zu schützen.

schon 1200 in den Urkunden des Klosters San Zeno in Verona erwähnt wird und San Vigilio, dem ersten christlichen Missionar des Trentino und des Gardasees, geweiht ist.

Architekt der Villa war keine Geringerer als Michele Sanmicheli (1484–1559), der damals bedeutendste Architekt Veronas und wichtigster Festungsbaumeister Venedigs. Er verstand es hervorragend, die ganze Spitze von San Vigilio so zu gestalten, wie sie uns heute praktisch unverändert begegnet. Mitsamt *limonaia* und *locanda* mit kleiner Kapelle sowie Taverne der Fischer und Bootsmänner.

Zwischen den Mauern der Villa und dem niedrigen ehemaligen Personaltrakt geht es auf einer mit unregelmäßigen Steinen gepflasterten Gasse zum See etwas absteigend zur **Locanda di San Vigilio** und durch einen Torbogen zum winzigen Privathafen des Komplexes. Während die eigentliche Villa im Renaissancestil in Privatbesitz ist und nicht besichtigt werden kann, beherbergt die Locanda ein zauberhaftes kleines Hotel (s. u.) mit einem sehr feinen Restaurant. Die Taverne am kleinen Hafen mit ihren wenigen Tischen auf der schmalen Mole und vor dem Haus ist vor allem an den Wochenenden ein beliebtes Ausflugsziel (von Garda zu Fuß über den schmalen Kiesstrand, sonst mit dem Boot).

Locanda di San Vigilio: Tel. 04 57 25 66 88, Fax 04 57 25 65 51, www.gardanews.it/sanvigilio, März–Nov.; Tel. der Taverna: 04 57 25 66 76, sanvigilio@gardanews.it, im Sommer ganztägig geöffnet; Beschreibung s. o. Das winzige Restaurant bietet feinste italienische Küche zu entsprechend hohen Preisen. DZ mit Frühstück 170–330 €.

Die Bucht von San Vigilio

EIN BLICK IN DIE GESCHICHTE

Die *rocca* von Garda war im Mittelalter so bedeutend, dass sie dem ganzen See (röm. Benacus, ital. Benaco) ihren Namen aufdrückte. Zur Zeit des Ostgotenkönigs Theoderich des Großen in Verona war es die Burg seines Heerführers Hildebrand. So stammt der Name Garda vom germanischen *wardor* (»beobachten«). Doch Spuren zu Füßen der Festung (Reste von Pfahlbauten und ein keltisches Heiligtum) beweisen, dass der Platz schon früher besiedelt war. Den Ostgoten folgten die Langobarden, die Franken machten daraus eine Grafschaft. Von der schönen Adelheid erzählt die Sage, sie habe sich geweigert, den Sohn Berengars II. zu ehelichen, weshalb sie 951 auf die stark befestigte *rocca* entführt wurde – von der sie allerdings fliehen konnte. 1158 misslang es Kaiser Friedrich Barbarossa, die Burg einzunehmen, die später dem Verfall preisgegeben wurde.

Der darunter liegende Ort begann erst im späten Mittelalter als Sitz des venezianischen Statthalters am See aufzublühen. Italienweite Bedeutung erlangte Garda an einem einzigen Tag, und zwar als König Carlo Alberto von Sardinien und Piemont am 10. Juni 1848 in der prachtvollen Villa Albertini am See die Delegation empfing, die den Anschluss der Lombardei an sein Königreich proklamierte.

Garda

Gardasee-Atlas: S. 235, D 3

Der beliebte Ferienort, der dem See seinen neuzeitlichen Namen gab, besitzt einen noch recht intakten historischen Kern und eine ausnehmend hübsche, lange Uferpromenade mit zahlreichen Cafés und kleineren Hotels, die Richtung Punta San Vigilio erweitert wurde. Die großen Herbergen und Anlagen stehen am Rande im neueren Teil oder in den umgebenden Hügeln Richtung Costermano: auf Terrassen mit Ölbäumen oder in blühenden Gärten, mit herrlichem Seeblick. Viele historische Gardasee-Villen sind in und um Garda zu finden, allen voran die unübersehbare, das Ortsbild bestimmende **Villa Albertini** (1799 und 19. Jh.) mit ihrer 10 m hohen Magnolienhecke gegenüber dem Hafen.

Überragt wird Garda von seiner geschichtsträchtigen *rocca,* von der allerdings nur noch eine Ruine erhalten ist. Der Felsen in Form eines schmalen Tafelberges (295 m) bildet die geografische Grenze zu Bardolino. Bei Costermano im Hinterland erstreckt sich der deutsche Soldatenfriedhof. Auf dem Weg dorthin besitzt einer der großen zeitgenössischen Künstler des Gardasees ein mehrstöckiges Atelier in grandioser Panoramalage: Pino Castagna (s. S. 36).

Die Bucht von Garda zeigt fast das ganze Jahr über prächtige Wasserfarben, die Promenade wird beschattet

von zurechtgestutzten Alleebäumen (vor allem Ahorn), in den Gärten und Parks erreichen die Bäume eine erstaunliche Größe (Zedern und Magnolien, Pinien und Zypressen, Ölbäume und Oleander, Lorbeer und Eichen), die Obstbäume tragen schon früh im Frühjahr ihr duftendes Blütenkleid. Ohne Frage: Das milde Klima in geschützter Lage bekommt der Vegetation ebenso wie den Einheimischen (etwa 3500) und den Touristen.

Noch immer leben in Garda die meisten Fischer des gesamten Sees, hauptberuflich angeblich noch rund einhundert. Ihre Boote schaukeln im Hafenbecken vor dem venezianischen Palazzo del Capitano del Lago und prägen damit das Bild eines ruhigen Fischerdorfes, was Garda natürlich schon lange nicht mehr ist. Jetzt lebt das Städtchen zum größten Teil vom Tourismus und ist nicht nur am Markttag (freitags) eine beliebte Einkaufs-

An der schönen Uferpromenade von Garda

adresse. Leider sind die Gassen Gardas im Hochsommer voller Stände mit vielfach kitschigen Souvenirs und Lederwaren u. a. aus Nordafrika, und man kommt kaum voran. Wie hübsch ist es dagegen schon ab Ende Oktober, wenn der Ort wieder seinen Bewohnern und den wenigen Touristen überlassen bleibt – und erst recht ab Anfang Dezember, wenn der Weihnachtsmarkt seine Stände aufbaut.

Der historische Kern

Parkplätze gibt es auf dem bewachten und kostenpflichtigen Platz hinter der Busstation an der Via Colombo (Landseite, ausgeschildert) oder auf einem unbewachten Platz nahe dem Friedhof, sonst ist meist nur befristetes Parken am Ufer möglich. Die enge Altstadt ist Fußgängerzone.

Am Hafen glaubt man sich nach Venedig versetzt, auch wenn der wunderhübsche **Palazzo del Capitano** nun nicht mehr die ›Anlegestelle‹ ist, sondern die vorgebaute Mole des künstlich geschaffenen Hafens. Dort, wo früher der Hafen bis zum venezianischen Statthalterpalast reichte, erstreckt sich jetzt die weite Piazza Catullo mit den endlosen Reihen von Caféhausstühlen. Den gelblichen, gotisch-venezianischen Kapitänspalast (15. Jh., jetzt Bar) könnte man bei der Promenade am See entlang vor lauter Cafés glatt übersehen. Er ruht auf drei großen Rundbögen und dem schmalen Durchschlupf in die Gasse rechts, darüber folgen zwei Stockwerke mit unregelmäßig verteilten Dreipassfenstern, das linke im ersten Stock als Biforie, das mittlere im zweiten Stockwerk mit einem kleinen Balkon, alle von Frühjahr bis Herbst mit prächtig blühenden Topfpflanzen geschmückt.

Das eigentlich historische, also venezianische Viertel erstreckt sich direkt dahinter, und zwar von Nord nach Süd zwischen den beiden Stadttoren. Das nördliche Stadttor ist in den früheren

DIE ORIGINARI DEL GARDA

Die alten Bewohner von Garda waren in erster Linie Fischer. Denn Bauer zu sein bedeutete Arbeit im Oliven- und Weinanbau, der normalerweise den großen Adelsfamilien vorbehalten war. Anders beim Fischen: Für 1000 Golddukaten erwarben die etwa 300 Fischerfamilien von Sirmione, Garda und Torri del Benaco am 16. September 1452 von der Familie Becelli aus Costermano die Fangrechte an den wichtigsten Fischgründen zwischen ihren Orten (mit dem fischreichen Pal del Vò) und konstituierten die Corporazione degli Antichi Originari, eine Genossenschaft, die sich um mehr als ›nur‹ die Fangrechte kümmerte, u. a. auch um die Krankenversorgung, Unterstützung bei Seuchen und Bezahlung der Hebamme. Die Zugehörigkeit zur Genossenschaft erlosch allerdings bei Abwesenheit vom jeweiligen Ort für diesen Zeitraum.

Am besten hat sich die Tradition der stolzen *originari* in Garda erhalten. Zu Ostern werden noch immer – wenn auch eher symbolisch – die Fischereirechte für die kommende Fangsaison versteigert. Der Ertrag der Fangrechte wird traditionell am 20. August vor dem Palazzo del Capitano am Hafen verteilt. Im günstigsten Fall bekommt heute jede *originari*-Familie 5 € ... Mit dem eingenommenen Geld konnten die *originari* früher jedoch ihre Schulden bezahlen, die sich im Lauf des Winters für den Lebensmittelkauf angehäuft hatten. Aus dem Jahr 1554 existiert eine Urkunde, die Versteigerungssummen zwischen 3000 und 4000 Golddukaten nennt, die dann aufgeteilt wurden. Sie stellten damals die wichtigste Einnahmequelle für die Fischerfamilien dar.

Der italienische Staat, dem eigentlich alle Gewässer per Gesetz gehören, hat das alte Recht der *originari* akzeptiert. Schon Napoleon, der sich den Kaufvertrag zeigen ließ, tastete ihn nicht an; anders verfuhr er allerdings mit den Klöstern, weil diese von Schenkungen profitierten und nicht durch Eigenerwerb zu ihren Rechten und Besitzungen gekommen waren.

Es hat einen einfachen Grund, dass es in Garda einerseits *originari* gibt und andererseits aber auch Familien, die keine Fischereirechte besitzen: Ursprünglich gehörten alle Gardesaner zur Genossenschaft der Fischer, doch als die Gemeinde durch Zuzug anwuchs, blieben die Rechte bei den alteingesessenen Familien und denen, die sich noch rechtzeitig ›einkaufen‹ konnten. *Originari* sind übrigens nur die erstgeborenen männlichen Mitglieder der Familie. Nicht alle gehen noch auf Fischfang. Generell gilt am See, dass jede Gemeinde ihre eigenen Fischgründe ›vor ihrer Haustür‹ besitzt. Will ein Fischer außerhalb oder in einem anderen Gemeindegebiet fischen, muss er eine Genehmigung dafür einholen – und bezahlen. Über die Fischerfamilien von Sirmione, die ihre Fangrechte 1764 an Garda und Torri del Benaco verkauft haben, wird noch heute so kopfschüttelnd gelästert, als sei es erst gestern passiert. Immerhin leben in Garda noch elf *originari*-Familien mit etwa 200 Mitgliedern.

Palazzo Fregoso (1510) integriert, dessen Freitreppe zu einem hübschen Renaissanceportal führt. Das südliche Stadttor wird außen bekrönt von einem Uhrturm, in seinem Komplex ist der kleinere Albergo della Torre untergebracht. Zwischen beiden Stadttoren dehnt sich die schmale Via Emanuele mit einem Knick aus, umrahmt von zahllosen Modegeschäften, Eisdielen und Lebensmittelläden.

Von der Losa zur Pfarrkirche

Südlich des venezianischen Kerns steht am See der **Palazzo Carlotti,** wegen seiner offenen Aussichtsloge zum See *losa* genannt. Ein großer Baukomplex aus der Renaissance, der an der rückwärtigen Seite bis zur Via Emanuele reicht und ebenfalls von Michele Sanmicheli (s. S. 90) stammen soll. Er ist jedenfalls sehr hübsch: Fünf mit Rustika begrenzte Rundbögen tragen im Erdgeschoss die durch ihre zierlichen Säulen leicht wirkende fünfbogige Loggia des Obergeschosses. Auch hier, wie überall am Ufer vor Garda, reiht sich eine Caféhausbestuhlung an die andere, ob vor dem Haus oder auf der Uferpromenade. Obwohl die Flaniermeile dadurch eingeengt wird, bleibt sie eine der großzügigsten am Gardasee. Südlich des Palastes bildet das Ufer eine breite Halbinsel, mit den ältesten Hotels Gardas und dem neuen Rathaus neben dem alten *municipio,* das jetzt das Informationsbüro beherbergt. Die Promenade folgt der Rundung der Halbinsel nach Süden und geht über in einen breit angelegten Weg zwischen kleinen Bade- und großen Campingplätzen, immer wieder von naturgeschützten Schilfbereichen unterbrochen – bis nach Bardolino. Immerhin rund 3 km!

Dort, wo im südlichen Bereich von Garda der kleine Park am See fast spitz endet (mit dem neuen kleinen Freilichttheater), erreicht man über einen kurzen Durchstich den von hohen Platanen geschmückten Piazzale Roma und schaut jenseits der Gardesana Orientale direkt auf die Pfarrkirche **Santa Maria Maggiore.** Ihr Ursprung wird auf das 6. und 7. Jh. datiert. Sie bildete den Kern einer der ältesten Diözesen am See mit dem damals einzigen Taufbecken der Gegend. Ihr heutiges Aussehen erhielt die Kirche im 15. Jh., 1774 wurde sie barockisiert und 1830 umgestaltet. Sie besitzt noch den originalen Kreuzgang aus dem 10.–15. Jh., der in seiner Einfachheit eine wohltuende Ruhe ausstrahlt: Seine Ostseite ruht auf sechs klobigen Pfeilern, die Südseite auf vier Säulen, die durch Rundbögen miteinander verbunden sind, darüber eine offene Loggia, zu der man über eine Treppe nahe dem Eingang aufsteigen kann.

Im eng daneben stehenden, hohen Glockenturm der Kirche sind seit 1571 ein paar langobardische Bildhauerarbeiten eingelassen: vorne direkt über dem Sockel ein Lebensbaum, in einem Dreipass unter einem Wappen ein Matthäus-Engel, auf der Rückseite recht weit oben eine Taube. Das rechte Seitenschiff (Südwand) weist innen ein paar Freskenreste auf, im linken Seitenschiff steht aber gleich neben dem Eingang die wohl größte Kostbarkeit der Kirche: ein hölzernes Kruzifix aus dem 15. Jh. – eindrucksvoll durch die leichte Neigung des Kopfes auf die rechte Schulter und das ganze Drama der Passion widerspiegelnd.

APT del Garda: Lungolago Adelaida 13, 37016 Garda, Tel. 04 56 27 03 84, Fax 04 57 25 67 20, www.aptgarda veneto.com.
Associazione Albergatori di Garda: Via Don Gnocchi 17, Tel. 04 57 25 58 24, Fax 04 56 27 01 56, www.gardaonline.com/aag/.

Hotel Residence Poiano: Località Poiano/Costermano, Tel. 04 57 20 01 00, Fax 04 57 20 09 00, www.poiano.com, April–Okt. Weitläufige Hotelanlage (60 ha Wald und Wiesen) ca. 3 km oberhalb von Garda in schöner Panoramalage; ruhig, mit Ferienwohnungen, vorzüglichem Restaurant, insgesamt 125 Zimmer und 160 Apartments (zum Teil mit Terrasse), Animation, Pool und Parkplätze. DZ mit Frühstück 170 €.
Regina Adelaide: Via San Francesco 23, Tel. 04 57 25 64 44, Fax 04 57 25 62 63, hotel@regina-adelaide.it, fast den ganzen Jan. und Nov. geschl. Großes, traditionelles und familiär geführtes Hotel mit 59 Zimmern in mehreren frisch renovierten Gebäudeteilen, Pool im hübschen Garten, zwischen Seepromenade und Hauptstraße ruhig gelegen; Schönheitsfarm/Fitnesszentrum. DZ mit Frühstück 85–170 €.
Astoria: Via Lungolago/Via Verdi 1, Tel. 04 57 25 52 78, Fax 04 57 25 57 31, ca. Ostern–Okt. Renoviertes Haus gleich hinter der Losa bzw. der Uferpromenade, das sich in den hinteren Ortsteil hinein ausdehnt; mit Garten und Terrasse, beliebtem Restaurant und netten 23 Zimmern. DZ mit Frühstück 75–85 €.
Alla Torre: Piazza Calderini, Tel. 04 57 25 65 89, Fax 04 57 25 57 51, März–Okt. Freundliches, einfacheres Stadthotel mit 28 Zimmern direkt am südlichen Stadttor von Garda; Frühstücksbuffet im kleinen Restaurant, Hauptmahlzeiten im benachbarten Hotel Astoria (s. o.). DZ mit Frühstück 65–90 €.
Eden: Via della Pace 7, Tel. 04 57 25 54 84, Fax 04 56 27 02 11, März–Okt. Kleineres Haus ca. 1 km vom Ortszentrum an der Straße nach Costermano, einfache, aber komfortable 25 Zimmer; Pool, Liegewiese, familiäre Atmosphäre, gute italienische Küche. DZ mit Frühstück 40–100 €.

In Garda gibt es zig nicht ganz preiswerte Cafés, mit Tischen vor allem direkt am See, in denen man auch eine Kleinigkeit zu essen bekommt. – Die

meisten Gäste ziehen den Restaurants des Ortes die meist gute Hotelküche vor. Wer ausgeht, tut dies in der Regel außerhalb von Garda.
Tre Camini: Murolongo bei Albaré, Tel. 0457200342, im Sommer tgl., sonst Di–So mittags und abends geöffnet. Einladendes Gartenrestaurant mit rustikalen Räumen auf einem alten Landgut; überwiegend Grillgerichte, im Sommer im Freien; ausgezeichneter Getränkekeller; gutes, aber gehobenes Preis-Leistungs-Verhältnis.
Trattoria Molini: in der Valtesina Haus Nr. 27, 1 km vom See Richtung Costermano, Tel. 0457256339, Di–So geöffnet. Schlichte, sehr beliebte Trattoria mit wenigen Fisch- und Fleischgerichten hauptsächlich vom Grill, berühmt ist der *risotto alla tinca grigliata* (mit Schleie), dazu offener Wein aus der Gegend; im Sommer kann man im Garten sitzen.

Destilleria Artigiana Carlo Gobetti: Via Ghiandare 14, Marciaga di Costermano, gleich hinter dem Hotel Madrigale, ca. 1,5 km nördlich von Garda, über die Via Monte Baldo, die in die Via per Marciaga übergeht, hinauf in die Hügel, Tel. 0456279000. In der Traditionsbrennerei werden auserlesene *acquevite,* die (auch preislich) zur Spitzenklasse gehören, verkauft.

Eremo di San Giorgio

Das Kamaldulenserkloster nahe der *rocca* von Garda darf zwar wegen der strengen Klausur nicht betreten werden, die Wanderung von Garda dorthin lohnt sich aber wegen des aussichtsreichen Weges. (Mit dem Wagen den Umweg über Bardolino fahren.)

Diskothek/Taverne: Taverna Goethe, Via delle Viole 14, Garda, Tel. 0456279030, im Sommer tgl. ab 21 Uhr. Pianobar und Taverne mit Musik vom Band (der neueste Rock und andere Hits für alle Altersklassen).

Juli–Sept.: Platzkonzerte des Coro la Rocca von Garda (s. auch S. 32).
Juli: Sardellata – gastronomisches nächtliches Fest auf dem See, mit Feuerwerk.
15. Aug.: Palio delle Contrade – nächtlicher Kanuwettbewerb der Stadtteile von Garda, mit großem Feuerwerk.

Golf: Ca' degli Ulivi, Marciaga, Castión di Costermano, Tel. 04 56 27 90 30. 18-Loch-Platz hoch über dem Gardasee in Panoramalage, mit Clubhaus, Tennis- und Squashplätzen, Hallen- und Freibad, Sauna, Massage, Fitnesszentrum und einigen Zimmern.
Ein weiterer **18-Loch-Golfplatz** ist am Hotel Poiana in Arbeit.
Reiten: Centro Ippico Rossar, Marciana di Costermano, Tel. 0456279020. Reit-

Bunte Fischerboote gehören zum Bild der malerischen Seeorte

zentrum (deutschsprachig) in der Nähe des Golfplatzes Ca' degli Ulivi.
Segeln/Surfen: Gruppo Vela LNI Garda, Tel. 04 57 25 63 77.
Tennis: 6 Tennisplätze beim Hotel Poiano, 4 davon mit Flutlicht.

Boote: Verbindungen der Navigarda-Boote von Ostern bis Ende Okt. in dichter Folge mit fast allen anderen Seeorten.
Busse: Garda liegt auf der Busstrecke entlang der Gardesana Orientale, die im Sommer etwa stündlich bedient wird.

In der Valtesina

Gardasee-Atlas: S. 235, D 3
Die Wanderung in die Valtesina, das historische Mühlental (Val dei Molini), beginnt zwar direkt in Garda, der schönere Einstieg aber befindet sich links der kleinen Brücke (von Garda kommend) Richtung Costermano, gegenüber der Via Poiano etwa 1 km vom See entfernt. Der Schotterweg ist zwar zunächst noch befahrbar, aber es wäre schade, die Ruhe der Natur zu stören. Nach ein paar Minuten muss man den Wagen ohnehin abstellen, denn der Weg verengt sich nun und geht an der zweiten Trattoria in einen Trampelpfad über, ansteigend und immer wilder, aber sehr schön. Am Wochenende ist die Valtesina ein beliebtes Ausflugsziel. Wer in der Trattoria Molini (s. S. 97) einen Tisch bekommen möchte, sollte spätestens am Beginn der Wanderung reservieren.

Die geradezu mediterrane Vegetation ist dicht und artenreich, der Tesina-Bach plätschert munter und relativ schnell Richtung Garda, wo er sich in den See ergießt. Man steigt nach dem zweiten Lokal recht schnell aufwärts, folgt dem ausgeschilderten Gesundheitsparcours. Die Wanderung ergibt einen Rundweg von ca. zwei Stunden, je nachdem, wie lange sich Naturfreunde an der Vegetation erfreuen.

Flora in luftiger Höh'

Eine wunderschöne, nicht anstrengende Bergstrecke führt knappe 20 km nördlich von Costermano an der östlichen Flanke des Monte Baldo hinauf nach Ferrara di Monte Baldo. In 1235 m Höhe wurde ein kleiner, aber unglaublich reicher Giardino Botanico eingerichtet. – Auskünfte in der Trattoria (Supertipp für preiswerte, urige Berglerkost) der Jugendherberge gegenüber.

Costermano

Gardasee-Atlas: S. 235, E 3
Der **Deutsche Soldatenfriedhof** von Costermano gilt als Mahnmal gegen den Krieg. 21 920 gefallene deutsche Soldaten ruhen auf dem in weiten Terrassen angelegten Friedhof, der bei seiner Einweihung 1967 zu Kontroversen Anlass gab: Fanden doch auch als Kriegsverbrecher entlarvte Offiziere hier eine Ruhestätte. Viele Gräber wurden für unbekannte Soldaten ausgehoben, auf dem Grabstein steht dann zum Beispiel nur »Zwei deutsche Soldaten«. Den Friedhof erreicht man nach 3 km auf dem Weg nach Costermano, rechts kurz vor dem Ort. (Ausgeschildert; tgl. 8–19 Uhr.)

Castión Veronese

Gardasee-Atlas: S. 235, D 3
Die **Villa Pellegrini Cipolla** gegenüber der Pfarrkirche von Castión Veronese (etwa 3 km nordwestlich von Costermano) ragt unübersehbar aus ihrem prächtig angelegten italienischen Garten heraus. Vorbild für den Villa-Garten war der Park der berühmten königlichen Residenz von Caserta bei Neapel, an dem der von Versailles inspirierte Pellegrini gearbeitet hatte. Im Hintergrund erheben sich als grüne Hügelsilhouette die südlichen Ausläufer des Monte Baldo.

Die lang gestreckte rote Villa mit einer durch weiße Streifen betont horizontalen Gliederung und mit erhöhten Eckrisaliten zeigt einen geradezu wehrhaften Charakter. Geplant hatte sie so, wie sie bis auf den heutigen Tag überliefert ist, 1760 Ignazio Pellegrini (1715–90), ein Vorfahr des heutigen Besitzers Gian Carlo Pellegrini. Er integrierte einen festungsartigen älteren Baukörper von 1496 völlig und verlegte dabei die Öffnung statt wie jetzt im Osten in den Südteil.

Herrlich sind die speziell für diese Villa geschaffenen Böden aus gebrannten Tonfliesen *(cotto)*, für jeden Raum andere. Hervorragend erhalten sind die – nicht restaurierten – Freskenbilder des Prunksaales und die zarten Rocailles-Stuckrahmen der Gästezimmer. Napoleon Bonaparte und vor ihm Kardinal Carlo Borromeo sollen hier auch schon übernachtet haben.

1991 wurde nach den Plänen von Gian Carlo Pellegrini, auch er wie sein Vorfahr Architekt, in den früheren Stallungen und in der *limonaia* durch Umund Anbau ein supermodernes Kongresszentrum eingerichtet. Die herrliche Villa, die man nach Absprache besichtigen oder für private kleine Feiern nutzen kann, dient dem neuen kulturellen Zentrum als wunderschöne Kulisse. Adresse für Anfragen: Associazione FO.R/Villa Pellegrini Cipolla, 37010 Castión Veronese, Tel. 04 56 20 01 49.

Bardolino

Gardasee-Atlas: S. 238, A 2
Nur 3 km trennen Bardolino von Garda. Der mit hübschen Laternen geschmückte Spazierweg entlang dem See führt zwischen Bade- und Campingplätzen, Olivenbäumen und Kiefern hindurch. Am Ufer wächst dichtes, naturgeschütztes Schilf – an solchen Stellen herrscht Badeverbot. Ein paar Bootsanlegestellen und Badestege sowie ein kleiner Yachtclub (Roccavela) folgen. Man passiert die öffentlichen Gärten mit der Hotelfachschule und der Enoteca del Bardolino, gefolgt von ein paar hübschen kleinen Villen. Oder man fährt mit Bus oder Auto auf der Gardesana Orientale nach Bardolino. Am schönsten ist jedoch die Anfahrt mit dem Boot.

Im Vorort Cisano wurden Pfahlbauten gefunden, die belegen, dass das Gebiet schon zur Bronzezeit besiedelt war. Erst die Römer, die den Gardasee bereits als Erholungsgebiet zu schätzen wussten, legten eine Stadt an, die um 1100 selbstständige Gemeinde, im Mittelalter von den Skaligern beherrscht und dabei durchaus wohlhabend wurde. Venedigs Adel setzte sich hier fest und ließ ausgedehnte Parkanlagen um seine herrschaftlichen Villen gestalten. Nach Fertigstellung der Gardesana Orientale 1929 begann Bardolinos touristischer Aufschwung.

Vom Hafen bis San Zeno

Das Weinstädtchen Bardolino am südlichen Rand der Riviera degli Olivi wirkt etwas kühl, vielleicht liegt das am gleichmäßigen Verlauf seiner Straßen. Mittelpunkt ist die lang gezogene Piazza Matteotti, auf die man mit dem Boot zufährt und die vom Hafen bis zur Pfarrkirche reicht und so dem mittelalterlichen Ortskern eine klare Gliederung verleiht. Den Platz säumen Cafés und Geschäfte aller Art, sodass es hier sowohl tagsüber als auch abends recht lebhaft zugeht – besonders an den Markttagen (donnerstags).

Vom Hafen mit dem Kriegerdenkmal blickt man direkt auf die Pfarrkirche **Santi Nicolò e Severo** (1840) mit ihrer klassizistischen Fassade. Die Piazza Matteotti, der ›Salon‹ des Ortes, ist mit großen Steinplatten belegt. Neben der Pfarrkirche werden am Donnerstag die Marktstände der Lebensmittelhändler aufgeschlagen, sozusagen zwischen der Kirche und der von Efeu umrankten, unscheinbaren Ruine der **Skaligerburg.**

Kunstinteressierte besuchen Bardolino vor allem wegen seiner beiden romanischen Kirchen (die dritte sehenswerte steht in Cisano, s. S. 104). Die erste, **San Severo,** erreicht man von der Chorseite der Pfarrkirche aus durch einen schattigen Park. Sie steht auf der

San Severo gilt als eine der schönsten romanischen Kirchen im Veronesischen

Zentrumsseite Bardolinos direkt an der Gardesana Orientale am nördlichen Stadtrand. Ihr schlanker Turm trägt eine mit rotem *cotto* belegte Spitze, die weithin sichtbar ist. Die Südwand ist länger ausgefallen als die nördliche, und die südliche Konche des Chores hart an der Gardesana und etwas tiefer als das Straßenniveau ist kleiner als die nördliche, die mittlere wie üblich am größten. Dennoch wirkt die (tagsüber fast immer geöffnete) Kirche sehr harmonisch. Sie ist über und über mit verblassten, an den Mittelschiffwänden jedoch deutlich erkennbaren Bildern freskiert (12./13. Jh.), beispielsweise mit einer Apokalypsedarstellung und Passionsszenen. Kein Wunder, dass sie als eine der schönsten und besterhaltenen romanischen Kirchen im Veronesischen gilt. In ihrer jetzigen Form datiert man sie auf das Jahr 1100, ihr Ursprung geht jedoch weiter zurück, wahrscheinlich auf das 8. Jh. (sichtbare Grabung unter dem danach offen gelassenen Chorraum).

Jenseits der Hauptstraße im südlichen Bereich, in wenigen Schritten (Fußgängertunnel unter der Gardesana hindurch) über die Via San Zeno zu erreichen, steht die karolingische Kirche **San Zeno** innerhalb eines privaten Hofes zwischen Wohnneubauten. Die schönsten Elemente des Kirchleins sind seit der letzten Restaurierung wunderbar ausgeleuchtet. Der winzige, nur einschiffige Bau mit Querhaus (lateinisches Kreuz, und damit wie das Deckengewölbe für die frühe Zeit eine Besonderheit) besitzt sechs architektonisch ›unsinnig‹ an die Wände gelehnte Säulen aus rotem Marmor mit weißen Kapitellen nach nicht unbedingt geglücktem römischen Vorbild. Überall finden sich kleine, konservativ restaurierte Freskenreste. Das Kirchlein soll laut einer Urkunde König Pippins von 807 ein unbekannt gebliebener *comacino,* also einer der berühmten Steinmetzen und Architekten aus Como, im 8. Jh. geschaffen haben. Es dürfte damit eines der ältesten der Diözese sein.

Weinproduktion und -verkauf

Auf der Bergseite kann man den Hinweisen zum Weinmuseum der **Kellerei Zeni** (s. 103) folgen. Oder man geht die Via San Zeno zurück, überquert wieder die Gardesana durch einen Fußgängertunnel und erreicht geradeaus den Borgo Cavour. An seinem Ende geht es rechts durch die elegante Porta Verona in den alten Ortskern, geradeaus aber direkt zum Tor der **Villa Guerrieri Rizzardi.** Ihr riesiger Park, bereits im 16. Jh. angelegt und im 18. Jh. mit Bäumen aus anderen Kontinenten bepflanzt, reicht bis zur Seepromenade. Hier leben die wohl bekanntesten Weinproduzenten von Bardolino. Im Pförtnerhaus kann man die Produkte ihrer Landgüter kaufen.

Im Hintergrund des Stadtparks am nördlichen Stadtrand befindet sich die Villa Carrara Bottagisio mit der Hotelfachschule und der **Enoteca del Bardolino**, wo man Weine verkosten und kaufen kann. (Di, Fr 16.30–18 Uhr oder n. V.)

Von den etwa 6200 Bewohnern des Ortes arbeiten nur noch wenige hauptberuflich im an sich bedeutenden Wein- und Olivenanbau. Überwiegend

Strada del Vino

Egal, ob mit Pkw oder Fahrrad, die ausgeschilderte Strada del Vino Bardolino ist ein lohnender Ausflug. Die Tour beginnt am Museo del Vino des Weingutes Zeni oberhalb von Bardolino und führt zu insgesamt 46 Weingütern. (Prospekt beim Consorzio Tutela Vino Bardolino an der Piazza Matteotti.)

lebt man hier vom Tourismus (rund 60 Hotels mit etwa 3000 Betten, außerdem einige Campingplätze und Ferienwohnungen). In Verbindung mit dem Weinanbau hat man sich vor Jahren etwas einfallen lassen, das an das Südtiroler Meran erinnert: Traubenkur in den Monaten September und Oktober – und natürlich ein Weinfest. Im November wird außerdem der Bardolino Novello gefeiert.

APT: Piazzale Aldo Moro 1, 37011 Bardolino, Tel. 0457210078, Fax 0457210872.
Associazione Albegatori Bardolino: Adresse s. o. APT, Tel. 0456210654, Fax 0456228014, www.ababardolino.it.

Hotel Du Lac: Località Santa Cristina, Tel. 0456210355, Fax 0456210420, März–Okt. Komfortables modernes Hotel am See (nur Promenade dazwischen), mit Privatstrand und Anlegesteg; Hallenbad, Fitnessraum, Sauna; Parkplatz, 68 Zimmer (Dependance mit nur 11 Zimmern). DZ mit Frühstück 85–180 €.
San Pietro: Via Madonnina 15, Tel. 0457210588, Fax 0457210023, info@sanpietro-hotel.com, März–Okt. Freundlich geführtes Hotel ›in zweiter Reihe‹, daher ruhig; mit Pool im schmalen Vorgarten, gutes Restaurant, großer Parkplatz, komfortable 48 Zimmer, im Erdgeschoss besonders groß. DZ mit Frühstück 85–160 €.
Sportsman: Località Serenella, Tel. 0456210555, Fax 0456210420, April–Mitte Okt. Haus mit großem Sportangebot (Fitnesszentrum, Tennis), vom See nur durch die Fußgängerpromenade getrennt, postmoderner Anbau von 1994; Pool im Garten, Privatstrand, Anlegesteg, Parkplatz, 86 Zimmer. DZ mit Frühstück 70–165 €.
Kriss Internazionale: Lungolago Cipriani 3, Tel. 0456212433, Fax 0457210242, www.kriss.it, Feb.–Nov. Sehr gut geführtes, völlig renoviertes familiäres Hotel, hervorragende lokale Küche mit vegetarischer Karte, Restaurant mit Terrasse, geschmackvoll eingerichtete 33 Zimmer mit Seeblick (und neue Dependance nebenan); Tiefgarage/Parkplatz, eigener Liegeplatz am schmalen Strand. DZ mit Frühstück 55–160 €.
Riviera: Lungolago Lenotti 12, Tel./Fax 0456212600, info@allariviera.it, April–Okt. Hübsch eingerichtetes kleineres Hotel garni mit 32 unterschiedlichen Zimmern in einer stilvollen Villa mit Anbau und Orangerie für das Restaurant im Garten; zentral an der Seepromenade; Parkplatz und Garage. DZ mit Frühstück 50–100 €.
Paradiso: Via Santa Cristina 13, Tel./Fax 0457210151, März–Okt. Gepflegtes, familiär geführtes Haus an der Hauptstraße, 250 m vom See, mit Sonnenterrasse und Pool im Garten; Parkplatz, 26 Zimmer. DZ mit Frühstück 50–65 €.
Camping
Serenella: Località Mezzariva, Tel. 0457211333, Fax 0457211552, www.camping-serenella.it, Mitte März–Mitte Okt. Großer Campingplatz mit 1860 Stellplätzen und zwei Pools sowie Bungalows auf 50 000 m² großem Areal an der Seepromenade mit direktem Seezugang.

Stellplatz 8–14 €, p. P. 4–8 €, Bungalow 22–80 €.
La Rocca: Località San Pietro zwischen Garda und Bardolino, Tel. 0457211111, Fax 0457211300, www.web2day.nl/tourism/la.roccacamp, Mitte April–Ende Sept. Jenseits des Schotterweges, aber mit eigener Bootsanlegestelle am Kiesstrand davor, 2184 Stellplätze und Bungalows auf 80 600 m². Stellplatz 8–13 €, p. P. 4,5–6 €, Bungalow 25–35 €.

Aurora: Piazzetta San Severo, Tel. 0457210038, tgl. mittags und abends geöffnet. Alteingesessenes Restaurant mit typischer Küche, familiär und gut, zu leicht gehobenen Preisen.
La Loggia Rambaldi: Piazza Principe Amedeo 7, Tel. 0456210091, im Winter 1 Monat geschl., Mi–Mo mitttags und abends geöffnet. 1996 in einem Renaissancestall eröffnetes, mittelpreisiges Restaurant mit Pizzeria und Terrassencafé in wunderschöner Seelage.
Il Giardino delle Esperidi: Via Mameli 1, Tel. 0456210477, Do–Mo mittags und abends, Mi nur abends geöffnet. Zauberhaftes Weinlokal mitten in der Altstadt in einem urigen kleinen Raum, im Sommer mit Terrasse und Innenhof, gute italienische Weine und wenige Spezialitäten wie mariniertes Rindsfilet oder gratinierte Trüffel, aber auch Wurstplatten und Käseauswahl passend zum Wein; Weinproben auf Vorbestellung; gehobene Preise.
Alla Vecchia Osteria: Piazza Betteloni 18, Tel. 0456210373, tgl. von früh bis spät geöffnet. Freundliches, einfaches Café mit Tischen auf der Gasse, ein preiswerter Einheimischentreff.

Weinverkauf: Direktverkauf von Bardolino, Valpolicella und Soave in den Produktionsstätten: Cantina Guerrieri Rizzardi mitten in Bardolino (s. S. 101). Cantina Fratelli Zeni, 2 km oberhalb Bardolinos (ausgeschildert). Verkostung im eigenen Weinmuseum; freier Eintritt, März–Okt. tgl. 9–13, 14–18 Uhr. Enoteca del Bardolino: s. S. 101.

Anfang Okt.: Festa dell'Uva e del Vino Bardolino Classico DOC – Weinfest.
Anfang Nov.: Festa del Vino Bardolino Novello DOC – Fest um den neuen Wein.
Mitte Dez.–6. Jan.: Krippenausstellung.

Wassersport: Centro Nautico Bardolino, Lungolago Preite 10, Tel. 0457210816.
Wasserski und Paragliding: Herbert Plantscher, c/o Camping Serenella, Tel. 0457211133.

Boote: Bardolino ist im Sommerhalbjahr mehrmals tgl. mit den Booten der Navigarda erreichbar und damit mit fast allen Seeorten verbunden.
Busse: Per Bus ist Bardolino mit allen Orten des Ostufers verbunden, die mind. im Stundenrhythmus angefahren werden.

Cisano

Gardasee-Atlas: S. 238, A 2
Unbedingt einen Besuch wert ist das **Ölmuseum** an der Seeseite der Gardesana Orientale im 2 km südlich von Bardolino gelegenen Vorort Cisano. Neben den interessanten Museumsräumen zum Thema Olivenöl werden u. a. Dokumentarfilme auch in deutscher Sprache gezeigt. Das Hauptanliegen des privaten Unternehmens ist natürlich der Verkauf von Olivenöl und -paste, eingelegtem Gemüse, Wein und Produkten vom Ostufer des Gardasees. (Museo dell'Olio, Via Peschiera

Mühle im Ölmuseum von Cisano

54, Tel. 0456229047, Nov.–Feb. Mo, Di, Do–Sa 9–12.30, 14.30–18 Mi 9–12.30, März–Okt. Mo–Sa 9–12.30, 14.30–19, So 9–12.30 Uhr; Eintritt frei.)

Schräg gegenüber erhebt sich, fast versteckt an einem kleinen Platz, die Pfarrkirche **Santa Maria,** ein bedeutendes Beispiel romanischer Architektur in der Provinz Verona. Der Vorgängerbau wurde wahrscheinlich im 4.–8. Jh. über einem heidnischen Heiligtum errichtet. Die Folgekirche entstand im 12. Jh., erlitt bei einem Erdbeben allerdings so starke Schäden, dass sie in den folgenden Jahrhunderten restauriert und dabei stark verändert wurde, zuletzt im Klassizismus. In der Apsis mit ihren Rundbögen und verzierten Säulen sind noch Reste des ursprünglichen Baus zu erkennen. Besonders schön sind die langobardischen Arbeiten an der Westfassade. – Sonst ist Cisano mit seinem schlichten Bootshafen höchstens als Anlegeplatz und für eine Kaffeepause am Wasser interessant.

Lazise

Gardasee-Atlas: S. 238, A 3

Nur 3 km südlich von Cisano lockt eine der Perlen des Gardasees viele Besucher mit einem kastellgeschmückten und noch komplett mittelalterlich ummauerten Ortskern. Auch die Lage ist bestechend schön, trotz der im Hinterland zurücktretenden, flacheren Moränenhügel. Kenner kommen nach Lazise wegen seiner guten – wenn auch meist teureren – Fischrestaurants in schönster Hafenlage. Ihres Ruhmes sind sich die Wirte des nur knapp 1000 Einwohner zählenden Ortes bewusst:

Sie bringen sogar eine eigene Broschüre, »Lazise in tavola«, heraus – ein recht guter Anhaltspunkt für Einsteiger.

Den bereits in prähistorischer Zeit besiedelten Ort bewohnten später die Römer, doch wie so viele andere Orte am Gardasee erlangte auch Lazise erst im Mittelalter unter den Skaligern Bedeutung. Diese errichteten 1370 eine starke Stadtbefestigung mit integriertem Kastell. Ab 1387 war Lazise unter den Visconti aus Mailand ein wichtiger Verteidigungspunkt des Untersees, dann venezianisch, ab 1428 wieder mailändisch. Es befand sich in ständigem Krieg mit Venedig, dessen Flotte 1509 nur 600 m vor Lazise im See verbrannt wurde. (Die 1962–65 gemachten Funde befinden sich im Museum des Kastells von Malcésine, s. S. 73.) Im Risorgimento leisteten die beiden in den Moränenhügeln liegenden Ortsteile von Lazise, Pacengo und Colà, erbitterten Widerstand gegen die österreichischen Besatzer.

Die schönen, einst wehrhaften Mauern umschließen den historischen Kern mit steingepflasterten (fast autofreien) Gassen, die den Charakter eines mittelalterlichen Städtchens nahezu unbeschädigt bewahren konnten. Der schmale Kanalhafen liegt im Schutz der nahe gerückten Häuser. Die frühere Skaligerburg ist zum Teil in die südliche Stadtmauer am See eingelassen.

Rund um den Hafen

Wer mit dem Boot am Kanalhafen ankommt, erblickt zur Linken die hübsche Häuserzeile der breiten Seepromenade mit netten Hotels, Restaurants und Cafés. Zur Rechten aber schaut man frontal auf die beiden ausladenden Bögen der offenen Loggia der **Dogana Veneta,** des venezianischen Arsenals. Der Bau ist seit dem 14. Jh. belegt, dürfte jedoch vermutlich noch älter sein. Bis 1577 wurde das zum Ortskern hin lang gestreckte Gebäude als Reederei genutzt, später diente es einem heute eher merkwürdig anmutenden Zweck: Alle sechs Monate brachte man hier eine Herde von etwa 200 Schafen unter und stellte aus ihrem Urin, mit einer speziellen Erde vermischt, Sprengstoff (Schwarzpulver) her. Die im Urin enthaltene Salpetersäure hatte sich im Lauf der Jahrhunderte so tief in Mauern und Boden gefressen, dass das Arsenal zum wiederholten Mal saniert werden musste.

1606 richtete die Gemeinde Lazise unter der Aufsicht der Republik Venedig in diesem Gebäude die Zollstelle *(dogana)* für den Warenverkehr zwischen Venedig und der Lombardei ein. Die Ware musste hier nun gegen eine Gebühr zwischengelagert werden. Bei Missachtung drohten hohe Strafen. Doch die folgenden Jahrhunderte brachten neue Reisemöglichkeiten auf Straße und Schiene und stürzten den Schiffstransport in eine solche Krise, dass das Zollamt in der zweiten Hälfte des 19. Jh. geschlossen wurde.

Nach dem Ersten Weltkrieg zog hier eine Baumwollspinnerei ein, später die Faschisten. Doch nach ihrem Sturz verfiel der einst so schöne Bau zusehends. Das 900 m^2 große Gebäude (Länge: 43,10 m) ist nur 10 m hoch, wirkt daher sehr gedrungen und massig. Architektonisch hübsch sind die

beiden noch mehr die Horizontale betonenden schmalen Backsteinstreifen im weißen Bruchsteinmauerwerk mit Seekieseln und die Backsteinumrahmungen der Loggiabögen. Die Fassade zum See hin trägt schwere Zinnen, die das recht niedrige Dach aus roten Ziegeln hinter sich verstecken.

Der zierliche Glockenturm, der aus dem Dach der Dogana aufzusteigen scheint, gehört zum romanischen Kirchlein **San Nicolò** (12. Jh.) direkt dahinter. Im 18. Jh. war die Soldatenkirche des Militärhafens von Venedig, die man heute durch das schlichte Portal (rechts ein noch konservativ gemaltes Fresko, »Thronende Madonna«, 14. Jh.) von der Hafenseite betritt, total heruntergekommen. Die 1953 begonnenen Restaurierungsarbeiten brachten u. a. schöne, schon von Giottos bewegter Bildsprache beeinflusste Freskenreste zum Vorschein. Das Hell und Dunkel der Farben und die Ausformung der Gestalten weisen auf die höfisch geprägte Gotik hin, am besten an der Madonna gleich nach dem Eingang rechts zu erkennen. – Auf der gegenüberliegenden Hafenseite stehen einiger der verlockenden Fischrestaurants von Lazise.

Das alte Arsenal, im Hintergrund der Glockenturm von San Nicolò

Von Platz zu Platz

Die **Piazzetta Partenio** im Scheitelpunkt des Kanalhafens geht an ihrem nördlichen Ende direkt in die großflächige, nach Osten hin lang gestreckte **Piazza Vittorio Emanuele** über.

Der im Schachbrettmuster mit großen Platten belegte, schon mittelalterliche Marktplatz ist umrahmt von Cafés, Restaurants und kleinen Läden. Beide Plätze zieren venezianische Paläste der schlichten, unaufdringlichen Art wie der **Palazzo Comunale.**

Die dritte Piazza in Folge ist Don Agostino gewidmet und blickt direkt auf die weiße, klassizistische Westfassade der Pfarrkirche **San Martino,** zu der man ein paar Stufen hinaufsteigt. Die einschiffige, recht große Kirche mit halbrundem Chorabschluss ist geschmückt mit barocken und klassizistischen Altären aus rotem, weißem und grauem Marmor, der Fußboden mit großen Veroneser Marmorplatten (rot und weiß) bedeckt.

Folgt man dem Verlauf der schönen Stadtmauer aus Flusskieseln, Bruchstein und Tonziegeln, die mit backsteinernen, nach innen offenen Türmen sowie einfachen Zinnen bewehrt und ein Schmuckstück unter den Stadtmauern des Gardasees ist, gelangt man im Süden wieder an den See. Und damit zum **Castello Scaligero** mit seinen zierlichen Schwalbenschwanzzinnen und Wehrgängen, das zum Anwesen der **Villa Bernini** im Park gehört (privat). Von hier führt die neu gestaltete, den Fußgängern vorbehaltene **Via Rosenheimer** – zu Ehren der bayerischen Partnerstadt – zum bequem gelegenen Parkplatz im Süden Lazises.

Associazione Albergatori di Lazise: Via Fontana 14, 37017 Lazise, Tel. 04 57 58 01 14, Fax 04 57 58 10 40.

Cangrande: Corso Cangrande 16, Tel. 04 56 47 04 10, Fax 04 56 47 04 90, Mitte Feb.–Mitte Dez. Nettes Hotel in den Räumen einer *cantina* mit Weinproduktion nahe der Gardesana, ruhig, mit kleinen, aber komfortabel eingerichteten 17 Zimmern, darunter eine zweigeschossige Suite; kein Restaurant. DZ mit Frühstück 85–100 €.

Miralago: Lungolago Marconi 16, Tel. 04 57 58 00 15, Fax 04 57 58 11 89, meist ganzjährig geöffnet. Nettes kleineres (22 Zimmer), renoviertes Hotel an der Uferpromenade mit beliebtem Restaurant (gehobene Preise); Parkplatz. DZ mit Frühstück 75–120 €.

Castello Sant'Antonio: Località Montioni, Tel./Fax 04 57 58 03 87, März–Mitte Okt. Einem Kastell nachempfundenes, freundliches Hotel (10 Zimmer) mit kleinem Pool im Garten, in Panoramalage über dem See; gutes Restaurant, Parkplatz. DZ mit Frühstück 60–80 €.

La Forgia: Via Calle I Nr. 26, Tel. 04 57 58 02 87, Fax 04 56 47 03 72, meist ganzjährig geöffnet. Winziges Hotel mit nur 7 Zimmern, kleinem Lokal mit hübscher Terrasse zum See und einfacher, preiswerter Küche. DZ mit Frühstück 50–65 €.

Alla Grotta: s. Restaurants.

Camping: Zusammen mit dem südl. Vorort Pacengo besitzt Lazise zahlreiche gut ausgestattete Campingplätze (nur in der warmen Jahreszeit geöffnet). Alle ausgewählten Plätze sind behindertengerecht.

La Quercia: Località Bottona, Tel. 04 56 47 05 77, Fax 04 56 47 02 43, laquercia@laquercia.it. Der vielleicht schönste Campingplatz am Gardasee mit aufgeschüttetem Privatsandstrand, großem Pool, vielen Sport- und Freizeiteinrichtungen, Kinderprogramm, 3195 Stellplätze und Bungalows. Stellplatz 10–20 €, p. P. 5–11 €, Bungalow 30–65 €.

Du Parc: Località Sentieri, Tel. 04 57 58 01 27, Fax 04 56 47 01 50, duparc@ifinet.it. Mit Privatstrand und Bungalows, 1455 Stellplätze. Stellplatz 10–16 €, p. P. 5–7 €, Bungalow 14–70 €.

Lido: Via Peschiera 2, Pacengo, Tel. 04 57 59 06 11, Fax 04 57 59 00 30, info@campinglido.it. Eine Zypressenallee führt von der Hauptstraße in den weitläufigen Platz mit 2700 Plätzen und Bungalows, Privatstrand und Sporteinrichtungen. Stellplatz 8–14 €, p. P. 5–7 €, Bungalow 13–60 €.

Alla Grotta: Via Fontana 8, Lazise, Tel./Fax 04 57 58 00 35, Mi–Mo mittags und abends geöffnet. Gutes Fischrestaurant (auch Meeresfische), das ausnehmend hübsch am Kanalhafen liegt; gehobene Preise; man sitzt innen nahe dem großen Holzkohlenfeuer, draußen im Schatten einer Loggia (mit 12 hübschen Zimmern und 2 Suiten, Parkplatz, geöffnet März–Okt. DZ mit Frühstück 80 €, Suite 110 €).

Il Porticciolo: Lungolago Marconi 22, Tel. 04 57 58 02 54, Nov. geschl., Mi–Mo mittags und abends geöffnet. Wohl das beste und dafür gar nicht so teure Restaurant von Lazise, abseits des Kanalhafens gegenüber dem kleinen Yachthafen; man sitzt im Winter in einem schlichten Raum innen, im Sommer draußen im Garten.

Doana: Piazzetta Partenio 12, Tel. 04 57 58 01 96, im Sommer tgl. mittags und abends geöffnet. Größeres Restaurant mit offenem Feuer für die schnörkellose, gute einheimische (aber auch internationale) Küche mit Gardasee-Fisch zu lokalen Weinen; normale Preise.

Reiten: Maneggio, Reitstall beim Campingplatz La Quercia, s. o. Riding Club Westernmania, Località Caldane/Colà, Tel. 03 37 48 67 15, 03 36 26 11 58, Fax 04 57 25 58 74.

Boote: Lazise ist im Sommer durch Boote der Navigarda mit den anderen Seeorten verbunden.

Busse: Verbindungen mit allen Orten am Ostufer in regelmäßigen Abständen.

VERGNÜGUNGEN OHNE ENDE

Im Wasservergnügungspark Canevaworld

Südlich von Pastrengo, im Winkel zwischen Autobahn und der Landstraße nach Castelnuovo del Garda, breitet sich der Parco Natura Viva, auch »Parco Zoo del Garda« genannt, aus. In einem Teil des 40 000 m^2 großen Parks können die sicher in ihren Wagen sitzenden Besucher Nashörner, Giraffen und Löwen beobachten. Auf dem übrigen Gelände warten ein Zoo mit tropischer Voliere und Treibhaus, eine Reptilienanlage und der Dinosaurierpark auf Gäste. Insgesamt leben hier mehr als 800 Tiere. (In der Saison tgl. bis kurz vor Sonnenuntergang geöffnet.)

Nur 2 km südlich von Pacengo befindet sich bei Ronchi kurz vor Peschiera der größte Vergnügungspark des Sees mit zig technischen Attraktionen: Gardaland. Er zieht so viele Besucher aus der näheren und weiteren Umgebung an, dass man zumindest an den Wochenenden einen großen Bogen um diese Strecke nach Süden machen sollte. (Tgl. 9–18 bzw. 19/20, Ende Juni–Anfang Sept. 9–24 Uhr.)

3 km nördlich von Gardaland liegt Canevaworld, ein Wasservergnügungspark auf 300 000 m^2. Hier fehlt es an nichts, was es an Spielereien mit dem nassen Element gibt. (Ab Mitte Mai 10–19, Mitte Juni–Mitte Sept. 10–24 Uhr.)

DIE VALPOLICELLA

Jenseits von Autobahn und Etsch breitet sich hinter Bardolino und Lazise bis vor den Toren Veronas die ›weinselige‹ Valpolicella aus, eine zauberhafte Hügellandschaft mit tiefen Tälern. Neben dem Wein bilden die großen Marmorvorkommen den wichtigsten Wirtschaftsfaktor, die den Wohlstand des Gebietes noch festigen. Zig Villen zieren die schöne Landschaft.

Valpolicella bedeutet übersetzt etwa »Das Tal mit den vielen Kellern« und meint natürlich Weinkeller. Den Weinanbau führten nordwestlich von Verona bereits die Römer ein, weil hier die hügelige und der Sonne zugewandte Lage ideal, außerdem genügend Wasser vorhanden war. Denn die kleinen Seitentäler im Bogen der Etsch sind mit zahlreichen Quellen gesegnet. In der Renaissance liebte es der Veroneser Adel, seine Landvillen in diesem fruchtbaren Gebiet zu errichten. *Villa* bedeutete damals Landgut, also Landwirtschaft und Sommerfrische *(villeggiatura)* zugleich. Der Hauptort der Valpolicella und blühendes Zentrum des Wein- und Obstanbaus **Sant'Ambrogio** (180 m) lebt außerdem vom Abbau des Marmors.

San Giorgio

Gardasee-Atlas: S. 238, C 2
Wichtigstes kunsthistorisches Ziel der Valpolicella ist das bei Sant'Ambrogio gelegene San Giorgio. Zauberhaft mitten im Dorf (375 m) liegt der gleichnamige **Klosterkomplex** mit dem hoch aufragenden Glockenturm, dessen auffällige Lisenen ihn in voller Länge noch höher erscheinen lassen. Die langobardisch-romanische Pfarrkirche stammt aus dem 7.–12. Jh. Die dreischiffige *pieve* ohne Hauptfassade besitzt sowohl am Eingang auf der Westseite als auch auf der Ostseite Rundapsiden (eine im Westen und drei im Osten), wird von je vier schweren rechteckigen Pfeilern im Westen und drei ungleichmäßigen Säulen im Chorbereich getragen. Die drei Schiffe der Basilika schließen mit offenem Dachstuhl ab.

Die Innenflächen der Rundbögen zwischen den Kirchenschiffen sind mit geometrischen Motiven freskiert, an der Südwand wurde ein großes Abendmahlfresko durch eine Tür zerstört. Fast vollständig, wenn auch blass erhalten sind die Fresken in der westlichen Rundapsis, durch die man in die Kirche tritt, überragt von »Christus in der Mandorla«. Sonst zeigt die harmonisch wirkende Basilika nackte Steinwände. San Giorgios Kleinod aus der Langobardenzeit ist ein kleines Ziborium, das allerdings erst 1923 aus Teilen des Kreuzganges zusammengesetzt worden sein soll. Den zauberhaften Kreuzgang schuf 712/13 ein Meister namens Ursus (s. Abb. S. 112). Die Kapitelle, die auf vielen kleinen, schlanken Säulen und konisch geformten Rechteckpfeilern thronen, wirken richtig nordisch. Sie zeigen u. a. Tiermotive und christliche sowie geometrische Symbole.

Negrar

Gardasee-Atlas: S. 239, E 2
Der 190 m hoch gelegene Weinort ist berühmt für seinen Recioto – und für seine Kirschen. Die Bäume bringen außerordentlich große Früchte hervor und liefern das Holz für die kleinen Weinfässer, in denen der Amarone, der Spitzenwein der Valpolicella (s. auch S. 113), reift.

Die **Villa Rizzardi,** genauer gesagt ihr großartiger Park, der **Giardino di Poiega,** birgt eine der Raritäten des Veneto: ein ›grünes Theater‹. Das Halbrund der Ränge ist aus Buchsbaum geformt. Hier wird im Sommer die Bestuhlung für die sehr begehrten Konzerte aufgestellt. (Kann n. V. oder im Sommer 3 x wöchentlich, normalerweise Di, Do, Sa 15–18 Uhr, besichtigt werden).

Gargagnago

Gardasee-Atlas: S. 238, C 2
In Gargagnago befindet sich die **Foresteria Serègo Alighieri.** Sie ist wie viele andere hier seit Jahrhunderten in Familienbesitz, und zwar im Besitz des einzigen Nachkommen des Dichters Dante Alighieri. Die Nebengebäude des weitläufigen Weingutes wurden in ein zauberhaftes *agriturismo* mit ein paar wenigen Ferienwohnungen (s. S. 112) umfunktioniert, während Pieralvise Serègo Alighieri mit seiner Familie noch immer die Villa bewohnt. Auf dem Landgut wird u. a. einer der teuersten Valpolicella-Weine produziert, ein wunderbarer, sehr schwerer, tiefroter Amarone, den man in der einladenden *cantina* probieren und kaufen kann.

Vereinigung Vivi la Valpolicella: Tel. 04 56 86 11 33, bzw. über **APT Verona** (s. S. 122).

Villa del Quar: Via Quar 12, 37020 Pedemonte (VR), Tel. 04 56 80 06 81, Fax 04 56 80 06 04, www.integra.fr/relais chateaux/delquar, März–Dez. Luxushotel (Relais & Chateaux) mit 18 Zimmern und 4 Suiten auf einem venetischen Landgut mit von Michelin besterntem Restaurant (Mo geschl.) in der früheren Kirche und auf der Terrasse vor dem Pool; inmitten

Auf der Weinstraße

Die Strada Valpolicella Classico (Schilder an allen wichtigen Kreuzungen) ist zwar verwirrend zu fahren, weil sie mehrere ›Schleifen‹ macht, doch es lohnt sich! Man kommt so nicht nur zu den wichtigsten Weingütern des Gebietes, sondern entdeckt dabei auch Villen, Kirchen sowie landschaftliche Schönheiten.

der Weingärten. DZ mit Frühstück 196–274 €, Juniorsuiten und Suiten 274–346 €.

Relais La Magioca: Via Moron 3, 37024 Negrar (VR), Tel. 04 56 00 01 67, Fax 045 60 08 40, www.magioca.it, März–Anfang Jan. Wunderschöne, kleine Villa mit nur 3 Zimmern und 2 Juniorsuiten im 10 000 m^2 großen Garten mit Kapelle (11. Jh.). DZ mit Frühstück 160–220 €, Juniorsuite 180–240 €, Suite 265–370 €.

Villa San Giorgio: Via Conca d'Oro 1, 37010 San Giorgio di Valpolicella, Tel. 04 56 83 81 70, Fax 04 56 83 82 03, villa sangiorgio@tiscalinet.it, ganzjährig geöffnet. Zauberhaftes, kleines (5 DZ, 1 EZ), erst 2001 eröffnetes Hotel in einem wunderbar restaurierten Steinhaus in Gardasee-Panoramalage auf dem Weg von Sant'Ambrogio hinauf nach San Giorgio; Entrée im Designerstil, gemütliche Zimmer mit großen Betten, eines mit großem Aussichtsbalkon; Restaurant mit lokaler Küche zu gehobenen Preisen mit Aussichtsterrasse. DZ mit Frühstück 100 €.

Apartments

Agriturismo Serègo Alighieri: 37020 Gargagnago di Valpolicella, Tel. 04 57 70 36 22, Fax 04 57 70 35 23, www.serego alighieri.it, Feb.–Dez. Nahe San Pietro in Coriano liegendes Landgut mit acht zauberhaft ländlichen (34–85 m^2 groß), komfortabel eingerichteten Apartments. Für 2 Pers. mit Frühstück 98–175 €, für 3 Pers. 139–232 €, für 4 Pers. 155–284 €.

Grotto de Corgnan: Sant'Ambrogio di Valpolicella, Tel. 04 57 73 13 72, Mo–Sa abends geöffnet. Nur 15 Plätze; man speist, was der Wirt empfiehlt, zahlt dafür viel, wird aber begeistert sein.

Bicocca (früher Rifugio del Viandante): Via Consolini 80, Località Calcina an der

Kreuzgang des Klosters Sant Giorgio im gleichnamigen Dorf

Ein edler Tropfen

Er gilt zu Recht als der Spitzenwein der Valpolicella: der Amarone. Das Weingut des Serègo Alighieri zählt unter Kennern zu den besten Produzenten. Wobei Weintechnik und Abfüllung bei der Kellerei Masi liegen, deren eigene Produkte in der Cantina Serègo Alighieris ebenfalls zur Probe ausgeschenkt und verkauft werden. Der Amarone Serègo Alighieri lagert drei Jahre lang in Eichenfässern und vier Monate in Kirschholzfässern, die dem Wein das besondere Aroma geben.

Weinstraße, Tel. 04 56 20 03 20, Nov., Jan. geschl., im Sommer tgl., sonst Do–Di geöffnet. Restaurant mit Osteria in einem Gebäude aus dem 15. Jh.; venetische Küche zu gehobenen Preisen, was aber in der Valpolicella ›normal‹ ist …

Dalla Rosa Alda: San Giorgio di Valpolicella, Tel. 04 57 70 10 18, Weihnachten–Mitte Feb. geschl., außer So abends und Mo mittags und abends geöffnet. Schlichte Trattoria an der Dorfstraße mit lokaler Küche zu gehobenen Preisen.

Enoteca della Valpolicella: Via Orsan 45, Fumane, Tel. 04 56 83 91 46, So abends, Mo und im Aug. geschl. Für die Valpolicella normalpreisig, sonst als hochpreisig einzustufende Trattoria mit allen guten Weinen der Gegend (und aus Rest-Italien sowie aus den besten Lagen der Welt); lokale Spezialitäten wie Rinderbraten in Amarone in einem Landsitz aus dem 15. Jh.; auch Weinprobe und -verkauf.

Trattoria Caprini: Località Torbe di Negrar, Tel. 04 57 50 05 11, Do–Di mittags und abends geöffnet. Alteingesessene, gemütliche Trattoria (im Obergeschoss des Hauses) mit Osteria direkt an der Pfarrkirche des Dorfes, das sich »Balkon der Valpolicella« nennt, mit Aussichtsterrasse, perfekter lokaler Küche und sehr gut sortierter Valpolicella-Weinkarte; gehobene Preise.

Weinproben auf den umliegenden Landgütern. **Kochkurse** auf dem Gut von Serègo Alighieri (s. S. 112).

In der Valpolicella reist man am besten mit dem Pkw, man kann aber auch lange Strecken durch eine fast von Verkehr freie Landschaft mit dem Fahrrad zurücklegen. (Gute Kondition erforderlich.) Tipps für den Streckenverlauf findet man u. a. auf der Karte der Vereinigung Vivi la Valpolicella (s. S. 111), die auch in jedem der angeschlossenen Betriebe kostenlos erhältlich ist.

Busse: entlang der Weinstraße, jedoch für Ausflügler zu ungünstigen Zeiten.

Atlas: S. 239

VERONA

Die Stadt in der Etsch-Schleife wurde von den Römern und später den Skaligern mit hohen Mauern umgeben, mit Palästen und Kirchen geschmückt. Für junge Leute ist Verona die Stadt des tragischen Liebespaares Romeo und Julia, für Musikfreunde die Stadt der Opernfestspiele in der imposanten römischen Arena. Außerdem zu entdecken: einladende Weinschänken und verführerische Einkaufsmeilen.

Gardasee-Atlas: S. 239, F 4

Veronas Geschichte begann im 1. Jh. v. Chr. als bedeutende römische Stadt. Aus dieser Zeit stammen die imposantesten Baudenkmäler wie die Arena im Zentrum und das römische Theater jenseits der Etsch. Im 6. Jh. war Verona ostgotisch regiert, unter Theoderich Königssitz neben Pavia und Ravenna, dann Stützpunkt der deutschen Kaiser um ihre Herrschaft in Oberitalien zu sichern. Seit dem 13. Jh. beherrschten die ghibellinischen Skaliger die Stadt, wurden 1387 von den Visconti abgelöst, und diese wiederum schon 1405 von Venedig. Mehr als 400 Jahre sollte die Herrschaft der Venezianer dauern, Zeit genug, um der Stadt einen deutlichen Stempel aufzudrücken. Weshalb der venezianische Löwe zum Symbol auch für Verona wurde und blieb – trotz napoleonischer (1796) und österreichischer Herrschaft (ab 1814), die 1866 vom Königreich Italien abgelöst wurde.

Verona Card

Mit dieser Jahreskarte (gültig von April bis März des Folgejahres; 1 Tag 8 €, 3 Tage 12 €) kann man die wichtigsten Museen, Kirchen und Monumente besichtigen sowie die öffentlichen Verkehrsmittel in der Stadt benutzen.

Von der Piazza Brà zur Piazza delle Erbe

Verona ist eine schöne, urbane Provinzhauptstadt mit 260 000 Einwohnern. Durch das Doppeltor **Portoni della Brà** [1] in der mit hohen Zinnen bewehrten Stadtmauer der Skaliger gelangt man auf die Piazza Brà, Veronas Visitenkarte mit der Arena und der breiten Promenade. Mit ihren Cafés und Restaurants genau der richtige Ort für die allabendliche *passeggiata*. Hier in einem der Cafés zu sitzen und sich die hohen Mauern des römischen **Amphitheaters** [2] anzuschauen, ist ein

Genuss, auch wenn man sich den Sitzplatz im wahrsten Sinne des Wortes meist teuer erkaufen muss. Auf diese Weise kann man die Arena so betrachten wie Goethe, als er hier im September 1786 auf seiner Italienreise Station machte und die »Simplizität des Ovals« bewunderte.

Nur noch 15 000 Zuschauer dürfen während der Opernfestspiele aus Sicherheitsgründen in das 138 m x 109 m große Bauwerk, obwohl es fast das Dreifache fassen würde. Der zweigeschossige, monumentale Außenbau war ursprünglich der eigentlich unsichtbare Kern des inneren Aufbaus. Eine dreigeschossige 30 m hohe Mauer aus sorgfältig behauenen Riesenblöcken des lokalen rosafarbenen Marmors umgab ihn. Von der gewaltigen Außenmauer sind aber nur vier Arkaden erhalten geblieben. (Tgl. 9–19, während der Opernfestspiele 9–15.30 Uhr zu besichtigen; Eintritt.)

Über die Via Anfiteatro, die zur Via Stella wird, ist leicht die **Casa di Giulietta** 3 zu finden, das angebliche Wohnhaus der Julia, das bei aller Unklarheit über seine Authentizität eine besondere Atmosphäre ausstrahlt. Hübsch ist vor allem der kleine Innenhof, und die Attraktion schlechthin natürlich: der berühmte Balkon – wenn auch nicht ganz sicher der echte ... Nicht nur Liebespärchen aus aller Welt zieht es hierher, wahrscheinlich ist dies der meistbesuchte Ort der Stadt. (Di–So 9–19 Uhr.)

Schon Goethe war aufgefallen, wie lebensfroh und südländisch die Vero-

Veronas Visitenkarte: Die Piazza Brà mit der Arena

Atlas: S. 239

Sehenswürdigkeiten

1 Portoni della Brà
2 Amphitheater
3 Casa di Giulietta
4 Piazza delle Erbe
5 Piazza Dante
6 Palazzo della Ragione
7 Arche Scaligere
8 Santa Maria Antica
9 Sant'Anastasia
10 Dom
11 Teatro Romano
12 Castelvecchio
13 San Zeno Maggiore
14 Tomba di Giulietta

Unterkünfte

15 Due Torri Baglioni
16 Verona
17 Accademia
18 Ciopeta
19 Jugendherberge Villa Francescatti
20 Jugendherberge Villa Santa Chiara
21 Camping Giulietta e Romeo
22 Camping Castel San Pietro

Essen und Trinken

23 Bottega del Vino
24 12 Apostoli
25 Tre Marchetti
26 Arche
27 Locanda di Castelvecchio
28 Osteria Verona
29 Al Carro Armato
30 Osteria Antica
31 Break

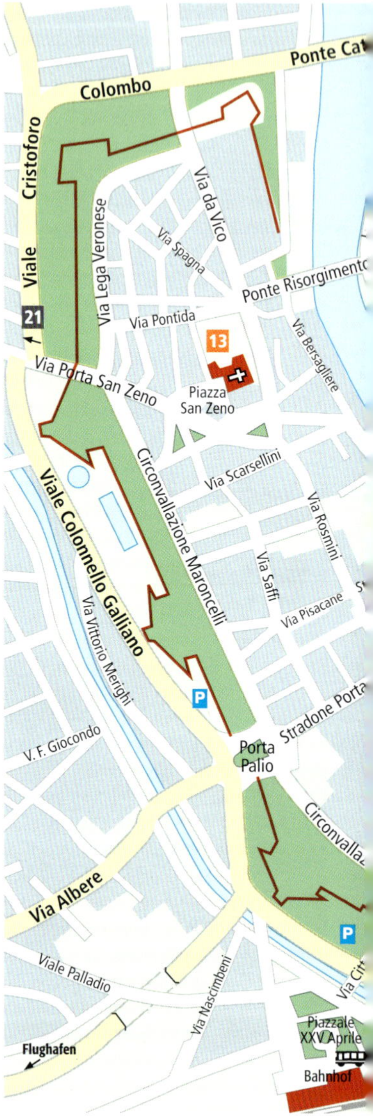

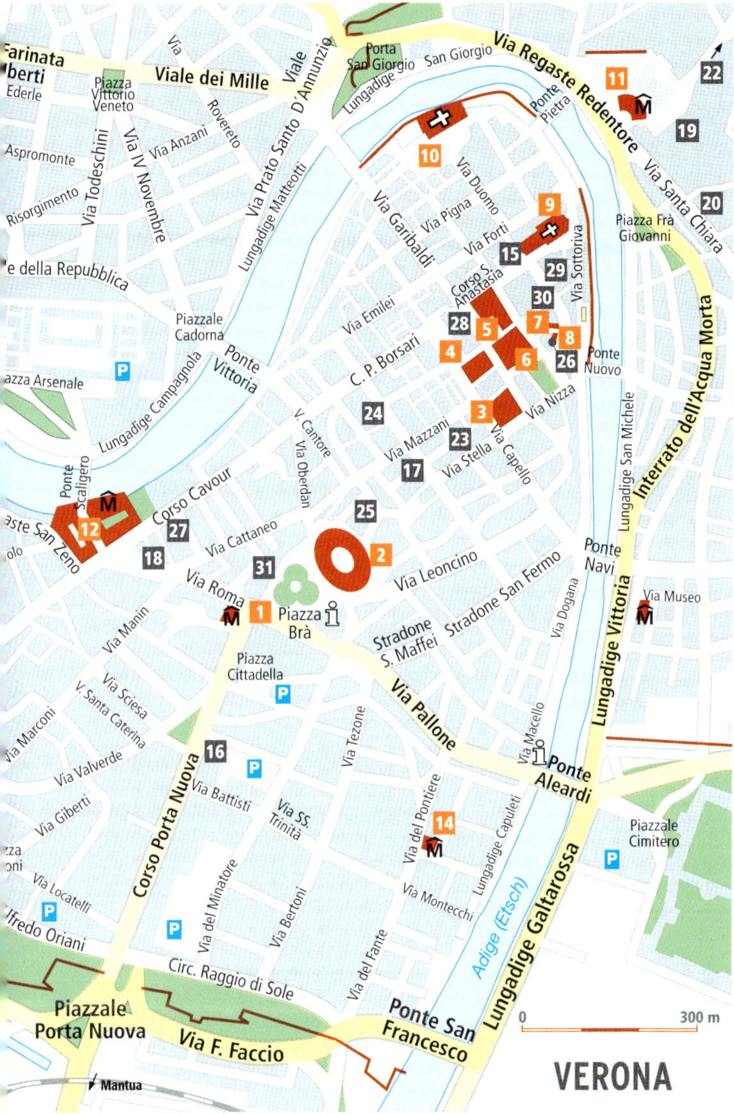
VERONA
0 300 m
Viale dei Mille
Viale D'Annunzio
Porta San Giorgio
San Giorgio
Lungadige
Via Regaste Redentore
Ponte Pietra
Via Santa Chiara
Piazza Frà Giovanni
Interrato dell'Acqua Morta
Lungadige San Michele
Ponte Navi
Lungadige Vittoria
Via Museo
Ponte Aleardi
Piazzale Cimitero
Lungadige Galtarossa
Adige (Etsch)
Ponte San Francesco
Via F. Faccio
Piazzale Porta Nuova
Mantua
Circ. Raggio di Sole
Corso Porta Nuova
Piazza Cittadella
Piazza Brà
Via Roma
Via Pallone
Stradone S. Maffei
Stradone San Fermo
Via Leoncino
Via Cattaneo
Corso Cavour
Ponte Scaligero
Piazza Vittorio Veneto
Via Todeschini
Via IV Novembre
Via Anzani
Rovereto
Via Prato Santo
Lungadige Matteotti
Piazzale Cadorna
Ponte Vittoria
Lungadige Campagnola
Via Garibaldi
Via Duomo
Via Pigna
Via Forti
Corso S. Anastasia
Via Sottoriva
Via Emilei
C. P. Borsari
Ponte Nuovo
Via Nizza
V. Cantore
Via Oberdan
Via Mazzani
Via Stella
Via Capello
Via Dogana
Via Macello
Via Manin
Via Sciesa
V. Santa Caterina
Via Marconi
Via Valverde
Via Giberti
Via Locatelli
Via Battisti
Via SS. Trinità
Via Tezone
Via del Pontiere
Lungadige Capuleti
Via Montecchi
Via del Fante
Via Bertoni
Via del Minatore
Farinata
berti
Ederle
Aspromonte
Risorgimento
e della Repubblica
azza Arsenale
aste San Zeno
olo
za
oni
lfredo Oriani
1
2
3
4
5
6
7
8
9
10
11
12
14
15
16
17
18
19
20
22
23
24
25
26
27
28
29
30
31

neser wirken. Vor allem auf den Märkten der Stadt, besonders dem auf der **Piazza delle Erbe** 4. Dort, wo einst das lang gestreckte römische Forum stand, findet noch immer täglich ein Obst- und Gemüsemarkt statt. Doch auch hier hat das Zeitalter des Tourismus Einzug gehalten: mit Postkarten- und Kitschverkauf, überteuerten Stehimbissen und Restaurants sowie Cafés jeglicher Couleur ringsum. Aber das pulsierende Leben ist geblieben.

Von der Piazza Dante zu den Skaligergräbern

Die großzügige **Piazza Dante** 5 oder dei Signori (von der Piazza Brà durch den Bogen mit der Mammutrippe zu erreichen) mit dem Dante-Denkmal in der Mitte wird dominiert vom prachtvollen Palazzo del Comune oder **Palazzo della Ragione** 6, der im Kern aus dem 12. Jh. stammt. Seit 1193 erlebte der Gerichtspalast mehrere Umbauten. Echte Attraktionen sind die Freitreppe im Innenhof, den man »Corte del Mercato Vecchio« nennt, weil hier früher der Markt stattfand, sowie die von hier zugängliche Torre Lamberti, beide im 15. Jh. vollendet. Auf den 84 m hohen Turm kommt man mit einem Aufzug – um den vielleicht schönsten Überblick über Verona zu genießen. (Di–So 9.30–19 Uhr.)

Zum harmonischen Bild der Piazza Dante, deren Mitte die Statue (von 1865) des wie immer nachdenklichen Dichters auf hohem Sockel einnimmt, gehört vor allem der von Schwalbenschwanzzinnen bekrönte **Skaligerpalast** (mit Portal von 1533; heute Präfektur). Aber auch die luftige Frührenaissance-**Loggia del Consiglio** über Eck (1486–92).

Direkt hinter dem Palazzo della Ragione versteckt sich einer der ruhigsten Plätze des historischen Zentrums mit dem kleinen Privatfriedhof der Skaliger. Hinter einem kunstvollen schmiedeeisernen Gitter mit ihrem Symbol (einer Leiter) aus dem 14. Jh. stehen die teils monumentalen Hochgräber, die so genannten **Arche Scaligere** 7. Man kann sie sehr gut durch das zierlich gearbeitete Gitter betrachten. Während das Grabmal des Cangrande I, der 1329 starb, noch in die Fassade der Kirche nebenan (s. u.) über dem Portal eingebaut wurde (Kopie; Original im Museum von Castelvecchio), sind die Hochgräber seiner Nachfolger ein bildhauerisches Kleinod des 14. Jh. Über dem eigentlichen Sarkophag mit der liegenden Figur des Toten erhebt sich ein Baldachin, überbaut mit einer Pyramide, die ein Reiterstandbild des Verstorbenen trägt.

Die romanische Kirche **Santa Maria Antica** 8 besitzt eine ganz eigene Atmosphäre. Beinahe so, wie sie sich heute dank einer Restaurierung von 1897 präsentiert, wurde diese Hauskirche der Skaliger 1185 geweiht, sie stammt jedoch ursprünglich aus dem 8. Jh. Der recht finstere, dreischiffige Innenraum mit seinen drei Apsiden bietet im meist gut besuchten Verona eine Oase der Ruhe (mittags lange geschlossen).

Die Ponte Scaligero mit ihren markanten Schwalbenschwanzzinnen

Atlas: S. 239

Kirchen entlang der Etsch

Ein eindrucksvolles Relikt aus der Zeit vor den großen Überschwemmungen der Etsch ist die Via Sottoriva. An der »Straße unter dem Ufer« liegt die mächtige Kirche **Sant'Anastasia** 9 (1290–1481 erbaut) mit reich verziertem Portal und vielgliedriger Chorseite mit fünf Apsiden. Von allen erhaltenen Kunstwerken der reich ausgestatteten gotischen Kirche gelten die Fresken der Chorapsiden als die bedeutendste spätgotische Malerei Veronas. Zu verdanken sind sie der Blütezeit der Skaliger, die mit dem so genannten höfischen Stil beispielgebend auch für die Zeit danach war. Ob biblische oder weltliche Szenen – sie spiegeln sich in reich gekleideten und geschmückten fürstlichen und ritterlichen Gestalten wider, aber auch in klerikalen. Der höfische Stil gipfelt im sicher berühmtesten Fresko dieser Grabkirche mächtiger Veroneser Familien: In der Sakristei ist das restaurierte Fresko »Aufbruch des hl. Georg zum Kampf mit dem Drachen« von Antonio Pisano (um 1433), genannt Pisanello, zu sehen. (Di–Sa 10–13, 13.30–16, So, feiertags 13–17 Uhr.)

Kirchenrundgang

Mit einer Sammelkarte kann man alle bedeutenden Kirchen Veronas zu ermäßigtem Preis besichtigen. Rund 4 € für fünf Kirchen: San Zeno, San Lorenzo, Dom, Sant'Anastasia, San Fermo.

An dieser Stelle Veronas standen einst die Handelslager, es herrschte ein lebhaftes Kommen und Gehen. Heute sind hier kleine Antiquitätenläden zu finden und einige *osterie*, die bei der Veroneser Jugend besonders beliebt sind.

Weiter im Norden der Etsch-Schleife steht der sehr sehenswerte **Dom** 10, Santa Maria Matricolare geweiht. Von der Vorgängerkirche, der ersten Veronas (zu Beginn des 5. Jh.), ist noch das Bodenmosaik erhalten. Im 10. Jh. erbaute man darüber trotz der zentrumsfernen Lage – wohl wegen des geweihten Platzes – einen frühmittelalterlichen Dom, der wie viele oberitalienische Kirchen nach dem Erdbeben von 1117 neu aufgebaut werden musste (1139–84). Nun aber mit Taufkirche, Kreuzgang und Bischofspalast. Sein heutiges Aussehen erhielt der Dom hauptsächlich in den Jahren 1444–1520: Er veränderte sich zu einem klobigen romanischen Außenbau mit gotischem Innenleben. Sehr harmonisch wirkt seine romanische Westfassade, obwohl sie erst 1565–1606 vollendet wurde. Ihr zweigeschossiger Portikus wurde von Meister Nicolò (1138) geschaffen und betont noch die Vertikale des Mittelschiffs.

Innen besticht der Dom durch seine großzügige Dreischiffigkeit, die ab 1444 ganz im Sinne der italienischen Gotik umgestaltet wurde und mit den großzügigen Arkaden eher wie eine weite Halle wirkt. Zu seinen Kostbarkeiten zählen zwei Ölgemälde: Tizians »Himmelfahrt« (1530) im linken Seitenschiff und in der zusammengesetzten Altarwand die »Anbetung der Könige«. Letzteres gilt als das Hauptwerk von Liberale da Verona (Ende 15. Jh.), eine zauberhafte venetische Hügellandschaft im Hintergrund. (Mo–Sa 10–13, 13.30–16, So, feiertags 13–17 Uhr.)

Vom Teatro Romano bis San Zeno

Die römische Via Postumia (Genua–Aquilea), die in Verona in Höhe des Castelvecchio (s. u.) mit der Via Gallica (Turin–Mailand–Brescia–Verona) zusammenstieß, führte durch das damalige Stadtzentrum hindurch auf die Hügel zu, am **Teatro Romano** 11 vorbei und weiter Richtung Aquilea. Das römische Theater ist zusammen mit dem **Museo Archeologico** zu besichtigen. Von den Rängen genießt man einen wunderbaren Blick auf das Altstadtzentrum. (Di–So 9–19, während der Theaterspiele 9–15 Uhr.)

Zurück zum der Stadt zugewandten Etsch-Ufer. Am Fluss entlang geht es zur mächtigen Skaligerburg, **Castelvecchio** 12. Cangrande II errichtete sie nach 1354 zum Schutz vor den Veronesern, als ihm, dem Tyrannen, seine Familienpaläste im Zentrum nicht mehr sicher genug erschienen. Schon fünf Jahre später starb er – durch die Hand seines Bruders Cansignorio. Dieser ließ dann die Burg von den besten Künstlern seiner Zeit prächtig ausschmücken. Inzwischen ist Castelvecchio zu einem einladenden **Museo Civico d'Arte** mit einer großartigen Sammlung Veroneser Malerei umgestaltet worden. Hier befindet sich u. a. das Originalgrabmal Cangrandes vom Portal der Kirche Santa Maria Antica. (Di–So 9–19 Uhr.)

Marmorrelief an der Kirche San Zeno Maggiore

Atlas: S. 239

Grab der Julia

Nur einen Katzensprung von der Skaligermauer entlang der Via Pallone befindet sich zurückversetzt von der querenden Via del Pontiere das schlichte Grab der Julia, die **Tomba di Giulietta** 14, im Kloster San Francesco (mit Freskemuseum; Di–So 9–19 Uhr.)

Weiter westlich steht **San Zeno Maggiore** 13, die zweite Lieblingskirche der Veroneser und eine der schönsten Kirchen Italiens überhaupt: ein klassisches Beispiel lombardischer Hochromanik. Auch sie besaß einen Vorgängerbau aus dem 5. Jh., über dem Grab des Stadtpatrons San Zeno, dessen Gebeine in der Krypta ruhen. Nur ein Jahr nach dem großen Erdbeben von 1117 wurde mit dem Neubau San Zenos begonnen, der bereits 1135 bis auf die großartig gegliederte Westfassade und den frei stehenden Glockenturm vollendet war. Weißer Tuff und rote Ziegel bilden seitdem die schöne Struktur der Kirchenfassade, die Doppelsäulchen des Kreuzganges stammen aus dem berühmten rosa Marmor von Sant'Ambrogio in der Valpolicella. (Mo–Sa 10–13, 13.30–16, So, feiertags 13–17 Uhr.)

Prunkstück und der größte Schatz der Kirche sind die herrlich gearbeiteten Bronzetüren (um 1100 und um 1200), die 21 Szenen aus dem Alten und 20 aus dem Neuen Testament sowie vier aus dem Leben des hl. Zeno zeigen. Lange Jahre restauriert, sind sie nun zum Schutz vor zu starker Sonneneinstrahlung innen angebracht. Am Hochaltar, dessen Predella-Bilder Napoleon nach Paris gebracht hatte, hängt eine »Madonna mit Heiligen« von Mantegna (1456–59) – die erste ›Botschaft‹ der Perspektive in Verona, mit dem größten Einfluss auf die so genannte Veroneser Malerei. Im linken Seitenschiff steht vor dem Chor die bemalte Marmorgestalt »San Zeno surride«, der 380 verstorbene, »lächelnde San Zeno«, dem diese schöne Kirche geweiht ist. Sein Lächeln, so die Veroneser, habe ihr freundliches Wesen bestimmt.

APT: Piazza Brà (in der Skaligermauer), 37121 Verona, Tel. 04 58 06 86 80, Fax 04 58 00 36 38, www.tourism.verona.it.
Weitere Informationsbüros: am Bahnhof sowie am Flughafen Valerio Catullo, während der Saison auch am Viale del Lavoro (Autobahnausfahrt Verona Süd).

Due Torri Hotel Baglioni 15: Piazza Sant'Anastasia 4, Tel. 045 59 50 44, Fax 04 58 00 41 30, www.baglionihotel.com. Das feinste Haus der Stadt in einem Palazzo des 13. Jh. gegenüber Sant'Anastasia mit 90 Zimmern und 9 Suiten, Einrichtung teilweise im Louis-XVI-Stil. Hier logierten so illustre Gäste wie Mozart, Goethe und Garibaldi; mit Behindertenzimmern, Garage, Parkplätzen; Superrestaurant L'Aquila mit verfeinerter lokaler Küche (Tel. 045 59 53 81). DZ mit Frühstück 360–440 €.
Verona 16: Corso Porta Nuova 47/49, Tel. 045 59 59 44, Fax 045 59 43 41, htlverona@tin.it. Renoviertes, enges Stadthotel zwischen Bahnhof und Altstadt mit 26 Zimmern und Parkplätzen; ohne Restaurant. DZ mit Frühstück 90–155 €.

Accademia 17: Via Scala 12, Tel. 045 59 62 22, Fax 04 58 00 84 40. Komfortables Altstadthotel nahe der Piazza Erbe mit 98 Zimmern, Restaurant sowie Parkplätzen. DZ mit Frühstück 55–230 €.

Ciopeta 18: Vicolo Teatro Filarmonico 2, Tel. 04 58 00 68 43, Fax 04 58 03 37 22, ciopeta@iol.it. Einfaches, ordentliches Stadthotel nahe der Piazza Brà (18 Zimmer, Restaurant). DZ mit Frühstück 45–70 €.

Jugendherbergen

Ostello dell Gioventù Villa Francescatti 19: Via Fontana del Ferro 15, Tel. 045 59 03 60, Fax 04 58 00 91 27.

Ostello della Gioventù Villa Santa Chiara 20: Via Santa Chiara 10, Tel. 045 59 78 07, Fax 04 58 00 91 27.

Case per ferie

Außerdem gibt es in und um Verona mehrere dieser meist von kirchlichen Organisationen geführten Häuser, in denen junge Leute preiswert übernachten können. Auskunft übers APT.

Camping

Campeggio Giulietta e Romeo 21: Strada Bresciana 54, Cà del Ebreo, Tel. 04 58 51 02 43, camping-verona@tin.it, März–Nov. Großer Campingplatz inmitten von Weingärten und Wiesen (zum Teil Fluglärm) an der SS 11 ca. 5 km westlich von Verona auf mehr als 32 000 m² Grund für rund 800 Pers.; mit guter Ausstattung. Stellplatz 12,40 €, p. P. 4,70 €.

Campeggio Castel San Pietro 22: Via Castel San Pietro 2, Tel./Fax 045 59 20 37, info@campingcastelsanpietro.com, Mitte Mai–Mitte Okt. Nur 6500 m² kleiner Platz oberhalb der Stadt auf dem San-Pietro-Hügel; max. 240 Pers. Preise auf Anfrage.

Veronas Restaurants sind sehr teuer, aber meist gut bis sehr gut. Preiswert sind noch immer viele der traditionellen *osterie* im Altstadtzentrum; es gibt auch einfache sowie feinere kleine Bars, die Kleinigkeiten zu essen anbieten. Achtung: Während der Opernfestpiele langfristig vorbestellen.

Bottega del Vino 23: Via Scudo di Francia 3, Tel. 04 58 00 45 35, Mi–Mo 9–15, 17.30–24, während der Opernsaison tgl. bis 4 Uhr geöffnet. Veronas vielleicht bester Weinkeller und *osteria* mit köstlichen Gerichten aus dem Veneto (mit teuren Menüs) und Kleinigkeiten an der Theke (preiswerter).

12 Apostoli 24: Vicolo Corticella San Marco 3, Tel. 045 59 69 99, Di–Sa mittags und abends, So nur abends geöffnet. Traditionsadresse im Altstadtzentrum in historischen, aber neu freskierten Gewölben; teures Feinschmeckerlokal mit veronesischen Spezialitäten.

Tre Marchetti 25: Vicolo Tre Marchetti 19/b, Tel. 04 58 03 04 63, unregelmäßige Ferienzeiten, Sept.–Juni Di–Sa mittags und abends, Mo nur abends, im Juli, Aug. Di–So geöffnet. Kleines, traditionelles Lokal nahe der Arena, das mehr als überteuert ist, aber seine Fans hat.

Arche 26: Via Arche Scaligere 6, Tel. 04 58 00 74 15, Mitte Jan.–Mitte Feb. geschl., Di–Sa mittags und abends, Mo nur abends geöffnet. Kleines, teures Toprestaurant mit wenigen Tischen im historischen Zentrum mit hervorragender Wein- und Destillate-Auswahl.

Locanda di Castelvecchio 27: Corso Cavour 49, Tel. 04 58 03 00 97, Mitte Juni–Anfang Juli geschl., Do–Mo mittags und abends, Mi nur abends geöffnet. Traditionelles, inzwischen preislich auf mittleres Verona-Niveau angehobenes Restaurant mit guter lokaler Küche (Spezialitäten: Braten und *bollito misto*) und angenehmen Plätzen im Freien.

Osteria Verona 28: Piazza Erbe 34, Tel. 04 58 03 08 88, Mi–Fr, Mo 10.30–24, Sa, So bis 2 Uhr geöffnet. Kleine, erst im Sommer 2001 von ›alten Hasen‹ in Sachen Veroneser Wein eröffnete *osteria* auf zwei Stockwerken direkt am Marktplatz; Weintheke mit stets frischen Häppchen im Erdgeschoss, darüber winziges Restaurantzimmer mit lokalen Spezialitäten, die es auch vor dem Lokal an den überdachten Piazzatischen gibt; sehr freundliche Atmosphäre und beste Weine der Gegend.

Al Carro Armato 29: im Geviert Vicolo Gatto 2/Via Due Stelle/Via San Pietro Martire, Tel. 04 58 03 01 75, Do–Di 11–2 Uhr geöffnet. Urige, bei jungen Leuten beliebte *osteria* mit einfacher Veroneser Küche und preiswerten lokalen Weinen.

Osteria Antica 30: Via Sottoriva 9, außer Mo 10–14/15, 17–24 Uhr geöffnet. Winzige, einfache *osteria* nahe der Etsch im nördlichen historischen Zentrum, mit Häppchen für den kleinen Hunger.

Break 31: Piazza Brà 20, Tel. 04 58 00 45 61, So–Fr 11.30–15, 18.30–22 Uhr geöffnet. Preiswerter Schnellimbiss an der großen Arena-Piazza mit den besten italienischen und veronesischen Spezialitäten, besonders für den ›schnellen Hunger‹ und für Familien mit Kindern geeignet; auch Tische im Freien auf der Piazza.

Jährlich erscheint der Führer **Verona Guida allo Shopping in Centro Storico** mit Kurzbeschreibung der besten Adressen (ital./engl.). Doch eigentlich benötigt man diesen nicht, wenn man zum Einkaufsbummel in die einladende Fußgängerzone geht. Hier findet man sowohl ganz feine als auch relativ normalpreisige Boutiquen und sogar ein gutes Kaufhaus an der Ecke zur Piazza delle Erbe. Die feinste Einkaufsstraße ist die **Via Mazzini** zwischen Piazza Brà und Piazza delle Erbe, wohin ohnehin alle pilgern. Da fehlen weder Cartier noch Fiorucci noch Al Duca d'Aosta für Damen und Herren (getrennte Geschäfte). Wer sich vorab genauer informieren will, findet alles im Internet unter **www.veronashopping.it.**

Märkte: An erster Stelle muss natürlich der Markt auf der Piazza delle Erbe (tgl.

außer So, feiertags) genannt werden: Ursprünglich ein Obst- und Gemüsemarkt, inzwischen auch mit den üblichen Souvenirs. Nach der Renovierung der Buden haben diese wieder Zeltdächer bekommen.

Andere gemischte Märkte:

Di: San Zeno, San Massimo, Borgo Venezia und Piazza Isolo.

Mi: Borgo Trento, Ponte Crencano und Porta Vescovo.

Do: Golosine, Parona, San Michele und Santa Lucia.

Fr: Porta Vescovo, Saval, San Zeno und Volto San Luca.

Sa: Quartiere Stadio (Stadium).

Jeden dritten Samstag findet auf der Piazza San Zeno ein gut besuchter **Antiquitätenmarkt** statt (mit Kunsthandwerk).

In Verona gibt es zahlreiche Kinos, außerdem mehrere Pianobars (vor allem in den Nobelhotels), Diskotheken und Karaokelokale. Informationen über

Opernfestspiele in der Arena (Aida)

die wechselnden Programme beim Verkehrsamt (s. o.).

Opernfestspiele: Ende Juni–Anfang Sept., Tel. 04 58 00 51 51, Fax 04 58 01 32 87, www.arena.it.
Die **winterliche Konzertsaison** genießen eher die Experten, die ein großes konzertantes Programm (Stagione sinfonica) erwartet, zum Beispiel im Teatro Filarmonico (Tel. 04 58 00 28 80). Im Winter finden in der Arena **Jazzveranstaltungen** statt. Außerdem ist Verona eine bedeutende Messestadt. Die international relevanteste Messe dürfte **Vinitaly** sein, die Weinmesse (meist Mitte April, Infos unter www.veronafiere.it), während der in Verona und weitem Umkreis kein Hotelzimmer zu bekommen ist, auch am Gardasee.
Im April finden **Filmfestspiele** statt.

Die **Faschingszeit** wird mit einem langen Umzug und verschiedenen Stadtteilfesten begangen.

Dez.: große **Krippenausstellung** in der Arena, ringsum stehen die Buden des **Weihnachtsmarktes.**

Golf: Zwei Plätze befinden sich in der Nähe Veronas: Ca' degli Ulivi bei Corstermano am Gardasee (s. auch S. 97), Tel. 04 56 27 90 30. 18-Loch-Platz. Verona Golf Club, Sommacampagna bei Verona, Tel. 045 51 00 60.18-Loch-Platz.

Flughafen Valerio Catullo: bei Villafranca, 14 km vom Zentrum entfernt. Mehrmals tgl. Flugverbindungen mit deutschen Flughäfen (Air Dolomiti, Tel. 04 58 09 56 66). Busverbindungen in die Stadt/Air Terminal am Bahnhof Verona Porta Nuova (AMT-Busse der Azienda Municipale Trasporti, s. u.).
Bahnhof: südl. des historischen Zentrums, gute Busanbindung (Nr. 11, 12, 13), aber auch zu Fuß über den Corso Nuovo in ca. 15 Min. erreichbar. Gute Anbindung Veronas an die anderen Städte Oberitaliens im Stundentakt; Verona liegt an der EC-Strecke München–Bozen–Bologna. Auskunft (7–21 Uhr): Tel. 848 88 80 88.
Busse: AMT-Busse (Tel. 045 80 59 11 11) verkehren in dichter Folge vom Bahnhof zum Zentrum sowie rings um den historischen Kern, der zum großen Teil den Fußgängern vorbehalten ist. Wichtige Umsteigepunkte sind: Bahnhof/Piazza Stazione F.S., San Luca, Castelvecchio, Piazza Isolo, San Fermo, Ospedale Maggiore und Porta Vescovo.
In die Provinz fahren die Busse des APT (Azienda Provinciale Trasporti, Tel. 04 58 05 79 11-912) in dichter Folge (ca. halbstündl.). Abfahrt vom Bahnhof zum Gardasee: Nr. 62–64 Ostufer nach Lazise und weiter am nördlichen Ostufer entlang nach Nordwesten bzw. bis Riva; Nr. 81 nach Sirmione und Desenzano.

famila

Der Süden

Dolcefarniente
in Sirmione

Gardasee-Atlas S. 236–237

VON PESCHIERA NACH DESENZANO

Die Garnisonsstadt Peschiera wie das touristisch vermarktete Sirmione fallen durch ihre Insellage auf. Desenzano dagegen öffnet sich weit dem See, ist eine lebhafte Stadt voller Schulen und Geschäfte. Allen drei Orten bietet das leicht gewellte Hinterland schönste Ausflugsmöglichkeiten sowie gute Weine und kulinarische Adressen von hoher Qualität.

Peschiera del Garda

Gardasee-Atlas: S. 237, D/E 3
Peschiera, die letzte Bastion des Veroneser Ufers vor dem Brescianer Teil des Gardasees, lohnt allein schon wegen seiner monumentalen venezianisch-österreichischen Festungen einen Besuch. Der richtige Tag dafür, falls man die Parkplatzsuche nicht scheut oder – besser noch – mit dem Boot anreist, ist der Montag, der einen bunten, nach gebackenen Sardinen duftenden Markt zwischen Festung und Altstadt bietet. Sonst ist die knapp 9000 Einwohner zählende Stadt recht monoton, trotz einer Fußgängerzone, die sich anscheinend nur recht mühsam beleben lässt.

Arilica nannten die Römer ihre Festung an der strategisch wichtigen Position, die – durch die Lage an der Via Gallia und des bis zum Po schiffbaren Mincio – die Verbindung zur Adria gewährleistete. Von ihr sowie von den Bauten der Nachfolger, Berengar I., Kaiser Friedrich Barbarossa und den Skaligern, ist nichts übrig geblieben. 1387 eroberte der Visconti Gian Galeazzo Peschiera und baute weiter südlich am Mincio einen wichtigen Damm (s. S. 149). Nach langem Hin und Her ging die Festungsstadt 1516 wieder an Venedig, das ab 1550 seine monströsen Bastionen nach Plänen des großen Festungsbaumeisters Michele Sanmicheli errichtete. Doch erst mit Napoleon kamen Kasematten und von Kanälen umspülte und beschützte Wälle ringsum hinzu. Diese wurden von den Österreichern nochmals verstärkt, und schließlich zogen italienische Soldaten ein.

Die Altstadt auf einer Insel in einer Gardasee-Ausbuchtung wird quasi vom Mincio durchflossen, der hier seinen Lauf nach Süden beginnt. Der **Canale di Mezzo** nördlich der Altstadt trennt diese vom öffentlichen **Parco Catullo,** dahinter liegt die dritte bewohnte Insel Peschieras. Alle drei sind durch Straßenbrücken miteinander verbunden. Eine vierte kleine Insel liegt wie ein kleines Schiff im Mincio östlich der beiden erstgenannten Inseln.

Man fährt von Südosten zur ›Hauptinsel‹ mit der Altstadt durch ein trutziges Tor, hat von Osten kommend rechts den Gardasee und links den schmalen Kanalhafen mit einer Art Wehr vor seiner Einmündung in den Fluss. Die zum Teil begehbaren, rund 2 km langen Wälle bieten ebenso wie die Bastionen einen schönen Rundblick.

In der aufpolierten Fußgängerzone der Via Dante und ihrer Umgebung haben sich kleine Geschäfte herausgeputzt. Und am **Canale di Mezzo** schieben die an sich einfachen Restaurants und Pizzerien bei schönem Wetter ihre Tische ganz nahe ans Wasser – ein angenehmes Plätzchen zum Verweilen.

APT: Piazzale Betteloni 15, 37019 Peschiera, Tel. 04 57 55 16 73, Fax 04 57 55 03 81, peschiera@aptgardaveneto.com, sonst über Garda/Riviera degli Olivi, www.aptgardaveneto.com (s. S. 217).

Bell'Arivo: Piazzetta Benacense 2, Tel. 04 56 40 13 22, Fax 04 56 40 13 11, www.hotelbellarrivo.it, Feb.–Dez. Zentral am Kanalhafen, aber auch an der viel befahrenen Brücke stehendes, freundliches Hotel ohne Restaurant, innen fast postmodern und luftig; mit 27 Zimmern. DZ mit Frühstück 70–166 €.

Fornaci: 37010 San Benedetto di Lugana, Località Fornaci 12, Tel. 04 57 55 07 49, Fax 04 57 55 14 52, März–Okt. Freundliches Hotel am westl. Stadtrand mit Restaurant im Garten (Spezialität: Seefischgerichte) und 23 Zimmern, davon einige mit Seeblick. DZ mit Frühstück 65–85 €.

Camping

Bergamini: 37010 San Benedetto di Lugana, Località Porto Bergamini, Tel./Fax

Im Hafen von Peschiera del Garda

04 57 55 02 83, Saisonbetrieb. Komfortabler Platz mit Bungalows und großem Pool am nordwestl. Ortsrand. Stellplatz ab 7 €, p. P. ab 4 €, Bungalow ab 20 €.

Peschiera ist eine erfreulich preiswerte Stadt, zumindest was die Restaurants angeht. Dafür kann man aber auch keine besonderen kulinarischen Erlebnisse erwarten.

Il Cantinone: Via Galilei 14, Tel. 04 57 55 11 62, Di. Ruhetag, im Sommer meist nur abends, sonst mittags und abends geöffnet. Kleines Lokal mit rückwärtigem Garten; Seefische und Rindfleischgerichte sind hier die etwas teureren Spezialitäten, es gibt jedoch auch preiswerte Mittagsmenüs.

Al Canal: Canale di Mezzo/Via Fontana 3/5, Tel. 04 57 55 27 70, Do–Di mittags und abends geöffnet. Restaurant mit Pizzeria direkt am Kanal, einfach, mit Tischen im Freien; preiswert bis mittelpreisig, je nachdem, ob man Pizza bestellt oder ein Menü.

La Vela: Canale di Mezzo/ Via Otello, Tel. 04 57 55 35 71, Fr–Mi mittags und abends geöffnet. Pizzeria, Gelateria, Bar und Paninoteca in einem; einfach und preiswert, mit Tischen direkt am Kanal.

In der Fußgängerzone rund um die Via Dante findet man nette bis teure Auslagen für Mode und Schmuck; auch eine sehr gute, traditionelle Bäckerei-Konditorei (Panificio Brizzolari).

Wassersport: Der örtliche **Segelverein** bietet auch spezielle Kurse für Jugendliche an: Fraglia della Vela, Punta Marina, Tel. 04 57 55 07 27.

Yacht Club del Garda, Tel. 04 56 40 05 36.

Tauchkurse auch für Behinderte und **Kanus** für den Mincio. Touren.

Garda Diving Center, c/o Camping San Benedetto, Via Bergamini 14, Tel. 04 57 55 05 44.

Veronas **Flughafen** (s. S. 213) ist ca. 20 km von Peschiera entfernt.

Boote: Navigarda-Boote fahren Peschiera im Sommer regelmäßig an.

Bahn: Die Zugverbindungen nach Osten bis Venedig sowie nach Westen bis Mailand sind gut (ca. stündl.); man kann also durchaus einen Tagesausflug einplanen.

Busse: Verbindungen zwischen Verona und Brescia über Peschiera sowie Sirmione und Desenzano in dichter Folge. Um an die östlichen Seeorte zu gelangen, kann man in Peschiera/Bahnhof den Bus nach Riva nehmen; für die westl. Seeorte muss man in Desenzano umsteigen.

Madonna del Frássino

Gardasee-Atlas: S. 237, D 3

Südlich von Peschiera liegt gleich jenseits der Autobahn (von der großen, unüberschaubaren Kreuzung an der Straße nach Sirmione nach links ausgeschildert) das **Santuario Madonna del Frássino,** ein beliebter Wallfahrtsort zur wundertätigen »Madonna der Esche«. Anstelle der Esche stand bereits 1514 eine große Wallfahrtskirche, die bis ins 20. Jh. hinein immer wieder verändert wurde. An der Fassade der Vorhalle ist das Wunder der Madonnen-Erscheinung in der Esche am 11. Mai 1510 dargestellt, zu ihren Füßen der Bauernjunge, links die Schlange, die ihn zu Tode beißen wollte, aber angesichts der Madonna floh. – In der Kirche sind ein paar bedeutende Kunstwerke erhalten geblieben, u. a. Tafelbilder von Paolo Farinati (ca. 1560), der als einer der besten Veroneser Maler seiner Zeit gilt und ein Freund Paolo Veroneses war. (6.20–12, 14.30–19.30 Uhr.)

Sirmione

Gardasee-Atlas: S. 236, C 1
»Perle des Gardasees«, »Geliebte des Catull« – Beinamen, die Sirmione trotz der Touristenströme gut stehen. Dem engen Konglomerat an mittelalterlichen Steinhäusern, von der trutzigen Skaligerburg beschützt, konnte kein Rummel etwas anhaben. Der Lage der mehr als 3,5 km weit in den See reichenden, schmalen Halbinsel mit dem Städtchen und dem winzigen Eiland erst recht nicht. Und noch immer gedeihen Ölbäume auf dem Mavino-Hügel zwischen dem historischen Altstadtkern und den so genannten Grotten des Catull. Nur vom See her hat die Silhouette Sirmiones ein wenig gelitten: Die Hotels und Restaurants gleichen sich in ihrer meist fantasielosen Architektur allzu sehr ... Viele der Hotels stehen sogar im historischen Zentrum, direkt am See, und sind in den letzten Jahren auf

Die Skaligerburg von Sirmione ist für viele die schönste am Gardasee

Sirmione besticht nicht nur durch seine einzigartige Lage

modernen bis modernsten Standard gebracht worden.

Sirmione ist ein teures, teilweise sogar sehr teures Pflaster. Im Vorort Colombare am Beginn der Halbinsel findet man jedoch zahllose Ferienwohnungen und Campingplätze, alles in allem also die preiswertere Urlaubsvariante. Ein Kurort ist Sirmione außerdem: Seine Boiola-Quelle speist eine Therme, deren Abteilung für Ohrenheilkunde (auch Lungen- und Hautkrankheiten) fast schon Weltruhm genießt. Keine Frage: Der einstige Fischerort Sirmione mit seinen rund 5600 Einwohnern (nur knapp 300 im historischen Kern) lebt heute vom Tourismus, ausgelöst durch die 1889 wieder entdeckte und neu gefasste Thermalquelle.

Ob der Ort etruskischen Ursprungs ist, gilt nicht als gesichert. Jedenfalls war er unter den Römern so bedeutend, dass sich am Südende der Insel zwei befestigte Häfen (Ost- und Westhafen) und an der nördlichen Spitze eine große Villa oder ein Militärlager befanden. Dazwischen lagen kleinere Villen als Sommerfrische reicher Familien aus Verona und Brescia. Der römische Dichter Gaius Valerius Catullus (87–54 v. Chr.), der sich hier gerne auf dem Landsitz seiner Familie aufhielt, besang den Ort mit den schönsten Versen wie »Oh herrliches Sirmione, Perle der Halbinseln und Inseln …«. Mehrere römische Inschriften wurden südlich des Cortine-Hügels gefunden wie Votivsteine, ein Säulenstumpf und ein Mei-

Trubel meiden

Wenn möglich, sollte man Sirmione an Frühlings- und Herbstwochenenden sowie während der Sommermonate meiden, weil dann das Städtchen eigentlich wegen Überfüllung schließen müsste …

lenstein. Auf dem Hügel selbst wurden auch byzantinische und langobardische Funde gemacht, die von inzwischen längst verschwundenen Kirchen und Klöstern zeugen.

Im 13. Jh. übernahmen die Skaliger Sirmione und bauten die römischen Befestigungen um: den Osthafen zur Skaligerburg, den Westhafen zum großen Platz (heute Piazza Carducci). 1404 unterwarf sich Sirmione Venedig und blieb venezianisch, bis es mit der Einigung Italiens zur lombardischen Provinz Brescia kam, während es kirchlich noch immer der (venetischen) Diözese von Verona angehört.

Fast 3 km fährt oder läuft man (was sich ganz schön hinziehen kann!) von Colombare auf der engen Halbinsel nach Norden. Entlang alter und neue-

Lido delle Grotte
Garda-see
5
V. Caio Valerio Catullo
Piazza Orti Manara
8
Lido delle Bionde
3
4
Via C. Arici
V.le Gennari
Parco M. Callas
Via San Pietro in Mavino
10
Passeggiata delle Muse
Via Punta Staffalo
V.C.V. Catullo
6
Thermal-bad
Piazza D. A. Piatti
V. Re Desiderio
Parco Pubblico
Via G. Piana
Via Vittorio Emanuele
18
11
2
16
12
9
19
17
1
Piazza Carducci
S. Anna d. Rocca
Piazzale Porto
V.le Marconi
Polizei
P
N
0
300 m
7 13 14 15
SIRMIONE

rer Villen, in denen sich vielfach Hotels oder Pensionen eingenistet haben, vorbei am großen Parkplatz, der freitags einer Unmenge Marktständen Platz bietet. Kurz vor der Skaligerburg steht linker Hand der Pavillon der rührigen Touristeninformation. Hier endet auch die Fahrt für alle Fahrzeuge, die keine Sondergenehmigung haben.

Von der Skaligerburg zur Pfarrkirche

Für Anreisende mit dem Boot dürfte schon das Annähern an Sirmione ein Ereignis sein. Oft liegt der See im leichten Dunst, seine Ufer verschwimmen – denn dort, wo die schmale Halbinsel wie eine Kobra mit ihrem dicken Kopf aus dem Wasser ragt, ist der See am breitesten. Dann taucht ganz zart die verschleierte Silhouette auf: die *rocca* mit ihrem hohen *mastio,* die Grotten des Catull, weiß strahlend ihr kalkiger Fels. Hinter den Grotten erhebt sich der mit Zedern und Zypressen bestandene Hügel der Villa Cortine, der sich fast schwarz am Horizont absetzt. Akzente setzt noch der klobige Glockenturm der Pfarrkirche zwischen Skaligerburg und Cortine-Hügel.

Mittelpunkt des historischen Zentrums ist die weite **Piazza Carducci,** auf der zahlreiche Cafétische zum Verweilen einladen und wo die Boote der Navigarda anlanden. Als Erstes steht die **Skaligerburg** 1 auf dem Programm, mit dem Auf und Ab ihrer Türme und Mauern, von zierlichen Schwalbenschwanzzinnen bekrönt. Man sollte schon gut zu Fuß sein, um überall herumklettern und die herrlichen Einblicke und Ausblicke genießen zu können. Die Wasserburg steht auf der südöstlichen Seite der Insel, der größte ihrer stark befestigten Höfe diente als Hafen. Zwei Zugbrücken verbinden die Festung mit der Insel bzw. Halbinsel. (Im Sommer Di–So 9–19, im Winter 8.30–16.30 Uhr; ändert sich häufig.)

Man betritt heute das besterhaltene Kastell der Skaliger (und eines der besterhaltenen Italiens überhaupt) durch das mit Wappen geschmückte Tor der doppelten, mit zwei Wachttürmen abgegrenzten Westmauer. Der einzige größere Raum beherbergt ein kleines

Sehenswürdigkeiten

1 Skaligerburg
2 Santa Maria Maggiore
3 Lido delle Bionde
4 San Pietro in Mavino
5 Grotten des Catull

Unterkünfte

6 Villa Cortine Palace
7 Villa Pioppi
8 Ideal
9 Flaminia
10 Meridiana
11 Corte Regina
12 Oleandri
13 Camping Garda Village
14 Camping Villaggio Tiglio

Essen und Trinken

15 Vecchia Lugana
16 La Rucola
17 Risorgimento
18 San Salvatore
19 Cheese and Drinks

Eisdielen ohne Ende

Die Flaniermeile mitten durch das historische Zentrum Sirmiones ist flankiert von immensen Eistheken – alle mit leckerem, leider teurem Eis. Noch mehr kosten die Eiskugeln in den Cafés an der zentralen Piazza vor der Schiffsanlegestelle.

Museum mit römischen und ein paar mittelalterlichen Funden aus Sirmione. Der höchste Turm ist der 47 m hohe, nur von den Wehrgängen über eine Zugbrücke zugängliche *mastio* im großen Hof: außen heiter, romantisch geradezu, innen finsterstes Mittelalter, bis zu den Zähnen bewaffnet und verteidigungsbereit. Dieser Burgfried diente nicht nur zum Schutz vor äußeren Feinden, sondern durchaus auch vor den Bewohnern des Ortes selbst.

Von der Piazza Castello gesehen liegt parallel dazu die Piazza Carducci mit dem Hafen, umgeben von Hotels und Restaurants. Vom Platz zieht sich die feine und recht teure Einkaufsmeile Via Vittorio Emanuele als Hauptachse nach Norden. Mehrere Seitengassen führen direkt zum See, die mittelalterlich verwinkelten auf der anderen Seite zur Pfarrkirche. Eine nette Alternative zu der meist überfüllten Hauptachse ist die Via Dante, die im Norden der Skaligerburg beginnt und zwischen schön restaurierten, kleineren Steinhäusern direkt auf die Südpforte der Pfarrkirche **Santa Maria Maggiore** 2 führt. Fast rührend schön ist der zarte Backsteinfries aus gotischen Dreipäs-

Süße ›Eisberge‹ säumen die Hauptstraße in Sirmione

sen, der die Außenmauern unter dem Dach der Kirche ziert. Wahrscheinlich stand vorher an dieser Stelle schon ein langobardischer Kirchenbau, bevor im ausgehenden 15. Jh. die heutige Pfarrkirche erbaut wurde. Innen wurde sie im 18. Jh. barockisiert, ihr Hauptaltar im tiefen gotischen Chorraum ist ganz aus Marmorintarsien gearbeitet mit hellen Säulen und vorspringendem Gesims. Eine wunderschöne Schnitzarbeit ist die ebenfalls barocke Orgel an der Westwand, mit ein paar Freskenresten darüber, die wie die anderen dieser Kirche aus dem 15. Jh. stammen. An der Südwand gleich beim Eingang hängt das künstlerisch wertvollste, ein abgenommenes Fresko, das eine Kreuzigungsszene zeigt. Verlässt man die Pfarrkirche an ihrer Westseite, sollte ein Blick noch der hübschen Säulenvorhalle gelten. Eine der Stützen soll römischen Ursprungs sein.

Vom »Strand der Blondinen« bis zu den Grotten des Catull

Um den Glockenturm herum stößt man auf die Via Antiche Mura, die zum hübsch gestalteten Stadtpark führt. Der Spaziergang durch den Park kann im Sommer eine Labung sein. Danach der Via Catullo bis zu den Grotten des Catull folgen. Oder am östlichen Seeufer, das zu Recht »Passeggiata Panoramica« genannt wird, nach Norden gehen und in der Ferne das imposant-schöne Massiv des Monte Baldo genießen ... Im dichten Park des **Cortine-Hügels** mit seiner berühmten Villa (s. Hotels S. 139) wachsen uralte Steineichen, Zypressen, Pinien und Akazien.

Gleich hinter der schwefelbromjodhaltigen **Boiola-Quelle,** die sich hier verschwenderisch in den See ergießt (Vorsicht: 70 °C heiß!), ragt der lange Badesteg des **Lido delle Bionde** 3, der »Strand der Blondinen«, in den See hinein, der offizielle, schmale Badestrand von Sirmione. In herrlicher Lage zu Füßen der Grotten des Catull auf ihren weißen, steilen, wenn auch nicht sehr hohen Felsen.

Steigt man kurz vor dem schmalen, kiesigen Badestrand in den schattigen Stadtpark hoch, tauchen bald die Hinweise zur Kirche **San Pietro in Mavino** 4 auf, das kunsthistorische Kleinod Sirmiones schlechthin. Sie wurde vom Denkmalamt der Lombardei zu einem Gesamtkunstwerk erklärt – mitsamt Olivenhain und Zypressen. Die Lage des geduckten romanischen Kirchleins auf dem kleinen Mavino-Hügel mitten im Olivenhain ist zauberhaft. Wer Stille sucht, wird sie hier fast immer finden. An der Campana dei Caduti, der »Glocke für die Gefallenen« vorbei, erreicht man die Westfassade der kleinen Kirche, die 765 von langobardischen Mönchen errichtet, im 11./12. Jh. erweitert (Glockenturm und Dreikonchenchor) und im 14.–16. Jh. mit Fresken ausgemalt wurde. Betritt man das einschiffige Gotteshaus durch das bescheidene Portal (fast immer geöffnet), schaut man direkt auf die Fresken der drei Apsiden, magisch angezogen vom Christus in der Mandorla: »Christus Pantokrator«, der Weltenrichter, ganz der byzantinischen Tradition verhaftet. Das Fresko der linken Apside zeigt eine »Thronende Madonna«, das der rechten eine Kreuzi-

An der Spitze der Halbinsel liegen die Grotten des Catull

gungsszene. Alle Fresken sind in kräftigen Farben wunderbar aufeinander abgestimmt.

Der dritte Hügel und damit auch die so genannten **Grotten des Catull** 5 sind nun über die schmale Via San Pietro und die breite Via Catullo zu erreichen. Die viel zu groß geratene Piazza Orti Manara ist Endstation einer bunten Bimmelbahn. Ganz gleich, welche Funktion die Grotten einst hatten, eine schönere Lage hätten die Römer kaum wählen können, um diese wuchtige Anlage, die größte ihrer Art in ganz Italien, zu bauen. Auf ein Militärlager tippen die einen, wegen der hohen Untergeschosse; Unterbau für eine prunkvolle Landvilla, meinen die anderen. Ganz sicher jedoch war es nicht die Villa Catulls, denn der römische Dichter war zur Zeit der Gründung (150 n. Chr.) bereits 200 Jahre tot. Er wurde erst posthum wegen seiner Poesie berühmt. Allein die Lage der Grotten auf den weißen Klippen über dem ringsum smaragdgrünen See sowie ihre Größe (auf mehr als 20 000 m^2 Fläche) sind beeindruckend. Das silberne Glitzern der Olivenblätter und der intensive Duft der mächtigen Rosmarinhecken, der kleinen rosafarbenen Origanokissen an den Hängen sowie der Minze, auf die man ungeachtet tritt, runden das Bild ab.

Meist tragen die einzelnen Ruinenteile Fantasienamen: Sala dei Giganti, »Saal der Riesen«, Piscina, »Schwimmbecken« oder »Becken«, wohl das *calidarium* der Therme, die von der bereits bei den Römern genutzten Boiola-Quelle gespeist wurde. Der Kryptoportikus, vielleicht sogar etruskischen Ursprungs, ist eine 158 m lange, nur zum Teil wieder aufgerichtete Wandelhalle (oft geschl.), die auch bei weniger schönem Wetter oder gleißender Sonne ›Auslauf‹ ermöglichte (oder Lagerraum war?). Im kleinen **Museum** nahe dem Ausgang sind dekorative Fundstücke ausgestellt, die zeigen, wie gut man es sich hier gehen ließ … (März–Mitte Okt. Di–So 8.30–19, Mitte Okt.–Feb. Di–So 8.30–16.30 Uhr.)

APT: Via Marconi 8, 25019 Sirmione, Tel. 030 91 62 45, Fax 030 91 62 22; im Sommer auch im Vorort Colombare, Tel. 030 91 93 22.

Villa Cortine Palace [6]: Via Grotte 12, Tel. 03 09 90 58 90, Fax 030 91 63 90, www.hotelvillacortine.com, Ostern–Okt. Das Paradehaus Sirmiones in einem herrlichen Park auf dem Cortine-Hügel, Ruhe und Luxus pur in großartigen Räumen (52 Zimmer und 2 Suiten), die viele berühmte Persönlichkeiten beherbergten; mit beheizbarem Pool, Tennisplätzen, eigenem Badesteg und Grillbar am See, Parkplätze; im sehr feinen Restaurant wird man mit perfekt zubereiteten, meist italienischen Spezialitäten verwöhnt; Cocktailbar. DZ mit Frühstück 350–400 €.

Villa Pioppi [7]: Via XXV Aprile 76, Tel./Fax 03 09 90 41 19, Jan.–Nov. Kleines, erst 2001 eröffnetes Hotel in einer hübschen Villa von 1930 auf herrlichem Seegrund zwischen Colombare und dem historischen Kern Sirmiones; im Sommer dient der Park als Liegeplatz für das angeschlossene *bagno*, das Strandbad, es kann also tagsüber etwas laut werden; vorerst nur 7 unterschiedliche, nicht pompös eingerichtete Zimmer, ein paar weitere sollen im Nebengebäude entstehen; kein Restaurant, nur Barbetrieb. DZ mit Frühstück 105–130 €.

Ideal [8]: Via Catullo 31, Tel./Fax 03 09 90 42 45, April–Okt. Freundliches, familiär geführtes, renoviertes Hotel in einem großen Garten mit Privatzugang zum See, ruhig kurz vor den Grotten des Catull, Parkplatz und Garage, Restaurant nur für die Hausgäste; 33 Zimmer, 2 Suiten. DZ mit Frühstück 90–120 €.

Flaminia [9]: Piazza Flaminia 8, Tel. 03 09 16 70 78, Fax 030 91 61 93, www.hotelflaminia.com, ganzjährig geöffnet. Nüchtern wirkendes und doch 1994 neu liebevoll umgestaltetes Designerhotel am See, ohne Restaurant (das vorzügliche Signori nebenan gehört zum selben Besitz); mit Liegeterrasse; 43 lichtdurchflutete Zimmer, orientalisch, chinesisch, balinesisch dekoriert. DZ mit Frühstück 85–130 €.

Meridiana [10]: Via Catullo 5, Tel. 030 91 61 62, Fax 030 91 62 14, www.meridianahotel.net, ganzjährig geöffnet. Freundlicher Familienbetrieb, der 2000 total neu aufgebaut wurde um einen Innenhof herum auf dem Weg zu den Grotten Catulls, mit Sonnenterrasse im Obergeschoss und nur 21 komfortablen Zimmern, davon einige Familienzimmer für 3–4 Pers. sowie zwei behindertengerecht; einige Bäder mit Hydromassage, alle Zimmer mit SAT-TV, Safe etc.; ohne Restaurant. DZ mit Frühstück 85–100 €.

Corte Regina [11]: Via Antiche Mura 11, Tel./Fax 030 91 61 47, lorenzoronchi@libero.it, Mitte März–Okt. Einfaches, aber gepflegtes kleines Hotel mit nur 14 Zimmern, davon einige für Familien (bis zu 4 Pers.) geeignet, nahe dem Skaligerkastell, dennoch mit einigen Parkplätzen; Restaurant mit traditionellen Gerichten. DZ mit Frühstück 60–90 €.

Oleandri [12]: Via Dante 31, Tel. 03 09 90 57 80, www.hoteloleandri.it, April–Ende Okt. Fein herausgeputztes, familiär geführtes kleines Hotel zwischen Skaligerburg und Pfarrkirche in einem Haus aus dem 15. Jh.; mit kleinem Restaurant (gute lokale Küche); vorerst 20 Zimmer. DZ mit Frühstück 60–65 €.

Camping/Feriendorf

Garda Village 13: westl. Colombare, Tel. 03 09 90 45 52, Fax 03 09 90 45 60, www.gardavillage.it, März–Ende Okt. Riesiger Platz mit Bungalows direkt am See mit jedem Komfort, behindertengerecht, mit vielen Wassersportmöglichkeiten. Bungalow für 2 Pers. 47–130 €.

Camping Villaggio Tiglio 14: Via Punta Grò 6, Tel. 03 09 90 40 09, Saisonbetrieb. An der östl. von Sirmione am See gelegenen Punta Grò, durch einen Schilfgürtel vom Kiesstrand getrennt, unter hohen Laubbäumen gelegener Platz mit Freizeiteinrichtungen und Wassersportmöglichkeiten; schöner Platz unter deutsch-ital. Leitung, aber ohne Einzelwaschkabinen. Stellplatz 11 €, p. P. 6 €, je Bungalow 21 €.

Sirmiones Restaurants gehören fast durchweg der teuren Kategorie an. Wer Preiswertes sucht, findet in der Einkaufszone Cafés und Bars, in denen man auch Pizza am Stück, *panini* oder Eis bekommen kann.

Vecchia Lugana 15: Lugana di Sirmione, Piazzale Vecchia Lugana 1, Tel. 03 09 19 60 23, Jan.–Mitte Feb. geschl, im Nov. nur Fr abends sowie Sa, So, sonst Mi–So mittags und abends geöffnet. Eine der berühmtesten und teuersten Adressen des Gardasees, von Michelin besternt, mit großartiger Terrasse am See, aus dem die verfeinerten Fischspezialitäten stammen, aber auch wunderschönen, rustikal-eleganten Innenräumen an der Landstraße Peschiera–Sirmione.

La Rucola 16: Vicolo Strentelle 3, Tel. 030 91 63 26, Jan.–Mitte Feb. geschl., Sa–Mi mittags und abends, Fr nur abends geöffnet. Feinstes Restaurant des historischen Zentrums von Sirmione in exzessiv dekorierten Räumen mit kreativer Küche.

Risorgimento 17: Piazza Carducci 8, Tel. 030 91 63 25, Mitte Feb.–Mitte Nov. Mi–Mo, Juli–Sept. tgl. mittags und abends geöffnet. Beliebtes Terrassenrestaurant auf dem schönen Hauptplatz der Altstadt, für Sirmione gar nicht mal so teuer …

San Salvatore 18: Via San Salvatore 5, Tel. 030 91 62 48, Mitte Nov.–Jan. geschl., Do–Di mittags und abends geöffnet. Alteingeführtes Terrassenrestaurant am Ende der Einkaufsmeile mit Spezialitäten der Region; teuer bei Meeresfischgerichten.

Cheese and Drinks 19: Piazzetta Mosaici 6. Winzige Bar in einer historischen Ölmühle; nur Kleinigkeiten zu essen.

Die Einkaufsmeile beginnt am Skaligerkastell und zieht sich jeweils zu den Plätzen Richtung See hin. Meist sehr elegante und sehr teure Auslagen; entlang der Hauptgasse findet man jedoch auch die üblichen Souvenirgeschäfte.

Sowohl Diskotheken als auch gute Nachtbars fehlen inzwischen in Sirmione bzw. sind geschlossen. Einen Ausweg bieten die meist angenehmen Bars der luxuriöseren Hotels.

Alle Arten von Wassersport können in Sirmione fast rund um die Halbinsel getrieben werden:

Bootsservice: Cantiere Bisoli, s. Wasserski S. 141; Darsena Yacht Club, Via San D'Acquisto 15, Tel. 03 09 90 40 61.

Kajak/Kanu: s. Centro Surf Sirmione und Surf Martini.

Paddelboote: Lido delle Bionde, Lido Porto Galeazzi, Lido Brema.

Rad- und Scooterverleih: Bar Chocolat, Via Colombare, Tel. 03 09 90 52 97. Fahrradverleih.

Adventure Sprint, Via Brescia 9, Tel. 030 91 90 00. Fahrrad-, Scooter- und Motorradverleih.

Sirmio Tourist Service, Piazza Campiello, Tel. 030 91 92 80.

Schlittschuhlaufen: Pista di Pattinaggio, Via Verona, Località Lugana.

Segeln: s. Centro Surf Sirmione. Lido delle Bionde und Punta Grò (Verleih).
Surfen: Centro Surf Martini, Lido Porto Galeazzi, Tel. 030 91 62 08. Schule und Verleih.
Centro Surf Sirmione, Lido Brema, Tel. 033 86 24 36 50. Schule und Verleih.
Tennis: Lungolago Diaz, Tel. 033 87 42 33 05.
Polisportivo, Località Brema, Colombare, Tel. 03 09 19 64 18.
Wasserski: Bisoli, Via XXV Aprile 29, Tel. 030 91 60 88. Schule.
Minozzi, Lido Porto Galeazzi, Colombare. Schule und Verleih.
Motoscafisti, Piazzale Porto, Piazzale Monte Baldo, Punta Grò. Verleih.

Bootsverbindungen mit den anderen Seeorten von Ostern bis Ende Okt. Im Hochsommer sowie zu Neujahr auch nächtliche Bootsfahrten mit Musik und Abendessen.

Busse: Nach Colombare bzw. zur Hauptstraße im Süden des Sees ist die Anbindung vom Parkplatz nahe dem Informationsbüro je nach Jahreszeit gut; schwieriger, weil mit Umsteigen verbunden, ist die Fahrt an die anderen Seeorte. Etwa halbstündliche Verbindung über Peschiera nach Verona sowie über Desenzano und Lonato nach Brescia (Baia Bus und APT Verona Nr. 81).
Bimmelbahn: während der Saison vom historischen Zentrum bis zu den Grotten des Catull.

Desenzano del Garda

Gardasee-Atlas: S. 236, B 2
Mit dem Vorort Rivoltella beginnt nur 2 km von Sirmiones Vorort Colombare entfernt das Gemeindegebiet von Desenzano. Nach weiteren 3 km ist man

Der Bootshafen von Desenzano

am Hafen angelangt und hat die Uferpromenade, den Largo Cesare Battisti, erreicht. Mit dem Boot sind es von Sirmione dagegen nur geruhsame 20 Minuten bis zum Fährhafen der westlichen, viel größeren, quirligen Nachbarstadt (22 000 Einw.). Das kommerzielle wie administrative Zentrum des westlichen Sees ist touristisch durchaus interessant, mit hervorragend ausgestatteten Yachthäfen, einem mittelalterlich und von der Renaissance geprägten Ortsbild, den Ausgrabungen der römischen Villa mit ihren herrlichen Mosaiken sowie einem »Abendmahl« Tiepolos in der Pfarrkirche.

Die ersten Reste von Pfahlbauten wurden 1873 zwischen Desenzano und Lonato entdeckt; 1974 gelang einer Archäologengruppe die Grabung weiterer Pfahlbauten und Gebrauchsgegenstände im Vorort Lavagnone. Sie alle beweisen die prähistorische Besiedlung des Ortes, die man auf die erste Hälfte der Bronzezeit datiert, also um 2000–1800 v. Chr. Die Besonderheit: Ein Joch aus Buchenholz und ein Pflug aus Eiche wurden völlig intakt gefunden (im Archäologischen Museum zu bewundern). Doch zu richtigem Ruhm gelangten die römischen Funde von Desenzano, die Villa aus dem 3./4. Jh. mit ihren herrlichen Mosaiken.

1031 ging Desenzano mitsamt Kastell an Bosone I, dessen Enkel Hugone der erste echte Graf von Desenzano wurde. Er baute die noch kleine Festung zu einer richtigen Fluchtburg aus. Von der Burg sind heute nur noch die dicken Mauern mit den Wachttürmen und dem klobigen, quadratischen Hauptturm erhalten.

Während der venezianischen Herrschaft blühte Desenzanos Hafen als Umschlagplatz für Waren nach Norden auf (über Riva bis nach Deutschland). Das Städtchen wurde zum Handelszentrum, noble und reiche Familien ließen sich nieder, unter den Arkaden nahe dem alten Hafen fand ein reger Markt statt – nicht anders als heute an jedem Dienstag.

Vom Hafen zur Villa Romana

Ankunft an der großen Anlegestelle gegenüber der ausladenden Piazza Matteotti. Das Hafenbecken wird im Westen von den zahlreichen Molen des Yachthafens begrenzt, in dessen Höhe sich der alte Bootshafen in das historische Zentrum hinein schiebt. Am Kopfende des **Porto Vecchio** steht der hübsche **Palazzo del Turismo** mit seinen hohen weißen Arkaden (Informationsbüros und Kongresszentrum, früheres Rathaus). Auf der rechten Seite ist ein venezianisch anmutender Palazzo, gegenüber die ganz anders gestaltete Front des Hotels Piroscafo zu sehen, mit Caféhaustischen unter niedrigeren Arkaden mit starkem Rustika. Sie sind das prägende Stilelement auch auf der dahinter liegenden **Piazza Giuseppe Malvezzi.** In der Mitte des schönen Platzes steht das **Denkmal für Santa Angela Merici** (1474–1540; Ordensgründerin der Ursulinerinnen), seit 1962 Schutzherrin ihrer Geburtsstadt Desenzano. Auf der Piazza, einer ruhigen Fußgängerzone, sind verlockend Caféhaustische aufgebaut. Hierher kommt man, um gesehen zu werden oder zu flanieren – die Fußgänger-

Fußbodenmosaik in der Villa Romana

zone zieht sich lange parallel zum See rechts und links vom Platz.

An ihrem Nordende stößt die Verlängerung der Piazza auf die Pfarrkirche **Santa Maria Maddalena.** Sie entstand über einer gotischen *pieve,* von der hauptsächlich der Glockenturm übrig geblieben ist. Heute präsentiert sie sich fast noch so, wie sie der damals im Brescianischen führende Baumeister Giulio Todeschini (1524–1603) in allerdings antikisierender Form der Spätrenaissance konstruiert hatte. Das Portal wurde im 18. Jh. in die Fassade eingefügt. Die reichen Bürger der Stadt ließen die Kirche kostbar ausstatten. Das bedeutendste Kunstwerk hängt in der Sakramentskapelle: Giambattista Tiepolos (1696–1770) »Letztes Abendmahl«: Der lange Tisch ist perspektivisch perfekt von seiner Schmalseite in die Tiefe gezogen, und Christus ist nicht wie üblich in der Mitte sitzend, sondern am linken Rand des Bildes in lockerer Haltung dargestellt. Die Jünger, auch die raffiniert schemenhaft beleuchteten im Hintergrund, haben ihren Blick fest auf den jugendlichen Christus gerichtet, und damit zum Betrachter. (7.30–11.30, 15–18 Uhr.)

Die Via Crocifisso führt direkt auf die **Villa Romana** zu, die sich mitten im Gewirr neuerer Wohnhäuser befindet. Als der Handwerker Emanuele Zamboni 1921 auf dem gerade erworbenen Grundstück die Fundamente für sein Haus ausheben wollte, kamen die Mosaiken zum Vorschein. Und was für welche! Auch wenn nur ein Bruchteil der antiken ›Villa‹ (1.–4. Jh.) ausgegraben werden konnte, so gilt sie als eine der schönsten Anlagen in Oberitalien.

Sie besteht aus drei Gebäuden: der Prunkvilla aus dem 3. Jh., vermutlich einer Thermenanlage mit schwarz-weißen Mosaiken (um Christi Geburt) und einem Gebäude mit einer Apsis, wohl einer frühchristlichen Basilika (4. Jh.). Die Mosaiken der Prunkvilla zeigen eine reiche Farbskala (mind. 30 verschiedene Abstufungen) und viel Bewegung. Niedlich sind die nackten, geflügelten Begleiter Amors, in den verschiedenen Räumen ein immer wiederkehrendes Motiv. Hier am Gardasee verrichten sie wie im ›richtigen Leben‹ bäuerliche Arbeiten wie Weinlese und Obsternte, auch die Angel werfen sie für den Fischfang aus. Die Villa Romana und ihr kleines, integriertes **Museum** (behindertengerecht ausgebaut) sind hervorragend ausgeschildert. Man erhält mit der Eintrittskarte einen archäologischen Wegweiser mit Grundriss und Rekonstruktion, auch in Deutsch. (Tgl. Nov.–Feb. 9–16, März, Okt. 9–17.30, April–Sept. 9–18.30 Uhr.)

Archäologisches Museum

Zum Castello aufzusteigen ist nur dann interessant, wenn eine Veranstaltung stattfindet. Umso lohnender ist ein Besuch im **Museo Archeologico** nahe der Bootsanlegestelle. Das Museum trägt den Namen des eifrigsten Archäologen des Gebietes, Giovanni Rambotti, dem auch die wichtigsten Fundstücke zu verdanken sind. Es ist in vier Sektionen eingeteilt: erster Saal Paläolithikum, Mesolithikum und Neolithikum am Gardasee, zweiter Saal Bronzezeit am Gardasee, dritter Saal kunsthandwerkliche Aktivitäten in der Bronzezeit, vierter Saal Landwirtschaft während der Bronzezeit mit dem Prunkstück des erst 1990 eröffneten Museums, dem bronzezeitlichen Pflug. Auf Italienisch heißt der älteste jemals gefundene Pflug stolz »il lavagnone«, benannt nach dem Fundort nur wenige Kilometer südlich von Desenzano. Entdeckt wurde er – fast vollständig erhalten – erst 1978 zwischen den Stämmen des Pfahlbautendorfes von Lavagnone. Der Pflug wird auf 2028–2004 v. Chr. datiert. (Di–So 15–19 Uhr.)

IAT Ufficio Informazioni: Palazzo del Turismo, Porto Vecchio 34, 25015 Desenzano, Tel. 03 09 14 15 10, Fax 03 09 14 12 09, www.bresciaholiday.com.

Lido International: Via Dal Molino 63, Tel. 03 09 14 10 27, Fax 03 09 14 37 36, www.lido-international.com, ganzjährig geöffnet. Ruhig gelegenes, modernes Haus mit 25 Zimmern am See mit Pool und Parkplatz. DZ mit Frühstück 80–160 €.
Piroscafo: Via Porto Vecchio 11, Tel. 03 09 14 11 28, Fax 03 09 91 25 86, www.hotelpiroscafo.it, Mitte Feb.–Ende Dez. Völlig renoviertes, aber schlichtes, hübsch am alten Kanalhafen gelegenes Haus mit gut besuchtem Restaurant und Caféhausplätzen am Hafen; die 32 Zimmer sind relativ klein, nur acht schauen direkt auf den alten Hafen, kleiner Aufenthaltsraum. DZ mit Frühstück 80–90 €.
Villa Maria: Viale Michelangelo 150, Tel. 03 09 90 17 25, Fax 03 09 11 07 34, villamaria@gardalake.it, fast ganzjährig geöffnet (anfragen). Ruhig in einer Parkanlage am Stadtrand gelegene, renovierte Villa im Liberty Stil mit 40 Zimmern, Restaurant, Sonnenterrasse, Pool und Tennisplatz, Parkplatz und Garage; zum Komplex gehört auch die Villa Maria Appar-

tamenti. DZ mit Frühstück 65–140 €, Apartment für 1–5 Pers. 70–140 €.

Alessi: Via Castello 7, Tel. 03 09 14 33 41, Fax 03 09 14 17 56, ganzjährig geöffnet. Liebevoll renoviertes Altstadthotel mit 18 Zimmern und großem, gut besuchtem Restaurant unter altem Backsteingewölbe auf dem Weg zum Castello. DZ mit Frühstück 56–62 €.

Camping/Ferienanlagen

San Francesco: Strada per San Francesco, Località Rivoltella, Tel. 03 09 11 02 45, Fax 03 09 11 94 64, April–Sept. Großzügige, grüne Campinganlage für Zelte und Wohnwagen, auch Bungalows; eigener Strand; großes Sportangebot. Stellplatz 10–23 €, p. P. 5–8 €, Bungalow 70–110 €.

Campeggio/Villagio Turistico del Vò: 1,8 km nördl. von Desenzano, Tel. 03 09 12 13 25, Fax 03 09 12 07 73, www.voit.it, April–Sept. Ruhig gelegene, weitläufige grüne Anlage mit Zeltplätzen und Bungalows (angegliederte Ferienwohnungen in mehreren kleineren Gebäuden) am Strand mit Badesteg und Pool; die Residence befindet sich jenseits an der Straße (Tunnel zum See); viel Sport und Animation. Stellplatz 9–12 €, p. P. 6–8 €, Bungalow für 2 Pers. 50–95 €.

Cavallino: Via Gherla 22/Ecke Via Murachette 21, Tel. 03 09 12 02 17, Nov. geschl., Mi–So mittags und abends, Di nur abends geöffnet. Teures Restaurant mit Terrassenbetrieb im Sommer; verfeinerte Küche mit Fischspezialitäten.

Esplanade: Via Lario 10, Tel. 03 09 14 33 61, Weihnachten geschl., Do–Di mittags und abends geöffnet. Mit einem Michelinstern für die super-feine Küche dekoriertes Lokal in einem schlichten Betonbau, aber herrlich mit kleinem Garten direkt am See; perfekte Weinauswahl zu raffinierten Fisch- und Fleischgerichten.

Osteria La Contrada: Via Bagatta 15, Tel. 03 09 14 25 14, Do–Di mittags und abends geöffnet. Winzig kleines, ganz süßes Lokal (nach dem Geschmack seiner charmanten Besitzerin) mit Spezialitäten vom Gardasee und Fleisch aus eigener Rinderzucht sowie Wein aus der Valpolicella; zu Recht gehobene Preise.

La Bicocca: Vicolo Molini 6, Tel. 03 09 14 36 58, Fr–Mi mittags und abends geöffnet. Einfache, aber einladende Familientrattoria in einer engen Altstadtgasse mit guter lokaler Küche sowie hausgemachter Pasta zu normalen Preisen (bei Trüffel- und anderen speziellen Gerichten höher); separates Raucherzimmer.

La Vite: Via Castello 50, Tel. 03 09 14 12 92, außer Juni oder Juli (Ferienzeit), Mo und Di Vormittag jeweils 10.30–13, 17.30–2 Uhr geöffnet. Kleine Enothek mit Probierstube und Weinverkauf (wenig lokale, eher allgemein italienische Weine bester Lagen); im hinteren Raum einfache Holztische für stets frisch zubereitete *panini*, Schinken-, Wurst- und Käseplatten.

Am Stadtplatz von Desenzano

S. auch die Restaurants der Hotels **Piroscafo** (s. S. 144) und **Alessi** (s. S. 145).

Dienstags: großer **Wochenmarkt** an der Seepromenade.
Hauptgeschäftsstraße ist der lange Corso der Altstadtgassen vom Dom über die Piazza Malvezzi, Via Papa, Piazza Matteotti bis zur Piazza XXV Aprile. Im mittleren Bereich mit sehr feinen Auslagen. Schöne Mode findet man auch am alten Hafen (Marchetti), entlang der Via Castello, u. a. schöne Lampen (Deco House) und schicke Schuhe (Forini). Hier liegt auch die Enothek La Vite (s. S. 145) und direkt bei der Trattoria Bicocca, Vicolo Molini 1, die kleine Goldschmiede Bottega Orafa Manganoni, in der man sich nach eigenem Geschmack Kostbares aus Gold u. a. Edelmetallen arbeiten lassen kann.

Desenzano zieht eine Menge junge Leute auch aus dem Umland in die Stadt. So bietet es mehrere Diskotheken, die nicht alle unbedingt auch Urlaubern (Drogenprobleme u. a.) empfohlen werden können. Relativ sicher geht man mit folgenden Adressen:
Biblò Club: Via Colli Storici 2, Località Rivoltella, Tel. 03 09 11 03 97, im Sommer praktisch tgl., sonst nur Mo, Fr, Sa abends. Bei der Jugend schon länger *in*.
Sesto Senso: Via Molino 99, Tel. 030 91 42 68, www.sestosenso.it, Fr–So. Eine der elegantesten Diskotheken mit Themenabenden für fast jeden Musikgeschmack.

Golfplatz: Soiano del Lago/Valtenesi (s. S. 163).
Schiffswerften: General Nautica, Tel. 03 09 11 03 91. Lepanto Yachting, Tel. 03 09 14 22 41. Nuova Garden Cantieri, Tel. 03 09 91 13 49. Nautica Carlo, Tel. 03 09 11 06 54.
Tauchen: Asso Sub Il Pellicano, Via Mazzini 43, Tel. 03 09 14 44 49.
Segeln: Club Nautico Diavoli Rossi, Tel. 03 09 14 13 46. Fraglia Vela Desenzano, Tel. 03 09 14 33 43.

Desenzano feiert den ganzen Sommer hauptsächlich mit gastronomischen Ständen und Musik:
Ende Mai: Volksfest zu Ehren von San Zeno.
Juni: Volksfest zu Ehren von Santa Angela Merici sowie um den 25. die Nachstellung der Schlacht von San Martino.
Anfang Juli: Festa del Pesce – Fischfest, bei dem es für jedermann kostenlos gebackenen Fisch und Wein gibt.
Ende Juli: Volksfest zu Ehren von Santa Maddalena.
Aug.: Festa del Lago e dell'Ospite – Fest des Sees und des Gastes, eine rein touristische, sehr beliebte Veranstaltung im Vorort Rivoltella.
15. Aug.: Festa del Vino im Vorort San Martino della Battaglia.
Sa nach dem 15. Aug.: Notte d'incanto sul lago – die Nacht des Gesangs auf dem See, mit großem Feuerwerk.
Anfang Sept.: Festa dell'Anitra – Fest der Gans.
Mitte Sept.: Festa della Vendemmia – Weinlesefest.
Ab Mitte Dez.–ca. 6./7. Jan.: Presepe sull'acqua – Weihnachtskrippe auf dem Wasser im alten Hafen.

Flughafen: in Brescia Montichiari (vor allem Inlandflüge).
Boote: Verbindungen mit den anderen Seeorten im Sommer recht gut, speziell nach Sirmione. **Autofähre** nach Riva.
Züge: EC-Bahnstation auf der Strecke Mailand–Venedig, und damit auch mit Peschiera und Verona bzw. Brescia etwa im Stundentakt verbunden.
Busse: Verbindungen mit Verona (über Sirmione/Colombare) bzw. mit Brescia (über Lonato) in dichter Folge.

DIE SÜDLICHEN MORÄNENHÜGEL

Den breiten Süden des Gardasees formte die letzte Eiszeit mit den umgebenden Moränenhügeln, die südlich von Peschiera, Sirmione und Desenzano besonders lieblich ausgefallen sind und als hervorragendes Weinanbaugebiet gelten. Kleine befestigte Dörfer hocken auf den Hügelkuppen. Ausgerechnet in dieser schönen Landschaft fanden die berühmt-berüchtigten Schlachten des Risorgimento statt.

Im Osten begrenzt der Mincio die sanft gewellte Hügellandschaft mit ihren Burgdörfern und Weinhängen sowie den berühmt-berüchtigten Schlachtfeldern, für die stellvertretend Solferino stehen dürfte. Das Gebiet gilt bei Kennern in Sachen Küche und Keller zwar schon länger nicht mehr als Geheimtipp, ist aber immer wieder eine Reise oder mindestens einen Ausflug wert. Wachsen hier doch nicht nur der erfrischende Bianco di Custoza und der Bianco Colli Morenici. Außerdem verstehen sich so manche Wirte auf eine hervorragende Küche in angenehmer Atmosphäre. An den Wochenenden ist mit starkem Ausflugsverkehr zu rechnen. Und wer einkehren möchte, sollte dann unbedingt reservieren oder lieber auf die Wochenmitte ausweichen.

Tourenvorschläge

Die Weinstraße der Colli Morenici Mantovani del Garda (ausgeschildert) verbindet alle interessanten Punkte des Gebietes miteinander. Auch für Radfahrer wurde ein dichtes, sehr gut ausgeschildertes Wegenetz gesponnen. Eine Route führt auch den Mincio entlang, von Peschiera del Garda bis Mantua.

Von Ponti sul Mincio nach Monzambano

Gardasee-Atlas: S. 237, D/E 3/4

Der Name **Ponti sul Mincio** mag irritieren, liegt der Ort doch etwa 2 km westlich vom Fluss auf einem Hügel in 113 m Höhe, keine 5 km südlich von Peschiera del Garda. Erstaunlich sind seine Villen und die Skaligerburg aus dem 13. Jh. Sie ist nur als Ruine, aber eine recht dekorative, erhalten und wird im Sommer als Freilichtbühne für kulturelle Veranstaltungen benutzt. Parkt man den Wagen (oder das Fahrrad) am Kriegerdenkmal mitten im Ort, führt der kurze Weg an der Pfarrkirche vorbei die Via Castello hoch, die an der privaten

Landschaft bei Valéggio sul Mincio

Villa Mario endet; der Fußweg führt zur Ruine hinauf.

Schön ist die geruhsame Fahrt südwärts über die ›weinseligen‹ Moränenhügel. Nach nur 3 km ist auf dem Weg nach Valéggio sul Mincio schon das ruhige, verschlafen wirkende Landwirtschaftsstädtchen **Monzambano** erreicht. Man lässt auch hier den Wagen besser unten im Ort stehen und geht zu Fuß die kurze Strecke zum *castello* hinauf. Die Custoden-Familie, die hier wohnt, freut sich über jeden Besuch. Viel ist von der kleinen, mittelalterlichen Festung, die erst den Veroneser Skaligern, dann den Mantovaner Gonzaga gehörte, nicht mehr übrig, außer den Mauern, dem Turm und der kleinen Kapelle für San Biagio. Aber der Blick vom Wachtturm über die ruhige Flusslandschaft des Mincio und zum Gardasee ist hinreißend schön.

Ringsum liegen große Landgüter, die zu Minidörfern heranwuchsen, wohlhabend durch Wein, Mais und Getreide. Dies wird besonders am dritten Sonntag im September bei der Festa dell'Uva betont. Höhepunkt des Weinfestes ist ein Umzug in historischen Kostümen. Ort des weinseligen Geschehens: der Innenhof der kleinen Festung von Monzambano.

Borghetto und Valéggio sul Mincio

Gardasee-Atlas: S. 237, E 4/D 4
In großen Schleifen führt die mit Akazien geschmückte Straße hinab zum Mincio (ca. 5 km). In einer Kurve biegt

kurz vor Valéggio sul Mincio, das mit den Türmen seiner Skaligerburg auf dem Hügel jenseits des Flusses thront, ein Sträßchen noch diesseits des Mincio nach **Borghetto** ab, das noch auf venetischem Gebiet liegt. Karawanen ziehen an den sommerlichen Wochenenden in diesen Vorort Valéggios, mit Picknickkörben ausgestattet oder einem entsprechenden Portemonnaie, um sich in den Landgasthöfen und Restaurants mit ihren leicht bis erheblich angehobenen Preisen verwöhnen zu lassen. Die Holzbrücke darf an Sonn- und Feiertagen nicht befahren werden – sie würde wahrscheinlich die Last der vielen Autos nicht verkraften.

Die **Antica Locanda Mincio** ist die berühmteste kulinarische Oase Borghettos. Lange wurden hier die Postkutschenpferde gewechselt, bevor 1919 Angelo Bertaiola, der Großvater des heutigen Besitzers Gabriele, die Station in eine Trattoria umwandelte. Seitdem werden hier die traditionellen Gerichte der Moränenhügel und des Mincio gepflegt, natürlich mit Fluss- und Seefischen. Eine besondere Spezialität sind die *agnolotti* (Teigtaschen), deren Rezept bereits der Großvater aus Mantua nach Verona brachte.

Der **Ponte Visconteo,** ein verwirrendes Konglomerat aus Damm und Brücken, Wasserkanälen und Wehren, hat wesentlich dazu beigetragen, dass die *locanda* so berühmt geworden ist (s. Abb. S. 152/153). Diese strategische historische ›Verrücktheit‹ ist nämlich ein beliebtes Ausflugsziel, nach deren Besuch man gern das Lokal aufsucht (oder umgekehrt?). Der Visconti Gian Galeazzo wollte 1393 mit diesem mächtigen Damm nicht nur ein unüberwindliches Bollwerk errichten, sondern außerdem die Gonzaga in Mantua von der Wasserversorgung durch den Mincio abschneiden. Der Bau bekam Gardemaße: 600 m Länge, 26 m Breite und 10 m Höhe. Gegen Mantua kam er nie wirklich zum Einsatz, aber er schreckte die Venezianer, die es 1438 tatsächlich vorzogen, ihre Kriegsflotte statt über den Mincio auf dem Landweg über die Berge zum Gardasee zu transportieren, um diese gegen das feindliche Brescia einzusetzen.

Valéggio sul Mincio selbst ist ein geschäftiges kleines Städtchen, dessen größter Anziehungspunkt der private **Parco Giardino Sigurtà** ist. Die großartige Anlage ist eine Augenweide, eine immer wieder aufblühende Parklandschaft von besonderer Pracht, die sich auf 500 000 m² Fläche vor der bewohnten Villa aus dem 17. Jh. ausdehnt. Kleine Elektrobusse erschließen über die 7 km lange Einbahnstraße den Park mit pflanzenreichen Teichen, Rosen- und Irisbeeten, Zypressenalleen, Tulpenfeldern, Azaleengärten und skurril gestutzten Buchsbäumen. An manchen Stellen kann man aussteigen und spazieren gehen. Etwa zu einer Votivgrotte, in einen kleinen Wald hinein oder zu einem Heilpflanzengarten. Auch ein Fahrrad zu mieten ist möglich. (März–Nov. tgl. 9–19 Uhr.)

Alle Adressen in 37067 Borghetto.

Villaggio il Borghetto: Via Raffaello Sanzio 20, Tel. 045 795 20 40, Fax

Blick über Monzambano ▷

Ein Bollwerk aus dem 14. Jh.: der Mincio-Damm Ponte Visconteo

03 76 80 24 48, www.borghetto.it, ganzjährige Öffnung geplant. Kleines ›Feriendorf‹ aus 6 historischen Mühlen über dem Wehr mitten im Mincio, mit Brückenanbindung; 12 völlig unterschiedliche, zauberhaft ausgestattete Wohneinheiten mit kompletter Küche. Apartment für 2 Pers. 110–140 €.

Faccioli: Via Tiepolo 4, Tel. 04 56 37 06 05, Fax 04 56 37 05 71, mitunter Jan. geschl. Kleines Hotel mit nur 8 Zimmern in einem renovierten Bauernhaus mitten im mittelalterlichen *borgo*; das feine Restaurant Gatto Moro (s. u.) gehört zum Anwesen. DZ mit Frühstück 70–90 €.

Antica Locanda Mincio: Via Michelangelo 12, Tel. 04 57 95 00 59, zwei Wochen im Feb. und Nov. geschl., Fr–Di mittags und abends geöffnet. Das historische Lokal (s. S. 149) ist die berühmteste kulinarische Adresse der Moränenhügel südlich des Gardasees und bietet feine lokale Küche zu hervorragenden lokalen Weinen; innen in einem gemütlichen ländlichen Ambiente, außen unter schattigen Bäumen direkt am Mincio; gerechtfertigt gehobene Preise.

Gatto Moro: Via Giotto 21, Tel. 04 56 37 05 70, Ende Jan.–Mitte Feb. sowie Anfang Aug. geschl., Do–Mo mittags und abends, Di nur mittags geöffnet. Einst einfache Schänke, heute ein geräumiges Restaurant mit kleinen Nebenzimmern und einer schattigen Pergola; lokale Gerichte und Weine; gehobene Preise.

Divinosteria: direkt auf der Mühleninsel mit dem Villaggio (s. o.), Tel. 04 57 95 21 13, Fr, Mo–Mi 10–16, 18–1 Uhr, Sa, So 10–1 Uhr. Enoteca mit Kleinigkeiten zu essen wie kalten Platten und *bruschette*.

Außerdem gibt es in Borghetto weitere Restaurants, Bars und eine **Eisdiele.**

Castellaro Lagusello und Pozzolengo

Gardasee-Atlas: S. 237, D 4 und S. 236/237, C/D 3

Von Borghetto geht es in fast gerader Linie westwärts Richtung Solferino. Nach etwa 9 km zweigt rechts eine Straße nach **Castellaro Lagusello** (nochmals 2 km) ab, das eine Pause wert ist. Es besteht aus einem Burgdorf aus dem 12. Jh. und gehört wegen seiner Lage (und Verschlafenheit) zu den bezauberndsten Ecken im Mantovanischen. Geht man durch das kleine und doch trutzige Tor, stößt man gleich auf die Pfarrkirche San Nicola, die erstaunlich groß ausgefallen ist. Ursprünglich wohl schon romanisch, zeigt sie sich heute im barocken Kleid

von 1741 mit weißgrauen Pilastern auf altrosa Wänden. Die bäuerliche, zart lächelnde und für die Zeit vielleicht zu steif geratene Madonna dürfte das wichtigste Kunstwerk der Kirche sein.

Schräg gegenüber steht der schlichte, schöne **Palazzo Tacoli** aus dem 13. Jh. mit späteren Umbauten, der dringend restauriert werden müsste. Er endet an einem schmiedeeisernen Tor in der südlichen Ortsmauer. Das Tor gibt den Blick frei auf einen kleinen See, den man früher für die Fischzucht nutzte und der heute unter Naturschutz steht.

Von hier ist es ein Katzensprung bis **Pozzolengo,** das mit den Mauern seiner *rocca* mächtig aus den Feldern aufsteigt. Aus der Nähe erkennt man, dass der Glockenturm der Festung bzw. das, was von ihm übrig geblieben ist, fast rund und backsteinern ist. In die alten Mauern eingelassen sind jetzt Privatwohnungen, unterhalb der Mauer gedeihen kleine Weingärten, darunter dehnen sich wiederum weite Getreidefelder aus. Der neuere Ortsteil hat sich auf einem flacheren Hügel gegenüber der Festung ausgebreitet, besitzt einige große, schlichte Landhäuser mit hohen Toreinfahrten, hinter denen sich noch immer funktionierende landwirtschaftliche Betriebe befinden. Typisch sind die lombardischen *cascine,* wie sie in dieser Region zum Ortsbild vieler größerer Dörfer gehören oder in Alleinlage wie ein Vierkanthof früher ein kleines Universum für sich bildeten: mit Kapelle und Wohnplatz für die Besitzer oder Pächter und deren Landarbeiter.

Alle Adressen in 46040 Castellaro Lagusello.

Corte Uccellanda: Via Castello 1, Tel. 037 68 87 63, Fax 037 68 87 64, www.lapesa.it, ganzjährige Öffnung geplant. Wunderschön, erst 2001 in einem historischen Gehöft am Ortsrand rings um einen großen Innenhof ausgebaute, komfortable 11 Suiten und Apartments mit SAT-TV und Safe. Apartment für 2 Pers. mit Frühstück 140 €, während der Saison nur Wochenmiete möglich (ca. 850 €).
Antico Borgo: Via Castello, Tel. 037 68 89 78, ganzjährig geöffnet. Kleine Familienpension mit großem Ausflugsrestaurant (an Wochenenden und Feiertagen also nicht gerade ruhig) mitten im historischen *borgo*, nur 7, zum Teil recht große, modern eingerichtete Zimmer (nicht alle mit Bad). DZ mit Frühstück ca. 50 €.

La Dispensa: Via Castello 15, Tel. 037 68 88 50, Do, Fr nur abends, Sa,

So sowie an Feiertagen auch mittags geöffnet. Uralter Bauerhof mit *agriturismo,* Gastronomie sowie Verkauf eigener oder anderer ausgewählter Produkte zu gehobenen Preisen; man sitzt vor allem im Sommer angenehm schattig um den Hof. **La Pesa:** am Ortsrand, Tel. 0376889 01, Trattoria Mi–Mo mittags und abends, Bar von früh bis spät geöffnet, Mi ab 21 Uhr **Livemusik.** Hervorragende und trotz ländlicher Eleganz recht preiswerte Trattoria mit lokalen Spezialitäten (auch Wildgerichte) und hausgemachter Pasta; gemütliche Bar.

Solferino

Gardasee-Atlas: S. 236, B 4

Nun sind es nur noch 7 km durch die Moränenlandschaft bis nach Solferino, das einen traurigen Ruhm genießt als Sinnbild der blutigen Schlachten um die Unabhängigkeit Italiens. Das sieht man dem verschlafenen Örtchen (ca. 2100 Einw.) natürlich nicht an, der winzigen Festung aus dem 11. Jh. darüber schon gar nicht.

Auf der Piazza Castello innerhalb der Burgmauer (mit hinreißendem Panorama) kann man den Wagen unter Schatten spendenden, ausladenden Kastanienbäumen parken vor der innen nichts sagend klassizistischen Kirche **San Nicola.** Neben ihr steht direkt am hohen Torbogen der klobige **Gonzaga-Turm** mit seinem hohen Tambour, den sich Orazio Gonzaga 1563 errichten ließ, als er die ganze Festung neu gestaltete. Heute bietet er wechselnden Ausstellungen Raum oder dient bei Veranstaltungen auf dem Platz als Kulisse, vor allem beim traditionellen Konzert zur Erinnerung an die Schlachten.

Vom Turm führt ein Weg aus der Festung hinauf zum **Museo della Rocca** mit Bildern, Waffen und Erinnerungsstücken der französischen und österreichischen Truppen, die hier 1859 aufeinander trafen, aber auch zur italienischen Geschichte von 1796–1870. Der 23 m hohe Turm der *rocca* wurde bereits 1022 errichtet und galt während der Unabhängigkeitskriege als die *Spia d'Italia,* der »Spion Italiens«, gegen Venedig, das damals noch österreichisch war. (Di–So 9–12.30, 14/14.30–17/18.30 Uhr.)

Weiter führt der Weg zum **Memoriale Croce rossa internazionale.** Es wurde 1959 zum hundertjährigen Bestehen des Internationalen Roten Kreuzes im Gedenken an seinen Gründer, den Friedensnobelpreisträger Henry Dunant (1828–1910), errichtet: mit einem Denkmal aus Marmor- u. a. Steinstücken, die aus den 148 Ländern stammen, welche dem Roten Kreuz angehören. Vom Museumsturm genießt man einen der schönsten Rundblicke in der Region, u. a. auf die Kirche **San Pietro in Vincoli,** in der genau 1413 Totenschädel und Gebeine von etwa 7000 in der Schlacht von Solferino gefallenen Soldaten ruhen, ungeachtet ihrer Nationalität. Die Kirche befindet sich in einem Park nordöstlich Richtung Pozzolengo, den man über eine Zypressenallee erreicht. Davor liegt an der Hauptstraße das **Museo Risorgimento** mit Dokumenten, Uniformen und Zeugnissen zur Geschichte der Befreiungskriege. (15. März–15. Okt Di–So 9–12, 14.30–18 Uhr.)

Castiglione delle Stiviere

Gardasee-Atlas: S. 236, A 3/4
Auch Castiglione delle Stiviere (18 500 Einw.) erhebt sich in auffallender Hügellage (116 m). Es ist die Stadt des hl. Luigi Gonzaga, dem zu Ehren Francesco Gonzaga 1608 die **Basilica San Luigi** errichten ließ. Berühmt ist der Ort auch wegen des internationalen **Rot-Kreuz-Museums** im schönen Renaissancegebäude des Palazzo Triulzi-Longhi an der Via Garibaldi. Das Museum wurde zum hundertjährigen Bestehen des Roten Kreuzes 1959 gegründet. Während der Schlacht von Solferino weilte der Humanist und Philanthrop Henry Dunant in Castiglione, der zusammen mit dem Priester Luigi Barzizza an den Hilfsaktionen für die Kriegsopfer aktiv teilnahm. Aus dieser Erfahrung entstand die Idee (s. S. 25), eine freiwillige, fest etablierte humanitäre Organisation zur Versorgung von Kriegsopfern zu gründen: das Rote Kreuz. (Di–So April–Sept. 9–12.30, 15–18.30, Okt.–März 9–12, 14–17.30 Uhr.)

Überragt von der **Rocca** aus dem 10. Jh. ist Castiglione heute ein bedeutendes Wirtschaftszentrum (Handel, Handwerk und speziell Zuckerwaren-, Strumpf- sowie Schuhindustrie). Die Stadt ist reich an Palästen wie zum Beispiel der hervorragend erhaltenen **Villa Brescianelli** mit ihrem prächtigen Barockportal von 1763 (heute Ausbildungsstätte für den Jugendjustizvollzug) an der Via Moscati oder dem **Palazzo Pastore** (ab dem 16. Jh., heute Sitz der städtischen Bibliothek) in einem weitläufigen Park an der Via Ascoli.

Das hübsche Städtchen etruskischen Ursprungs ist stolz auf seine römische Vergangenheit, und im 9. Jh. gab es hier bereits ein Kloster. Aus der Feudalorganisation erwuchs bereits ab dem 10. Jh. eine straffe Gemeindestruktur. Im 14. und 15. Jh. wieder von Signorien beherrscht, wie den Bonacolsi aus Parma und den Gonzaga aus Mantua, verlor die Gemeinde an Bedeutung. Was sich 1549 mit dem Markgrafen Ferrante Gonzaga, dem Vater des später heilig gesprochenen Luigi, ändern sollte. Er machte Castiglione zum Regierungssitz und selbstständigen kaiserlichen Lehen. Sein Hof zog bedeutende Persönlichkeiten an und bescherte Castiglione auch seine wichtigsten Baudenkmäler.

San Martino della Battaglia

Gardasee-Atlas: S. 236, C 3
Wer den Spuren der Schlacht von Solferino folgen oder seine Rot-Kreuz-Tour vervollständigen möchte, muss auch noch San Martino della Battaglia einplanen, das zwischen Pozzolengo und Colombare liegt. Es ist vom Gardasee wie von den Moränenhügeln weithin sichtbar: Der mehr als 65 m hohe **Rundturm** mit seinem Zinnenkranz ist Vittorio Emanuele II gewidmet. Das Dach erreicht man relativ leicht über eine 400 m lange Rampe. Im Turm zeigt ein Museum Waffen und Fresken von allen Schlachten des Risorgimento und Erinnerungsstücke der Schicksalsschlacht von San Martino. (März–Sept. tgl. 9–12.30, 14.30–19, sonst 9–12, 14–17 Uhr.)

Das lombardische Westufer

Die Uferpromenade von Salò

Gardasee-Atlas S. 230, 232–236

DIE VALTENESI

Das Westufer beginnt im Süden mit einem zauberhaften Landstrich, den Valtenesi zwischen Lonato und Salò. Mit zwei Halbinseln ragt dieses leicht gewellte Moränenhügelland in den See hinein: bei Manerba del Garda und San Felice del Benaco. Die Hügel sind außer bei Lonato (188 m) nur etwa 110 bis 120 m hoch, eine lichte, liebliche Landschaft, deren höchste Erhebungen Kastelle krönen.

Lonato

Gardasee-Atlas: S. 236, A 2
Schon die Römer wussten die günstige strategische Lage zwischen Verona und Brescia zu schätzen: Während der römisch-kaiserlichen Epoche lag Lonato an der so genannten Basilica-Emilia-Straße, die Aquilea mit Gallien verband. Alle Mächtigen des Mittelalters schlugen sich um Lonato, 1509 nahm es die Gonzaga-Stadt Mantua ein. Doch nur sieben Jahre später übernahm Venedig die Macht im Ort (und stellte ihm einen Markuslöwen auf hoher Säule vor das Rathaus), was ihm wirtschaftliche Vorteile brachte, die das Städtchen bis zum Einzug Napoleons 1796 behielt. Zunächst Österreich zugeschlagen, kam Lonato 1859 endgültig zum Königreich Italien.

Eine reiche Geschichte also, die sich im Ortsbild des ruhigen Städtchens (12 300 Einw.) nur noch an der Ruine der Festung erahnen lässt. Den Wagen parkt man am besten unten auf der Piazza Centrale vor dem Rathaus mit seiner offenen Loggia. Dieser frühere **Palazzo Merli** (16. Jh.) ist wegen seines Celesti-Saales besuchenswert (meist Mo–Sa vormittags problemlos möglich). Das monumentale Gemälde »Die Pest« von Andrea Celesti (1663) erinnert an die große Seuche von 1630. Von hier schlendert man hinüber zum Marktplatz, wo die **Torre Maestra** (55 m) aufragt, der von Zinnen bekrönte Stadtturm von 1555. Er gehört zusammen mit der Kuppel (60 m hoch, Durchmesser 20 m) der nahen, gewaltigen barocken Kirche **San Giovanni Battista** (1738–80) und der Festung zu den Wahrzeichen Lonatos.

Die heute sehr dekorative Ruine der **Rocca** (ab 11. Jh.) auf dem einsamen, strategisch günstigen Hügel bildet das i-Tüpfelchen des ausgedehnten Stadtparks und wird auch für Freilichtveranstaltungen genutzt. Auf dem Weg zur Festungsruine, die nach nicht allzu anstrengendem Aufstieg zu Fuß in wenigen Minuten erreicht ist, passiert man die hübsche **Casa del Podestà** aus dem 15. Jh. Dieser spätmittelalterliche

Sitz des Stadtvogts erlebte einige Änderungen, nachdem ihn einer der berühmtesten Söhne Lonatos erwarb und zu seinem Wohnhaus umgestalten ließ: Ugo da Como (1869–1941), Politiker, Historiker und Kunstsammler, 1919 Minister für Wohlfahrt und Kriegerrenten, 1920 Senator. Sein Vermögen hinterließ er einer Stiftung, eben zur Erhaltung dieses Anwesens mitsamt seiner Schätze: an die 50 000 historische Bücher und genau 411 Inkunabeln, 469 Handschriften, Codices und Miniaturen, Pergamente und alte Druckbilder (u. a. das kleinste Buch der Welt), alte Möbel und Gemälde sowie fachmännisch restaurierte Fresken, einige Zeichnungen von Tiepolo etc. Außerdem zu bewundern ist hier das **Städtische Vogelkundemuseum** mit rund 700 ausgestopften Exemplaren. (Sa, So 10–12, 14.30–18/19 Uhr.)

Bootssport: Nautica Blue Garda, Lido di Lonato, Tel. 03 09 12 07 75.

Jeden 3. So des Monats (außer im Jan.) findet in Lonato ein großer **Antiquitätenmarkt** statt.

Busse: Lonato liegt an der Route Verona–Peschiera–Desenzano–Brescia und wird relativ häufig angefahren.

Padenghe sul Garda

Gardasee-Atlas: S. 236, A 1
Zwischen Desenzano und Padenghe (rund 3700 Einw.) reiht sich ein Campingplatz an den anderen, dazwischen

Das reizvoll gelegene Lonato

Lido di Lonato

Da alle Orte der Valtenesi aus historischen Gründen im Inneren des Gebietes liegen – hier waren sie besser geschützt –, besitzen sie am See ihren eigenen Strand. Auch Lonato hat sein freundliches kleines Strandbad: Lido di Lonato gleich nördlich der Punta del Vò.

liegt das freundliche Strandbad **Lido di Lonato,** weiter nördlich befinden sich kleinere Yachthäfen. Schon von weitem ist die mächtig breite Festung von Padenghe zu sehen, das in schönster Panoramalage in 119 m Höhe auf einem Hügel thront. Vom neueren Ortsteil führen Treppen hinauf, und die mit hübschen schmiedeeisernen Laternen gestaltete Straße endet am großen Parkplatz vor dem Tor. Von oben bietet sich ein grandioser Blick über den See. Das **Castello** mit seinem einfachen Zinnenkranz und den drei mit großen Kieselsteinen gepflasterten parallelen Gassen zwischen den kleinen Häusern ist bewohnt und gepflegt. Die Mauer der Südwestecke trägt dekorative Schwalbenschwanzzinnen, die Ostbastion ist rund. Unter den Burganlagen der Valtenesi dürfte Padenghe (auf den Grundmauern einer römischen Festung) die älteste sein. Sie besteht aus zwei Teilen: dem nordöstlichen (11. Jh.) und dem von einem Turm geschützten westlichen aus der Zeit der Kommunen (13. Jh.). Nach Peschiera und Riva besaß Padenghe zur Römerzeit (und während der venezianischen Epoche) den drittgrößten Hafen des Gardasees, damals lebten hier reiche Römer in ihren Sommervillen auf dem Hügel.

Westlich der Burg steht das rührend einfache, einschiffige romanische Kirchlein **Sant'Emiliano** (11./12. Jh.), dessen Quader sehr sorgfältig, fast glatt behauen sind. Bis 1530 diente es als Pfarrkirche, dann errichteten die Bewohner Padenghes ein Gotteshaus mitten in ihrem Dorf und überließen das alte seinem Schicksal.

Pro Loco: Via Barbieri 3, Tel. 03 09 90 88 89.

Locanda Santa Giulia: Lungolago Marconi 78, Tel. 03 09 99 50, Fax 03 09 99 51 00, www.locandasantagiulia.com, ganzjährig geöffnet. Sehr komfortable, weitläufige Anlage mit 24 Zimmern und 19 Bungalows zurückversetzt an der Hauptstraße und in Seenähe (400 m) am Ortsrand (1,8 km von Padenghe, 3 km von Desenzano), mit Pools und Kongresszentrum, guten Sportmöglichkeiten und bewachtem Parkplatz sowie beliebter **Pianobar.** DZ mit Frühstück 100–170 €.
West Garda Hotel: Via Prais 32, Tel. 03 09 90 71 61, Fax 03 09 90 72 65, ganzjährig geöffnet. Hotelanlage aus niedrigen Bauten im Grünen, mit 67 Zimmern, Pool und großem Sportangebot sowie Gesundheits- und Kongresszentrum; Parkplatz. DZ mit Frühstück 80–144 €.

Bootssport: Cantiere Zuanelli, Tel. 03 09 90 73 37.
Nautico Rino, Tel. 03 09 90 71 26.
West Garda Marina, Tel. 03 09 90 71 64.
Segeln: West Garda Yachting Club, Tel. 03 09 90 72 95.
Surfen: Sporting Club Basso Garda, Tel. 03 09 90 76 72.

Freilichtkino: jeden Do Abend im Juli und Aug. im Castello.

April, Okt.: 1. So im Monat: Artisti in Piazza mit Musik.
April: Frühlingsfest.
Aug.: Festa del Medioevo – mittelalterliches Kostümfest.
Okt.: 1. So Festa d'autunno – Herbstfest mit Marktständen, Gastronomie und Wein.

Nach Padenghe fährt man am besten mit dem Pkw oder Fahrrad.

Moniga del Garda

Gardasee-Atlas: S. 236, B 1
Auch das beschauliche, inmitten von Olivenbäumen gelegene Moniga (1500 Einw.) besitzt eine sehenswerte Kirche: **Madonna della Neve,** die letzte ›romanische‹ der Valtenesi (doch wahrscheinlich erst 16. Jh.), mit hübscher Vorhalle auf zwei Säulen und Fenstern aus dem 19. Jh. Das rechteckige **Castello** aus dem 10./11. Jh. betritt man durch ein vom klobigen Turm bewachtes Tor. Von außen gar nicht zu erkennen sind die kleinen Häuser, die sich im Lauf der Jahrhunderte in seinen Mauern mit den niedrigen, halbrunden Wachttürmen eingenistet haben.

Monigas kleiner Hafen, der **Porto di Moniga,** befindet sich keinen Kilometer vom historischen Kern entfernt. Ringsum gibt es viele Campingplätze, im Sommer ein richtig familiärer Ferienort. Weinliebhaber wissen, dass Moniga das Zentrum der Chiaretto-Produktion ist. Diesen weichen, duftigen Rosé serviert man hier am liebsten kühl zu leichten Gerichten wie Fisch.

Hinter den trutzigen Mauern des Castello verbirgt sich das beschauliche Moniga del Garda

Atlas: S. 234

Pro Loco: Piazza San Martino, Tel./Fax 03 65 50 20 15.

La Pescatrice: Via Porto 18, Tel./Fax 03 65 50 20 43, Feb.–Sept. Kleines Haus mit nur 7 Zimmern am Hafen von Moniga, mit gutem Restaurant und Parkplatz. DZ mit Frühstück 45–60 €.

Camping

Es gibt zahlreiche, meist einfach ausgestattete Campingplätze.

Fontanelle: Via del Magone 13, Tel. 03 65 50 20 79, Fax 03 65 50 33 24, www.fornella.it/fontanelle, Mai–Sept. Behindertengerechte, sehr gepflegte Anlage mit großem Sportangebot, eigenem Strand, Pool und Bungalows auf 45 000 m^2 großem Grund. Stellplatz 6–17 €, p. P. 3–9 €.

Al Porto: Via Porto 29, Tel. 03 65 50 20 69, Dez.–Mitte Jan. geschl., Do–Di mittags und abends geöffnet. Sehr gutes Restaurant in einer historischen Zollstation mit großartiger Terrasse direkt über dem Kiesstrand nahe dem Hafen; Spezialität: Seefische und solche von den Zuflüssen mit dazu passenden Weinen; die Desserts sind ein Traum; höherpreisig.

La Pescatrice (s. Hotels): Gardasee-Fischspezialitäten; mittlere Preislage.

Cantine delle Valtenesi e della Lugana: Via Pergola 21. Weine, Olivenöl und zahlreiche Schlemmereien, die zum Teil von der Cantina selbst produziert, zum Teil bei Freunden eingekauft werden. Probieren möglich.

April: Palio del Chiaretto – weinseliges Fest mit Verkostung und Verkauf auf der Piazza San Martino.

Juli: Wieder wird der Chiaretto gefeiert, diesmal zusammen mit dem Olivenöl, ebenfalls auf der Piazza San Martino.

Aug.: 2. und 3. Woche mit Konzerten und Spektakel im Freien an der Villa Bertanzi.

Kanufahren und Surfen: Centro Surf e Canoe, Tel. 03 65 50 23 64.

Segeln: Nauticlub Moniga, Tel. 03 65 50 30 57.

Boote: Moniga wird im Frühjahr und Herbst nur morgens und abends von den Booten der Navigarda angefahren, im Hochsommer auch mittags. Man muss sehr genau planen oder die Gegend mit Pkw bzw. Fahrrad besichtigen.

Soiano und Polpenazze

Gardasee-Atlas: S. 234, A 4

Soiano del Lago (1330 Einw.) liegt westlich der Hauptstraße der Valtenesi in 196 m Höhe. Sein Neubaugebiet ist sehr gepflegt, besitzt großzügige Villen zu Füßen des kleinen Kastells. Flache, mit Kieseln gepflasterte, breite Stufen führen von der barocken Pfarrkirche San Michele aus dem 16. Jh. (u. a. mit einer »Verkündigung Mariä« aus der Schule von Celesti und einer üppig vergoldeten Orgel) hinauf zum Castello aus dem 12. Jh. Früher war die Festung nur über eine Zugbrücke zu erreichen, wie man an der Außenkonstruktion erkennen kann. Die Ruine bildet im Sommer eine herrliche Kulisse für Ton- und Lichtveranstaltungen. Der dekorative, klobige Uhrturm, früher der Wachtturm der Festung, dient heute der Pfarrkirche als Glockenturm.

Fast übergangslos ist **Polpenazze del Garda** (1900 Einw.) in 260 m Höhe erreicht, dessen weiße Pfarrkirche man schon von weitem erkennt, denn sie steht auf einer ausladenden Terrasse. Diese einschiffige Kirche Santa Maria mit ihrer ›palladianischen‹ Vorhalle und den kleinen Obelisken wurde unverkennbar noch während der Renaissance (1579–88) erbaut und 1595 leicht barockisiert, die Fassade erst 1808–1903 fertig gestellt. Völlig barock wirkt das Innere, dessen Tonnengewölbe völlig freskiert ist. Der abseits stehende Glockenturm dient gleichzeitig als Rathausturm, und der parkartig mit Ruhebänken angelegte Vorplatz bietet einen grandiosen Blick über Soiano und Moniga hinweg auf den See bis zur schlanken Halbinsel von Sirmione.

Der kleine Vorort **Picedo** lebt vom guten Wein, den seine Winzer auf ihren historischen Gütern produzieren. Hier kann man nicht nur gut Wein (und Olivenöl) einkaufen, sondern auch besonders gut speisen.

Nur telefonisch: Tel. 03 65 67 40 44 (Soiano) bzw. Tel. 03 65 67 40 12 (Polpenazze).

Belvedere: 25080 Soiano del Lago, Tel. 03 65 67 47 04, Fax 03 65 67 47 05, ganzjährig geöffnet. Modernes, freundiches Hotel am Rand des mittelalterlichen Kerns mit nur 12 Zimmern in herrlicher Panoramalage; Pool, Restaurantterrasse (sehr gute lokale Küche). DZ mit Frühstück 73 €.

Taverna Picedo: Via Sottoraso 7, Polpenazze, Vorort Picedo, Tel. 03 65 67 41 03, im Winter Mo, Di geschl., sonst tgl. mittags und abends geöffnet. Uriges Restaurant mit Terrasse, hervorragende, mittelpreisige Küche mit lokalen Spezialitäten, sonst *tagliata di manzo* (vom gegrillten, feinsten T-Bone-Steak), hausgemachte Pasta, erlesene Weine.

Auf fast allen **Weingütern,** speziell rund um Picedo, kann man die hier produzierten Weine kaufen (Hinweisschildern folgen).

Auf dem ersten Parkplatz der Festung von Polpenazze findet samstags vormittags ein **Markt** statt.

Bootssport: Nautica Soiano, Tel. 03 65 50 28 86.

Golf: Country Club Gardagolf, bei Soiano, Via Angelo Omodeo 2, Tel. 03 65 67 47 07. Schöner, der Landschaft angepasster 27-Loch-Platz.

Arzaga Golf Club, Località Carzago, Cavalgese della Riviera, Tel. 030 68 06 00. Der neueste, zweiteilige 27-Loch-Platz am Gardasee.

Reiten: Centro Equestre, Soiano del Lago, Tel. 03 65 67 46 21.

Zu den Orten auf den Hügeln der Valtenesi fährt man am besten mit dem Pkw oder dem Fahrrad.

Puegnago del Garda

Gardasee-Atlas: S. 234, A 4

Puegnago (knapp 2800 Einw.) thront auf einem 240 m hohen Hügel. Besonders hübsch ist an der Durchgangsstraße die Mauer mit den zugemauerten Bögen im nach ihr benannten Ortsteil **Mura.** Es folgt der Ortsteil **Castello** mit der Festung, von der nur eine romantische Ruine übrig geblieben ist. Hinter dem Parkplatz ragt der hohe, einsam stehende Glockenturm auf, von dem sich wieder ein großartiges Seepanorama mit dem Ostufer öffnet.

Rings um Puegnago gedeiht neben einem guten Wein, dem Rosso-Riviera, ein fruchtiges Olivenöl. Auffällig in die-

Bei San Felice del Benaco, rechts ist die Rocca di Manerba zu erkennen

sem Gebiet sind die vielen *cascine,* die großen und kleineren Landgüter in ihren typisch lombardischen Formen: lang gestreckt, aus kleinen Backsteinen erbaut, oft zu einem Vierkanthof geschlossen. Akazien verströmen im Frühjahr einen intensiven Duft, die ersten Kastanien zeigen ihre Blütenstände, Wein- und Olivengärten bilden akkurate Reihen. Weit im Norden werden die gezackten Gipfel der Presanella-Gruppe sichtbar, ganz in der Nähe der einzeln aufragende **Monte Castello di Gaino** vor dem hohen Almgebiet von Tignale und Tremósine (s. S. 198 ff.).

Bald stößt man auf die Staatsstraße 572, die von hier aus in engen, aussichtsreichen Kehren nach Salò (s. S. 169 ff.) abfällt (insgesamt nur 4 km). Doch vorher lohnt sich eine geruhsame Autotour oder Radwanderung über die beiden Halbinseln von Manerba del Garda und San Felice del Benaco.

Agriturismo I Vegher: 25080 Puegnago, Via Mascontina 6, Tel. 03 6565 44 79, unbedingt vorher anmelden bzw. reservieren. Zauberhaftes kleines Landhaus (2 EZ, 2 DZ) auf einem ausgedehnten Weingut mit eigener Fleischproduktion, von den Töchtern der Familie Morena liebevoll geführt; mit sehr gutem Restaurant, in dem man zum günstigen Pauschalpreis das mehrgängige Menü speist (inkl. Wein, *caffè*, *digestivo* etc.). DZ mit Frühstück 24 €.

Ende Aug., Anfang Sept.: Fiera dell'Agricoltura e dell'Artigianato della Valtenesi e della Riviera del Garda Bresciano – das wichtigste Fest der Valtenesi überhaupt, denn dabei geht es um die Landwirtschaftsprodukte ebenso wie um das Kunsthandwerk des Gebietes.
Okt. (meist 2. und 3. Wochenende): Festa della Polenta Tiraga und Festa delle Castagne e del Vino Nuovo – Polenta mit Käse bzw. Kastanien und junger Wein.
Nov. (3. oder 4. Wochenende): Mostra Mercato del Tartufo Bresciano – mit Trüffelmarkt und -spezialitäten in den Restaurants der Umgebung.

Manerba del Garda

Gardasee-Atlas: S. 234, A 4
Der Hauptort der Valtenesi (3050 Einw.) steigt vom See auf 162 m auf, besitzt also eine beherrschende Lage mit imposanter Kastelruine inmitten von Ölbaum- und Weingärten. Ein freundlicher Urlaubsort, der auch mit preiswerteren Hotels und Campingplätzen sowie langem Strand (im Gemeindegebiet 11 km) ideale Voraussetzungen für Familienferien bietet.

Steil fällt der helle Fels, der **Rocca di Manerba** genannt wird, 200 m tief in den See ab. Besonders schön ist der Blick nach Norden auf die Landzunge der Punta Belvedere, die sich bis zu der von ihr abgeschnittenen, mit Zypressen bewachsenen **Isola di San Biagio** ausdehnt. Ein herrliches Plätzchen für Wasserratten! Umgeben von Felsplatten, schimmert das Wasser ringsum in hellem, fast smaragdfarbenem Grün. Zwischen dem Steilfelsen und der Landzunge befindet sich das vielleicht beliebteste Strandbad des Ortes, **Lido di Manerba,** von wo aus man normalerweise watend die nur etwa 300 m entfernte Insel erreichen kann. Nördlich beginnt die Reihe der Campingplätze, die sich bis Porto Portese kurz vor Salò hinzieht: fast immer schattige Plätze.

Kunstinteressierte finden im Gemeindegebiet von Manerba allein drei interessante mittelalterliche Kirchen. Die bedeutendste dürfte die **Pieve Santa Maria** (jetzt San Rocco geweiht) in Manerba selbst sein, die zwar auf das 8. Jh. zurückgeht, deren heutiges Erscheinungsbild jedoch erst aus dem 11./12. Jh. stammt, ebenso wie eines der Fresken, der »Opfertod der hl. Ursula« oberhalb der Kanzel. Von den Fresken der Apsis (16. Jh.) wurde das mittlere Bild (»Maria mit Heiligen«) als ein Jugendwerk des aus Padenghe stammenden Andrea Bertanza (vor 1588) identifiziert. Die hübsche, dreischiffige Basilika kann zumindest sonntags während der Messe besucht werden.

Die einschiffige **Chiesa della Santissima Trinità** (15. Jh.) im Vorort Solarolo di Manerba ist reich an restaurierten Renaissancefresken, darunter in der Apsis Apostelfiguren, die »Flucht aus Ägypten« und weitere Geschichten aus dem Leben Christi. Schließlich die dritte der mittelalterlichen Kirchen: **Santa Lucia** in Balbiana di Manerba, einschiffig mit offenem Dachstuhl. Ihre Wände wurden schon zu ihrer Entstehungszeit (15. Jh.) reich freskiert. Das Kirchlein ist normalerweise leider nur an Santa-Lucia-Festtagen und anderen Gedenktagen geöffnet.

Pro Loco: Piazza Garibaldi, Tel. 03 65 55 11 21.

Capriccio: Località Montinelle, Piazza San Bernardo 6, Tel. 03 65 55 11 24, Jan., Feb. geschl., Mi–Mo abends geöffnet. Teures, ganz feines und von Michelin besterntes Restaurant mit auserlesenen Speisen, Fisch und Krustentieren aus dem Meer; Terrassen mit Hügel- und Seeblick – etwas für besondere Gelegenheiten (nur auf Vorbestellung).

Feb.: Carnevale Re del Maöl – farbenprächtiger Umzug und allerlei Spektakel.
Juli, Aug.: Freilichttheater jeden Fr im Anfiteatro Balbiana, jeden Di abendliche Märkte mit Musik sowie Konzerte mit Musik der 60er und 70er Jahre des 20. Jh. (im Freilichtkino).
Aug.: Armonie sotto la Rocca – internationales Musikfestival, außerdem Jahrmärkte mit Feuerwerk.

Bootssport: Nautica Benaco, Via Belvedere 4, Tel. 03 65 65 40 74, www.nauticabenaco.it. Auch Wasserskiverleih; deutschsprachig.
Porto di Dusano, Tel. 03 65 55 23 11.
Nautica Rolly Sport, Tel. 03 65 65 11 59.
Segeln: Circolo Vela Torcolo, Tel. 03 09 90 72 17.

Manerba wird nicht von den Booten der Navigarda angefahren, und auch mit dem Bus tut man sich bei den vielen unterschiedlichen Ortsteilen schwer; am besten mit Pkw oder Fahrrad zu erreichen.

San Felice del Benaco

Gardasee-Atlas: S. 234, A 3
San Felice del Benaco (2650 Einw.) thront wie alle Orte der Valtenesi auf einem Hügel (109 m), etwa 1 km vom See entfernt. Es ist wohl die grünste der Valtenesi-Ortschaften, durchzogen von Gärten und Wäldchen. Strandzonen, Campingplätze und zwei Häfen (Porto San Felice, Porto Portese) umgeben die Halbinsel. Zwischen den beiden Häfen schiebt sich wieder eine Landzunge weit in den See hinein, länger noch als die von Manerba. Die Insel, die sie anpeilt (bis auf 200 m), dürfte die schönste am Gardasee sein, weshalb sie auch stolz den Namen **Isola di Garda** tragen darf. Am besten kann man die 1 km lange Privatinsel auf einer Bootsfahrt genießen. Die riesige Villa Scipione-Borghese auf der Insel zeigt einen übertriebenen Architekturschmuck im neugotischen Stil und kann zeitweise nach Voranmeldung (Comunità del Garda, s. S. 180) geführt besichtigt werden.

Vor San Felice del Benaco ist ein Besuch der Wallfahrtskirche **Madonna del Carmine** Pflicht. Der schlichte Außenbau mit dem kleinen Portikus lässt nicht erahnen, was sie im Inneren für Schätze birgt. Die herrliche Freskenausmalung der lombardisch-venetischen Schule (zwischen Spätgotik und Renaissance) ist wohl gleich nach Vollendung des Außenbaus in den Jahren 1452–82 entstanden: die Figuren noch typisch gotisch lang, die antikisierende Scheinarchitektur bereits vorsichtig der Perspektive gehorchend (»Thronende Madonna«). Um die Madonna del Carmine, die der Kameliterkirche den Beinamen »Karmelberg des Gardasees« einbrachte, einer innig verehrten Skulptur aus Kirsch-Wurzelholz im Chorraum, gruppieren sich die schönsten Fresken, alle hervorragend erhalten. Einige waren von neueren Fresken verdeckt, die man abgenommen und getrennt aufgehängt hat. (Tgl. 7–12, 14.30–19 Uhr; mehrsprachiges Faltblatt).

Fresken in der Kirche Madonna del Carmine in San Felice del Benaco

Auf dem Weg zum **Porto San Felice** zweigt ein Fußweg ab zum Kirchlein **San Fermo** aus dem 15. Jh., mit Fresken, die Giovanni da Ulma (zu Deutsch Hans von Ulm) zugeschrieben werden.

Über **Porto Portese,** das im 19. Jh., nach Garda und Sirmione, mit seinen 250 Fischern das wichtigste Fischereizentrum des Sees war, geht es nur 2 km weiter bis Salò (schönere Strecke über die SS 572).

Ausflug nach Cisano di San Felice

Gardasee-Atlas: S. 234, A 3
Cisano di San Felice ist das netteste Ausflugsziel San Felices in seinem Hin-

terland, ein kleines, befestigtes, mittelalterlich und von der Renaissance geprägtes Nest auf einem Hügel, das man allerdings etwas ›überrestauriert‹ hat. Hinter hohen Mauern verstecken sich meist zu Ferienwohnungen umgebaute historische Landhäuser und die beiden Restaurants verlangen entsprechende ›Ausflugszielpreise‹. Aber die Lage des Ortes ist ausgesprochen hübsch.

Associazione Comuni della Valtenesi: Piazza Municipio 1, San Felice del Benaco, Tel. 0365 62 54 1. Informationen über die gesamte Valtenesi, allerdings nur saisonal geöffnet. In den einzelnen Orten bestehen kleine Informationsbüros (Pro Loco oder IAT), die aber ebenfalls nur während der Saison geöffnet sind.

Sogno: Via Porto 17, 25010 San Felice, Tel. 036 56 21 02, Fax 03 65 62 62 59, ristorantesogno@libero.it, ganzjährig geöffnet. Vor kurzem neu aufgebautes, wunderschönes Hotel direkt am kleinen, gemütlichen Hafen von San Felice, mit sehr elegantem Ambiente, bewachtem Parkplatz und Superrestaurant mit Seeterrasse; 20 großzügige moderne, klimatisierte Zimmer, teils mit Seeblick. DZ mit Frühstück 114–192 €.

Park Hotel Casimiro: Via Porto Portese 22, Tel. 03 65 62 62 62, Fax 036 56 20 92, www.bluhotels.it, Feb.–Nov. An sich gesichtsloser, aber herrlich am See (Blick auf Salò) gelegener Hotelkomplex mit Dependance, Liegewiese, Pool und Parkplatz; wird auch von Reiseveranstaltern angemietet (insgesamt 179 Zimmer). DZ mit Frühstück 100–200 €.

Garden Zorzi: Località Porticcioli, Via delle Magnolie 10, Tel. 036 54 36 88, Fax 036 54 14 89, www.hotelzorzi.it, März–Okt. Haus mit nur 26 kleinen, aber modernisierten Zimmern in gepflegtem Garten, Seeterrasse, eigener Badeplatz und Bootssteg, Liegeterrassen, aber keine besonders schönen Aufenthaltsräume; familiäre Atmosphäre, gute italienische Küche. DZ mit Frühstück 90–100 €.

San Filis: Via Marconi 5, Tel. 036 56 25 22, Fax 03 65 55 94 52, www.sanfilis.it, ganzjährig geöffnet. Sehr freundliches, familiäres Haus in einer kleinen historischen Residenz aus dem 16. Jh. mit wundervoll bewachsenem Innenhof hinter hoher Mauer mitten im Ort; mit nur 26 hübsch eingerichteten Zimmern, Pool und gutem Restaurant (lokale Spezialitäten). DZ mit Frühstück 75–85 €.

Camping

Fornella: Via Fornella 1/A, Tel. 036 56 22 94, Fax 03 65 55 94 18 (im Winter 03 65 55 74 49), www.fornella.it, Mai–Sept. Vielleicht der am besten ausgestattete, familiäre Campingplatz von San Felice del Benaco (deutschsprachig), direkt am See auf 74 000 m^2 Grund; Wassersport, Tennis und andere Sportmöglichkeiten. Stellplatz 9–15,40 €, p. P. 4,50–8,30 € (je nach Saison und Seenähe).

Da Bill: Porto San Felice, ganzjährig tgl. 7.30–3 Uhr. Strandlokal und eine auch von Einheimischen gern besuchte preiswerte Snackbar, Trattoria mit guten *primi* und gutem Wein, Eisdiele; im Sommer mit Seeterrasse, im Winter werden die Holztische durch eine Art Wintergarten geschützt; gute Drinks und Häppchen, manchmal sogar ganz feine mit Lachs u. ä.

S. auch Restaurants der Hotels **Sogno** und **San Filis** (s. o.).

Tauchkurse: Leonessa Diving, Tel. 036 03 57 00 55. Auch Geräteverleih.

Boote: Die Boote der Navigarda halten im Sommer mehrmals tgl. in Porto Portese/San Felice.

RIVIERA DEI LIMONI

An der Gardesana Occidentale reihen sich sehenswerte Städtchen hintereinander: das elegante Salò, das vornehme Gardone Riviera, das etwas altertümliche Toscolano-Maderno und das stille Gargnano. Auf schmalen Bergstraßen geht es hinauf zu Bergdörfern, auf die Hochebenen von Tignale und Tremósine. Das ›Schlusslicht‹ der Riviera dei Limoni, der »Zitronenküste«, bildet das im Sommer lebhafte Limone sul Garda.

Das teilweise beängstigend enge Westufer wird durch die 1931 gebaute Gardesana Occidentale erschlossen. Die sanften Moränenhügel des Südens werden gleich hinter Salò von bis zu 2000 m hoch aufragenden und zum Teil steil zum See abfallenden Bergen abgelöst. Tief schneiden sich darin die engen Flusstäler ein und bilden eine wilde, meist unwegsame Landschaft, in die beispielsweise der stark verzweigte Stausee Valvestino im Lauf des Toscolano-Wildbachs eingelassen wurde. Die seenahen, 400–550 m hohen Felswände mussten im nördlichen Bereich für die neue Uferstraße durchstoßen werden, es entstanden Galerien und Tunnel. Darüber, auf den Hochalmen von Tignale und Tremósine, liegen kleine und größere Streusiedlungen mit den herrlichsten Aussichten auf den See, dazu in klimatisch sehr begünstigter Lage: allesamt Sommerfrischen inmitten eines fantastischen Wandergebietes.

Kunstinteressierte finden kleine romanische Kirchen, aber auch großartige Zeugnisse romanischer Steinmetzkunst wie an der alten Pfarrkirche von Maderno. Oder eine Architektur, die einer verrückten Laune entsprungen ist, wie das Vittoriale D'Annunzios. Oder aus Liebe zur Natur entstanden wie der Botanische Garten Hruska, beide in Gardone Riviera.

Toscolano war seit dem Mittelalter berühmt für seine Papiermühlen und schrieb damit Geschichte. Schließlich stehen prachtvolle Villen in großartigen Parkanlagen wie der Palazzo Martinengo zwischen Salò und Gardone Riviera oder die Villa Feltrinelli in Gargnano.

Salò

Gardasee-Atlas: S. 234, A 3
Bei der Einfahrt mit dem Boot in die fjordähnliche Bucht von Salò, an der Isola di Garda vorbei, genießt man die schönste Salò-Totale und begreift, warum dieser Ort als einer der elegantesten am See gilt und die geradezu charmante Atmosphäre eines Seebades er-

halten konnte. Parallel zum Ufer zieht sich die Einkaufsstraße mit ihren Cafés und feinen Geschäften durch den ganzen Ort. Einen schönen Rahmen bilden dahinter die Gärten mit ihrer grünen, gepflegten Pracht.

Den bereits in der Römerzeit bedeutenden Ort bestimmten die Mailänder Visconti 1377 zum Verwaltungssitz des lombardischen Seeufers. Die Venezianer machten aus ihm 1426 den Hauptort ihrer Magnifica Patria della Riviera und verliehen ihm zahlreiche Privilegien, die für wirtschaftlichen Aufschwung und eine recht urbane Entwicklung sorgten, und damit auch die Macht Venetiens sicherten, die bis 1799 andauern sollte.

Salò war 1943–45 die Hauptstadt der »Italienischen Sozialrepublik«, besser bekannt als die »Republik von Salò«: eine Marionettenrepublik, von den deutschen Nationalsozialisten für ihren Verbündeten Mussolini ausgerufen. Seine Wohn- und Verwaltungsgebäude wurden über die Gegend verteilt: Salò gab nur den Namen her, in Gardone Riviera wohnte Mussolinis Geliebte Petacci in der Villa Fiordaliso, er selbst in Gargnano in der Villa Bettoni.

Am 30. Oktober 1901 bebte die Erde am Westufer des Gardasees und zerstörte Salò fast vollständig. Es wurde schnell auf den alten Fundamenten wieder aufgebaut, nun jedoch mit einer Promenade, die aus Platzmangel mit Hilfe von Stelzen dem See abgetrotzt wurde. Salò lebt heute mit seinen knapp 10 000 Einwohnern hauptsächlich vom Tourismus. Aber auch die Funktion einer Kreisstadt brachte viele Arbeitsplätze. So ist das Städtchen trotz Touristenrummel an manchen Tagen angenehm geblieben, ja sogar gediegen mit meist teureren Geschäften und soliden Hotels.

Kulinarische Genüsse

»Salò Golosa« heißt die private Initiative einiger Wirte, die damit ihre Spezialitäten und die lokalen Produkte aus der Umgebung, Wein und Olivenöl inbegriffen, bekannt machen wollen. Sie findet normalerweise Mitte Mai statt, und man muss sich dafür bei einem der Wirte anmelden (Auskunft beim Touristenamt). Die Eintrittskarten berechtigen zum Besuch vieler Restaurants, Delikatessläden, kulinarischer Stände und zur Weinverkostung in sehenswerten Privathäusern. Ganz Alt-Salò wird mit einbezogen, und Serenaden erklingen in den Gassen.

Von der Anlegestelle zur Porta del Carmine

Salòs historisches Zentrum breitet sich lang gestreckt zwischen den beiden Stadttoren aus, der mit einer großen Uhr geschmückten Porta dell'Orologio (auch Porta Garibaldi genannt) im Westen und der Porta del Carmine mit der typisch venezianischen Renaissancestruktur im Osten. Die Bootsanlegestelle befindet sich ziemlich in der Mitte des Lungolago Zanardelli vor der Piazza della Vittoria, sodass es sich an-

Das Innere des Domes Santa Maria Annunziata

bietet, hier mit der Besichtigung zu beginnen. Obwohl bereits am Lungolago fein herausgeputzte Kolonnaden locken, sollte man erst die andere Richtung einschlagen und den Dom besichtigen, denn er schließt zur Mittagszeit.

Die Via Duomo führt direkt auf die schlichte Backsteinfassade des spätgotischen Domes **Santa Maria Annunziata** 1 und damit auf sein später eingefügtes, weiß leuchtendes Renaissanceportal zu. Der an sich gotische Bau entstand ab 1453, als andernorts bereits die Renaissance erblühte. Überraschend ist der riesige, nur durch kleine Fenster beleuchtete, dreischiffige Innenraum, der immerhin als der größte und bedeutendste am Gardasee überhaupt gilt. Der Chor ist – außer seinem Kuppelfresko »Mariä Himmelfahrt« von Palma il Giovane (1544–1628) – wie der vergoldete, prunkvolle Altaraufsatz spätgotisch erhalten geblieben. Die barocken Seitenkapellen wurden Ende des 16. Jh. angebaut und mit kostbaren Kunstwerken ausgestattet.

Das bedeutendste Altarbild des Domes wurde von Gerolamo da Romano aus Brescia, genannt Romanino (1486–1560), geschaffen und gilt als eines seiner Meisterwerke: »Sant'Antonio von Padua«. Auch der Laie erkennt in diesem Bild den Hang Romaninos zur Satire: Den Stifter des Bildes stellte er feist und dick zu Füßen des Heiligen dar, die Engel schauen ihn nicht huldvoll an, sondern wenden sich angewidert von ihm ab. Da darf man sich wohl fragen, ob Romanino jemals seinen Lohn für dieses Werk erhielt …

Unter dem Triumphbogen hängt ein eindrucksvolles Kruzifix (1449) des deutschen Malers und Schnitzkünstlers Hans von Ulm. Doch besonders beeindruckend ist in der ersten Kapelle rechts vom Eingang die lebensgroße, farbig gefasste Holzgruppe aus sieben Figuren, die, um Christus gruppiert, eine ausdrucksstarke »Grablegung« darstellen und einer Südtiroler Werkstatt (16. Jh.) entstammen sollen.

Die Gassen hinter dem Dom führen auf die Via Fantoni mit dem namensgebenden Palazzo, in dem sich das **Museo Nastro Azzuro** 2 mit Andenken aus der Zeit Napoleons bis zum Zweiten Weltkrieg befindet (eher von lokalem Interesse; geöffnet auf Anfrage beim Touristenbüro). Nun der Via Fantoni zur **Porta del Carmine** 3 folgen. Hinter dem Renaissancetor tobt der Straßenverkehr, der den historischen Kern verschont. Also kehrt man am besten um oder macht einen kleinen Schlenker am Parkplatz vorbei zum See – und schon ist der Lungolago Zanardelli erreicht. Er führt zur Piazza della Vittoria zurück; ab dort bleibt der sehr breite Lungolago den Fußgängern vorbehalten.

Vom Rathaus zur Porta dell'Orologio

Hinter den hübschen, langen Kolonnaden, die an der Piazza della Vittoria beginnen, verbirgt sich das alte **Rathaus** 4 aus dem 14. Jh., das der Renaissancekünstler Sansovino (1486–

1570) mit einer venezianischen Fassade versehen hat.

Daneben steht, direkt angebaut, der zierliche venezianische **Palazzo della Magnifica Patria** 5 von 1524, dessen Laubengang mit dem des Rathauses eine harmonische Einheit bildet. In einem salonähnlichen, auf schlanken Säulen ruhenden Durchgang zur dahinter liegenden Fußgängerzone befindet sich links zusammen mit einem kleinen Informationsbüro (IAT) das bescheidene, doch sehenswerte **Museo Civico** 6. Die hier ausgestellten Funde aus dem großen Gräberfeld des nahen Lugone (1./2. Jh.) bezeugen die bedeutende römische Vergangenheit Salòs. (Juli–Sept. Mo–Sa 9–12.30, 15.30–18.30, So 9.30–12.30, Nebensaison Mo–Mi, Fr, Sa 9–12.30, 15–18 Uhr.)

Sehenswürdigkeiten

1 Santa Maria Annunziata
2 Museo Nastro Azzuro
3 Porta del Carmine
4 Rathaus
5 Palazzo della Magnifica Patria
6 Museo Civico
7 San Giovanni Decollato
8 Porta dell'Orologio

Unterkünfte

9 Bellerive
10 Duomo
11 Benaco
12 Lepanto

Essen und Trinken

13 Antica Trattoria Alle Rose
14 Alla Campagnola
15 Osteria dell'Orologio
16 Taverna Floriana

Bleibt man auf der rückwärtigen Parallelgasse, so befindet man sich bald in der schönen Einkaufsstraße von Salò, auch sie eine lange Fußgängerzone. Modeboutiquen, Schmuckläden und kleine Lebensmittelgeschäfte sowie verlockende Cafés (zum Teil mit eigener Pralinenherstellung) ziehen viele Einkaufsbummler an. Sie finden freilich auch auf der Uferstraße schicke Läden, vor allem schöne Schuhgeschäfte und feine italienische Mode. Manche der Geschäfte haben zwei Eingänge, einen zum See, einen zur Fußgängerzone.

Richtung Uhrturm könnte man bald den Eingang zu einem Oratorium glatt verpassen, denn es liegt in der leichten Kurve einer engen Gasse. Es handelt sich um das Barockkirchlein **San Giovanni Decollato** 7, dessen Tür fast den ganzen Tag geöffnet bleibt. Die Einwohner Salòs lieben diesen Betraum, der heute offiziell »Chiesa diaconale di San Carlo« genannt wird. Er ist eine Oase der Ruhe inmitten der wuseligen Fußgängerzone und zudem im Besitz eines kostbaren Hochaltarbildes, der »Enthauptung Johannes des Täufers« von Zenon Veronese (1484–1554). Das Besondere daran ist die perspektivisch raffiniert dargestellte Renaissance-Architektur, die sich weit in eine typische Landschaft des Gardasees öffnet. – Kurz vor dem Stadttor steht die auffällige Bronzestatue Bischof Borromeos auf marmornem Sockel.

Gleich dahinter endet der historische Kern: an der Porta Garibaldi oder **Por-**

ta dell'Orologio 8 aus dem 18. Jh., mit der auch die Fußgängerzone endet. Hinter dem Uhrturm brandet wieder der Verkehr um die schön begrünte und mit uralten Rosskastanien bepflanzte Piazza Vittorio Emanuele II. Von hier führt die Via Gasparo da Salò in ein sehr bürgerliches Viertel mit bescheideneren Wohnpalästen, kleinen, schlichteren Geschäften und Handwerksläden.

IAT: Palazzo Comunale, 25087 Salò, Lungolago Zanardelli 52, Tel./Fax 036 52 14 23. **Hoteliervereinigung CARG** (für Salò bis Gargnano): s. S. 180.

Bellerive 9: Via San Pietro da Salò 11, Tel. 036 55 20 410, Fax 036 55 21 969, bellerive@tin.it, ganzjährig geöffnet. Am südwestlichen Ortsrand in einem schönen Garten am See gelegenes Haus mit 20 Zimmern, ohne Restaurant; Parkplatz. DZ mit Frühstück 135–200 €.

Duomo 10: Lungolago Zanardelli 91, Tel. 036 52 10 26, Fax 03 65 29 04 18, www.hotelduomosalo.it, ganzjährig geöffnet. Freundliches 22-Zimmer-Haus zwischen Seepromenade und Dom, supermodern restauriert mit kleinem Fitnesszentrum, Whirlpool und Sauna, Restaurant- und Sonnenterrasse; Garage. DZ mit Frühstück je nach Saison und Lage (Dom- oder Seeblick) 90–150 €.

Benaco 11: Lungolago Zanardelli 44, Tel. 036 52 03 08, Fax 036 52 10 49, www.benacohotel.it, Feb.–Nov. Kleines, bescheidenes Haus mit 19 Zimmern an der Seepromenade, mit Café auch auf der Promenade; total renoviert und familiär geführt, mit Frühstücksterrase im Obergeschoss; Unterkunft für bescheidenere Urlauber. DZ mit Frühstück 83–104 €.

Lepanto 12: Lungolago Zanardelli 67, Tel./Fax 036 52 04 28, März–Dez. Bescheidenes Hotel mit bekannt-gutem Terrassenrestaurant (gehobene Preise) an der Uferpromenade mit nur 8 einfachen Zimmern, alle mit Seeblick, modern renoviert mit einfachen Bädern (nicht in allen Zimmern), ohne Telefon und TV; ein Haus für Individualisten. DZ mit italienischem, also einfachstem Frühstück rund 55 €.

Antica Trattoria Alle Rose 13: Via Gasparo da Salò 33, Tel. 036 54 32 20, Do–Di mittags und abends geöffnet. Sehr gute Trattoria (gehobene Preise, bei speziellen Gerichten teuer) mitten im bürgerlichen Teil Salòs, komplett modern umgestaltet; Spezialitäten sind Fische aus dem See und hausgemachte Pasta, dazu ein perfekter Weinkeller.

Alla Campagnola 14: Via Brunati 11, Tel. 036 52 21 53, Mi–So 12–22 Uhr, Di nur abends geöffnet. Fantastische Adresse für diejenigen, die sich in Ruhe kulinarisch

Lebhaftes Treiben an der Hafenpromenade von Salò

verwöhnen lassen möchten, im Winter in einem wunderschön restaurierten Raum, im Sommer auf einer geschützten Terrasse auf der Bergseite; Seefisch, hausgemachte Pasta oder raffinierte Wild- und Pilzgerichte nach traditionellen Rezepten; preislich gerechtfertigt gehoben bis teuer.
Osteria dell'Orologio 15: Via Butturini 26, Tel. 0365 290158, Do–Di 11–15, 18–24 Uhr geöffnet. Mittags und abends nach Geschäftsschluss bekommt man keinen Platz, da drängeln sich die Einheimischen mit einem Glas Wein in der Hand vor der Theke der holzgetäfelten Osteria; in der Stube dahinter oder im Saal darüber bekommt man danach Kleinigkeiten zu essen; moderate bis gehobene Preise.
Taverna Floriana 16: Barbarano di Salò, Via Spiaggia d'Oro 10, Tel. 0365 20233. Osteria mit Küche, beliebt wegen der Käseauswahl aus dem Brescianischen, der Wurstplatten und der Weindegustation.

Der **Lungolago Zanardelli** sowie die dazu parallele Fußgängerzone sind ein Paradies für Modebewusste (Kleidung und Schuhe); außerdem finden Naschkatzen hier Cafés mit eigener Pralinenherstellung.
Markt: Samstags findet in Salò einer der größten Märkte am Gardasee statt: mit Wäsche, Schuhen und Lebensmitteln (Parkplatzprobleme!).

Salòs bekannteste Diskothek ist das **Absolute,** das ständig die Musikrichtung wechselt und bei der Jugend sehr beliebt ist. Im Vorort Barbarano zieht es sie ins **Rimbalzello,** das nur im Sommer geöffnet ist. Und im Vorort Tormini wird im **Plaza** Volksmusik aufgespielt, an vereinzelten Abenden auch Diskomusik.

Salòs **Kultur- und Festprogramm** ist das ganze Jahr über groß (Informationen beim IAT). Eher touristisch interessante Termine (auch nach den Sommerterminen der Antiquitätenmärkte fragen) sind:
März:: Rally del Garda (meist Anfang März) sowie Rally Mille Miglia (meist Ende März) im Vorort Cunetone.
Mai: Salò Golosa (s. S. 170).
Juni: Sagra di Sant'Antonio (meist 2. Wochenende) mit Musik und gastronomischen Ständen sowie Regata Bisse (meist 2. So) – Ruderbootrennen im Golf von Salò.
Juli, Aug.: Fast täglich wird Musik aufgespielt, auch zum Tanz im Freien.

Bootssport/Werften: Centro Nautico Salò, Tel. 0365 543443.

Golf: s. Soiano del Lago S. 163 und Bogliaco di Gargnano S. 195.
Tauchen: Diving Center Garda Beach, Vorort Barbarano, Tel. 0365202225.
Wassersport: Societa Canottieri Garda, am westl. gelegenen Yachthafen. Der Club veranstaltet Regatten und verleiht Boote.

Boote: Salò wird im Sommerhalbjahr so häufig von den Navigarda-Booten angefahren, dass man die Fahrt mit dem Pkw tunlichst lassen sollte.
Busse: Auch die Busanbindung entlang dem Westufer ist gut (von Riva über Limone, Gargnano etc. bis Salò und weiter nach Brescia).
Parken: Auf der Bergseite des Städtchens gibt es kostenpflichtige Parkplätze für längere Zeit, nahe dem See nur stundenweise und auf beschränktem Raum.

Ausflüge nach Barbarano und San Michele

Die bedeutendste Villa von Salò im Ortsteil **Barbarano** kann man nur von außen bewundern (privat). Dazu sollte man mit dem Boot Richtung Gardone Riviera fahren, denn vom Wasser aus sieht der Palazzo Martinengo-Terzi ohnehin am besten aus. Sein großartiger, den Hang hinaufkletternder Zypressenpark wurde beim Bau der Gardesana Occidentale abgetrennt. Vom Wasser her erkennt man, dass der Palast eher einer Festung gleicht. 1577 vom venezianischen *condottiere* Marchese Sforza Pallavicino erbaut, wurde die Villa 1585 von Paolo Giordano Orsini mit seiner jungen Frau Vittoria bezogen. Nach seinem Tod musste sie jedoch die Flucht ergreifen, weil die Orsini ihr das Erbe streitig machten. Darauf übernahm Graf Camillo Martinengo 1650 den Palast, der wegen seiner Brutalität gefürchtete Vorfahre derer, die ihn noch heute bewohnen.

Eine panoramareiche Straße führt in scharfen Kurven nach **Serniga** und **San Michele** (11 km), wo man auch wohnen und einkehren kann. Der schöne Ausflug lässt sich verlängern, indem man auf der anderen Seite des Barbarano-Baches von oben wieder abwärts nach Gardone Riviera fährt. – Wer jedoch gut zu Fuß ist, sollte sich die Gegend als großartiges Wandergebiet vormerken. Von Salò gibt es regelmäßige **Busverbindungen** hinauf, man kann dann abwärts wandern.

Il Bagnolo: Serniga, Località Bagnolo Ovest (West), 1 km von San Michele, Tel. 0365202290, Mai–Sept. Mi–Mo mittags und abends, sonst nur Fr abends–So geöffnet. Ausflugslokal mit lokalen Spezialitäten; gehobene Preise; Seeblick von den Bergen über Salò; 9 Zimmer. DZ mit Frühstück 70–100 €.

Gardone Riviera

Gardasee-Atlas: S. 234, A 2/3, B 2
Übergangslos ist auf der Gardesana Occidentale nach dem Palazzo Martinengo-Terzi und der Halbinsel von Barbarano das auf der Seeseite eng an die Hauptstraße gedrückte Gardone Riviera, »Klein-Nizza« des Gardasees, erreicht. Mit dem Boot sind es etwa fünf Minuten.

Der ausgesprochene Villenort zieht sich mit seinen meist mehr als ein Jahrhundert alten Parks die Hänge des 907 m hohen, mit Olivenbäumen, Zy-

Bougainvillea-geschmückte Hausfassade

pressen und baumhohem Lorbeer bewachsenen Monte Lavino hinauf. Auf halber Höhe, auch vom See aus gut zu erkennen, breitet sich das Vittoriale aus, das einer Laune des exzentrischen Gabriele D'Annunzio (1863–1938) entsprungen ist. Etwas weiter unten liegt ein Kleinod der Gartengestaltung, der Giardino Botanico Hruska. Beide bilden zusammen den Magnet für den touristisch bedeutenden Ort, der schon Ende des 19. Jh. als der vornehmste am Gardasee galt und dieses Image bis heute bewahren konnte. Alles in allem eine grüne, von ihren Bewohnern (knapp 2500) liebevoll gepflegte Gartenstadt.

Zahlreiche Funde im Gebiet von Gardone zwischen Fasano und Morgnaga belegen eine römische Siedlung, der heutige Ortsname geht jedoch auf die Langobarden zurück (ähnlich wie in Garda am Ostufer, von altdt. »warte«, ital. *guardia*). Reisenden aus dem deutschen Sprachraum hat Gardone seit dem 19. Jh. seine Beliebtheit als Seebad zu verdanken und damit verbunden die Entstehung der ersten Hotels und Privatvillen für die Sommerfrische. Paradebeispiele: das Grand Hotel Gardone am See und die Villa Alba auf der Bergseite, rein klassizistisch, mit einem grandiosen Treppenaufgang zwischen schlanken Zypressen. Das i-Tüpfelchen setzte jedoch Gabriele D'Annunzio mit dem Bau seines Wohnhauses, des Vittoriale, das er ab 1921 bis zu seinem Tod 1938 zu einem ›besonderen‹ politisch-literarischen Treffpunkt machte.

Von der Piazza Wimmer zum Botanischen Garten

Auch Gardones Promenade wurde wie die Salòs nach dem Erdbeben von 1901 dem See abgetrotzt, indem sie auf Stelzen in ihm verankert wurde. Sie ist relativ kurz, von der Piazza Wimmer über die Piazza Marconi ist es nur ein Katzensprung, und dann ist man schon am kleinen Yachthafen, der vom Parco Rimbalzello (mit Tennisplätzen) begrenzt wird. Gardones historisches Zentrum erstreckt sich die Hänge hinauf, wo die meisten Villen stehen.

Gleich an der Anlegestelle vor der kleinen **Piazza Wimmer** beginnt der mit einem Turm geschmückte, lang gestreckte Komplex des perfekt geführten, luxuriösen, wenn auch etwas verstaubt wirkenden **Grand Hotels** mit seinen weiten Räumen und den einladenden Terrassen am See. Dies war die Keimzelle der touristischen Geschichte Gardones. Erbauer des Hotels (1880–83) war der Ingenieur Louis Wimmer. Dem Österreicher, der 1874 nach Gardone kam und 1881 sogar Bürgermeister war, ist nicht nur die Piazza Wimmer, sondern auch das einladende Café am Platz gewidmet. Auf der anderen Seite der Anlegestelle steht Hotel an Hotel, jeweils mit Caféterrasse, bis zum jüngst total renovierten **Savoy,** das ebenfalls von der vornehmen Hoteltradition des Ortes zeugt.

Parallel zur Uferpromenade, dem **Lungolago D'Annunzio** mit seinen Cafés und den Anlegestegen davor, zieht sich die kleine Fußgängerzone mit ein paar verlockenden Geschäften nach Süden, endet in der auf der Bergseite verlaufenden Hauptstraße, dem Corso Zanardelli, wohin auch vorher ein paar Gassen hinaufführen.

Über den Corso Zanardelli hinweg kommt man (zu Fuß oder mit dem Wagen) über die Via Roma in den oberen Teil Gardones, nach Gardone di Sopra. Doch auf halber Höhe liegt ein besonderer Garten, der **Giardino Botanico Hruska.** Der Botanische Garten hat seine Entstehung dem Arzt, Zahnarzt und Botaniker Arthur Hruska (1880–1971) zu verdanken, der hier 1910–71 liebevoll Pflanzen aus aller Welt zu einem harmonischen Ensemble zusammenfügte. Die Wahl des Ortes war perfekt: Denn Gardone ist klimatisch besonders begünstigt, wird es doch von bis auf 1582 m aufragenden Bergen (Monte Pizzócolo) vor kühlem Wind ge-

Die Casa di Gabriele D'Annunzio, exzentrisch, aber sehenswert

schützt. So herrscht hier ein geradezu mediterranes Klima. Der nicht allzu große und doch überraschend artenreiche Garten mit seinen Miniaturbergen und winzigen Bachläufen, Teichen und Brückchen ist heute eine Stiftung des österreichischen Künstlers André Heller, der das Haus zeitweise privat bewohnt. (Mitte März–Mitte Okt. tgl. 9–19 Uhr.)

Gardone di Sopra

Vorbei am Rathaus, dann nach rechts, führt der Fußweg zum Vittoriale mitten durch den alten Kern des Ortes. Er wurde zauberhaft hergerichtet, ist nur Fußgängern vorbehalten und trotz des nahen Rummels um das Vittoriale eine Oase der Stille. Die große Pfarrkirche (hinter dem Chor Umgang mit herrlichem Seeblick!) steht abseits, als sollte sie die dörfliche Idylle, fast schon zur Kulisse degradiert, vom Effekt heischenden **Vittoriale degli Italiani** abschirmen. Von 1921 bis zu seinem Tod 1938 lebte Gabriele D'Annunzio in der Villa des Vittoriale, das der große Exzentriker zu seinem Ruhm erbauen ließ. Es trägt den Beinamen »degli Italiani«, was zusammen ziemlich nationalistisch »Siegeszeichen der Italiener« bedeutet. Einmal am Gardasee, sollte man sich diesem an sich zweifelhaften ›Vergnügen‹ unterziehen und die überdimensionale Anlage besichtigen, die auch bei ganz und gar nicht faschistisch angehauchten Italienern als Pflichtbesuch gilt. (Tgl. 9–17/17.30, im Sommer 8.30–20 Uhr.)

D'Annunzio machte aus der typisch oberitalienischen Villa Cargnacco, die zuvor Wimmer als Treffpunkt für berühmte Wissenschaftler seiner Zeit hatte ausbauen lassen, mit Andenken an seine Kriegseskapaden eine skurrile Weihestätte für sich selbst. Die Villa ist nur im Rahmen einer Führung zu besichtigen; in den Anbauten befindet sich das eigentliche Museum, alles in allem ein Sammelsurium von Kitsch und Kunst in meist abgedunkelten, übervollen, theatralisch dekorierten Räumen. Das Vorschiff der Puglia, auf dem der Dichter in Dalmatien am Kriegsgeschehen teilnahm, ließ er wie ein gestrandetes Schiff in seinen Garten ›einpflanzen‹. Weiter oben befindet sich in einer eigens dafür gebauten

Halle das Torpedoboot MAS, außerdem D'Annunzios Flugzeug. Über der Halle wiederum thront das wahrlich faschistoide, weißmarmorne und kreisrunde Mausoleum für D'Annunzio und seine Kriegskameraden in schönster Gardasee-Panoramalage. Die Gesamtanlage des Vittoriale degli Italiani dient als Rahmen für kulturelle Kongresse und Veranstaltungen, und im Amphitheater finden im Sommer gut besuchte Konzerte statt. (Auskunft über IAT oder direkt bei der Fondazione del Vittoriale, Tel. 036 52 01 30.)

Gardone di Sopra mit seinen restaurierten Häusern ist an sich eine Augenweide und mit dem mit hohen Bäumen bestandenen Stadtpark vor dem Rathaus auch ein schöner Ort für eine Pause. Weiter oben lockt eine Auto- oder Wandertour zum Beispiel nach San Michele (s. S. 176) oder oben herum zum Vorort Fasano. Beginn des Aufstiegs könnte an der Via delle Arche gleich oberhalb des Vittoriale sein, die in die Via Panoramica übergeht. Nach Fasano kommt man natürlich am schnellsten entlang der Gardesana Occidentale, die hier Corso Zanardelli heißt.

IAT: Corso Repubblica 35, 25083 Gardone Riviera, Tel./Fax 036 52 03 47.

Comunità del Garda (für den gesamten Gardasee): Via Roma 8, Tel. 03 65 29 04 11, Fax 03 65 29 00 25.

Hoteliervereinigung CARG (für Salò bis Gargnano): Corso della Repubblica 6, Tel./Fax 036 52 06 36, www.carg.it.

Villa Fiordaliso: Via Zanardelli 132, Tel. 036 52 01 58, Fax 03 65 29 00 11, www.villafiordaliso.it, ca. 20. Nov.–10. Feb. geschl. Kleine (6 Zimmer, 1 Suite), luxuriöse, familiär geführte historische Jugendstilvilla am See am nördlichen Ortsrand Richtung Fasano, eigener Bootssteg, Parkplatz; mit von Michelin besterntem Gourmetrestaurant mit hervorragender, eher französischer Küche und perfektem Weinkeller, Mitglied von Relais & Chateaux (Achtung: Die Hauptverkehrsstraße führt direkt am Hotel vorbei). DZ mit Frühstück rund 370 €.

Grand Hotel: Via Zanardelli 84, Tel. 036 52 02 61, Fax 036 52 26 95, www.grandgardone.it, April–Okt. Erstes und Paradehaus des Ortes direkt an der Anlegestelle mit schönen Gesellschaftsräumen, mehreren Terrassen am See, eigenem Badeplatz und beheiztem Pool sowie Garage; 180 Zimmer in mehreren Gebäuden am See, die miteinander verbunden sind (Achtung: Straßenlärm auf der Bergseite, auf der allerdings nur wenige Zimmer liegen). DZ mit Frühstück 110–200 €.

Diana: Lungolago Gabriele D'Annunzio 30, Tel./Fax 036 52 18 15, ganzjährig geöffnet. Kleines Hotel direkt an der Uferpromenade mit Frühstücksterrasse im 1. OG; 18 einfache Zimmer mit Balkon (im 3. OG besonders groß), die meisten mit Seeblick. DZ mit Frühstück 65–70 €.

Du Lac: Via Repubblica 58, Tel. 036 52 15 58, Fax 036 52 19 66, www.hoteldulac.net, im Nov. 1–2 Wochen geschl. Freundliches, traditionelles, total renoviertes Haus mit 39 Zimmern zwischen Bummelmeile und Strandpromenade mit Restaurant und Café zum See. DZ mit Frühstück je nach Lage und Saison 55–112 €.

Agli Angeli: Gardone di Sopra, Piazzetta Garibaldi 2, Tel. 036 52 08 32, Fax 036 52 07 46, www.carg.it, ca. 10. Jan.–10. Feb., 15. Nov.–15. Dez. geschl. Kleines, familiär geführtes Haus mit 9 Zimmern im hübschen ›Oberdorf‹ von Gardone auf dem

Weg zum Vittoriale; mit Restaurant (s. u.). DZ mit Frühstück 50–80 €.

Villa Fiordaliso: s. Hotels S. 180, Mi–So mittags und abends, Di nur abends geöffnet. Eines der teuersten Restaurants am See (eher frz. Küche).
Agli Angeli: Gardone di Sopra, s. Hotels S. 180 f., im Winter Mi–So, sonst Di–So mittags und abends geöffnet. Feines, familiäres Restaurant mit hübscher Terrasse im zauberhaften alten Ortskern; lokale verfeinerte Küche zu gerechtfertigt gehobenen Preisen; viele Stammgäste, vor allem während der Konzertsaison im Vittoriale; für den Abend Tisch reservieren.
Pasticceria Desirée: Via Repubblica 29, Tel. 036 52 10 20, tgl. von früh bis ca. 20 Uhr geöffnet. In dieser hübschen Konditorei mit Café in einem schön renovierten Barockhaus von 1756 mitten in der kleinen Fußgänger-Einkaufsmeile von Gardone ist alles selbst gemacht (Pralinen und Kuchen u. ä.).
Caffè Wimmer: Piazza Wimmer 5, Tel. 036 52 06 31, Di–So 9–2 Uhr, Feb. geschl. Weinproben in urigem Ambiente, das an ein Schiff erinnert; im Sommer sitzt man draußen auf der Piazza und genießt *caffè* oder die guten Drinks, die immer mit viel Knabberzeug serviert werden. Im Winter Fr, Sa ab 22.30 Uhr **Livemusik,** im Sommer spielen diverse Bands (s. schwarzes Brett). Ein guter Treffpunkt, bei jungen Leuten beliebt.

Kurze, aber nette **Einkaufsmeile** jeweils am See/Uferpromenade und in der parallel dazu verlaufenen **Via Repubblica.**
Antiquitätenmarkt: Juni–Sept. alle 14 Tage samstags.

Mai: Frühlingskonzerte in der Villa Alba (s. nebenstehend), im Vittoriale und in den *borghi* der Stadt.
Juni, Sept.: abendliche Musikveranstaltungen am See.
Juli, Aug.: Theatersaison im Vittoriale (Prosa-Abende, Ballett, Oper, klassische Musik, lyrische Musik und Kabarett).
Sept.: historische Autocorsi, Konzerte u. a. Veranstaltungen unter dem Sammelbegriff »Gardone Dannunziana«.

Bootssport: Baia Boat Service, zwischen Gardone und Fasano, Tel. 036 52 19 18. Auch Verleih von Scootern.
Paragliding/Drachenfliegen: Volere Volare, c/o Hotel Colomber, Località San Michele, Tel. 036 52 11 08.

Boote: Gardone Riviera ist im Sommer eine der Hauptstationen der Navigarda-Boote.
Busse: Verbindungen mit den Orten am Westufer zwischen Riva und Salò, aber auch nach Brescia und Desenzano.

Fasano del Garda

Gardasee-Atlas: S. 234, B 2
Richtung Fasano, wo sich die Hauptstraße eng an den See drückt und nur für eine Villenreihe Platz lässt, führt eine Zypressenallee zur prächtigen weißen, klassizistischen **Villa Alba,** die 1904/05 von den Langensiepen (deutsche Blumenzüchter) mit dorischen Säulen und Karyatiden errichtet wurde (heute Veranstaltungs- und Kongresszentrum). Gegenüber steht am See die auffällige **Torre San Marco** aus dem 19. Jh., die D'Annunzio mit dem winzigen Privathafen für sein Torpedoschiff verändern ließ. Inzwischen kann man den Turm von innen ansehen, wenn die dortige Diskothek, ganz im Sinne D'Annunzios in knalligen Farben und auffäl-

Maderno mit dem Monte Pizzòcolo im Hintergrund

lig dekoriert, zu einer Veranstaltung einlädt. Zum selben Besitz gehört heute die ockerfarbene, in ihrer Architektur fast bescheidene **Villa Fiordaliso,** in der Mussolini 1943 seine Geliebte Claretta Petacci einquartiert hatte (heute Luxushotel und -restaurant; s. S. 180).

In **Fasano Sotto** stehen hart an der Straße sowohl auf der See- als auch auf der Bergseite einige Hotels. Die meisten gehören der teuren Kategorie an, obwohl sie dem Straßenlärm ausgesetzt sind. **Fasano Sopra** könnte man als »Klein-Gardone-Sopra« bezeichnen, die Villen sind meist nicht ganz so luxuriös, aber der Gesamteindruck ist der einer grünen ›Sommerfrische‹.

Villa Capri: 25083 Fasano, Via Zanardelli 172, Tel. 03 65 21 537, Fax 03 65 22 720, www.hotelvillacapri.com, April–Okt. Gemütliches 46-Betten-Haus mit hübscher Villen-Dependance, beide direkt am See mit eigener Anlegestelle, je einem Pool in einem gemeinsamen großen, sehr gepflegten und mit hohen Bäumen beschatteten Garten um die Poolwiese; großer Aufenthaltsraum; sehr italienische Atmosphäre trotz des meist deutschsprachigen Publikums; ohne Restaurant. DZ mit Frühstück 110–200 €.

Boote: Fasano ist Haltestelle der Navigarda-Boote, muss jedoch auf besonderen Wunsch angefahren werden. Es genügt, wenn man an Bord Bescheid sagt bzw. am kleinen Hafen wartet.

Busse: Haltestelle entlang der Gardesana Occidentale, zwischen Riva und Salò also eine gute Anbindung.

Toscolano-Maderno

Gardasee-Atlas: S. 234, B 2
Die beiden völlig verschiedenen Ortschaften (zusammen fast 7000 Einw.) sind im Lauf der Zeit zusammengewachsen und tragen jetzt auch offiziell den Doppelnamen. Sie liegen auf einer fast 2 km langen und 1 km tiefen, zum See flach abfallenden Kiesaufschüttung, einer Art Delta des Toscolano-Baches, der sich mühsam einen Weg zwischen dem Monte Castello di Gaino (870 m) und dem Monte Pizzócolo (1582 m) bahnte.

Vom Süden kommend, trifft man zuerst auf Maderno, wo sich auch die Bootsanlegestelle für beide Orte befindet. Touristen verirren sich normalerweise nur selten bis ins geschäftigere Toscolano, es sei denn, sie haben ihr Quartier auf einem der Campingplätze im Norden aufgeschlagen oder wollen den guten Donnerstagsmarkt besuchen.

Während Toscolano etruskischen Ursprungs ist, doch auch zur Römerzeit besiedelt war, wie Funde (Bodenmosaike, Spolienmaterial) neben der mächtigen Kirche S. S. Pietro e Paolo beweisen, gilt Maderno als römische Gründung und bildete bis 1377 das wirtschaftliche Zentrum des Westufers. Dann veranlasste Beatrice della Scala, die an den Mailänder Visconti-Hof geheiratet hatte, dass Salò Hauptsitz der Comunità della Riviera wurde, und Maderno geriet fast in Vergessenheit. Toscolano indes kam europaweit mit seinen Papiermühlen zu Ansehen (s. S. 185.)

Maderno

Maderno ist mit seiner halbrunden Bucht, der schmalen, aber langen Seepromenade, den Parks und Villen eindeutig der hübschere Ortsteil. Und es besitzt eine der schönsten langobardisch-romanischen Kirchen des Gardasees, **Sant'Andrea Apostolo** (1130–50). Sie steht im Scheitelpunkt der Bucht und ist ein historisches Monument mit strengen Öffnungszeiten, die an Markttagen beispielsweise dennoch übergangen werden, zum Wohle der Besucher – man kann fast den ganzen Tag hinein. Schon vor der aus drei verschiedenfarbigen Steinarten (rostrot, weiß und grau) sowie römischem und langobardischem Spolienmaterial errichteten Fassade können auch kunstgeschichtlich weniger interessierte Betrachter längere Zeit verbringen, weil die Details der handwerklich hochwertigen Steinmetzarbeiten am sechsfach abgetreppten kleinen Portal einfach schön sind. Beste langobardisch-romanische Steinmetzkunst zeigt sich an den Portalgewänden: ineinander verschlungene Bänder (Flechtornamente), Blattranken und Früchte, Adler, Löwen und Fabelwesen. Und die Konsolen des Rundbogenfrieses im Giebelfeld darüber sind wie menschliche Köpfe skulptiert. (8–11.30, 15.30–19 Uhr.)

In Sant'Andrea ist den ganzen Tag leise sakrale Musik vom Band zu hören, eine schöne Einstimmung beim Betreten der Kirche. Gedämpftes Tageslicht erhellt einen von schweren, aus rohem Stein gehauenen Pfeilern und Säulen mit prächtig gearbeiteten Kapitellen getragenen, dreischiffigen Raum. Unter den spätgotischen Fresken beachtenswert ist das an der ersten Altarwand links; das letzte Joch des rechten Seitenschiffes wurde hingegen in der Renaissance (um etwa 1583) freskiert und stuckiert. Die Gebeine des hl. Herkulan (ital. Sant'Ercolano) wurden 1580 von der nur halb in den Boden gesenkten Krypta entfernt, in einer benachbarten Kapelle ›zwischengelagert‹ und 1825 in die neue Pfarrkirche von Maderno nur ein paar Schritte Richtung Anlegestelle überführt, die den Namen des Heiligen trägt: **Sant'Ercolano.** Diese riesige, kunsthistorisch bedeutungslose Kirche, die das mittelalterliche Gesamtbild Madernos erheblich stört, wurde über einer älteren Festung erbaut.

Toscolano

Hinter Sant'Andrea führt die Via Benamati mitten durch die Altstadt mit ihren einfach-schönen, recht hohen und gepflegten Steinhäusern nach Norden. Weiter geht es durch die Via Cavour mit ihren ganz normalen Lebensmittelgeschäften. Oben auf halber Höhe überragt das Dorf **Gaino** mit seinem Kirchlein die Halbinsel von Toscolano-Maderno. Nach der einzigen Brücke über den Toscolano (schöner Blick in die Gärten und den Botanischen Garten am Fluss) beginnt der Ortsteil Toscolano. Schon von der Brücke ist in ziemlicher Entfernung der hohe Turm von **S. S. Pietro e Paolo** zu sehen. Diese auffallend große Kirche von 1584 wurde auf den Grundmauern eines römischen Tempels für Zeus Ammon errichtet. Ihre monumentale Renaissancefassade erstaunt. Fast zwei Dutzend Bilder des großen venezianischen Malers Andrea Celesti (1637–1712) hängen in der Kirche. Vor allem zum Chor mit seinen drei großen Gemälden wird man gleich vom Eingang her geradezu magisch angezogen. Sogar die Orgelflügel hat Celesti mit der »Anbetung der Heiligen Drei Könige« bemalt. Ein Meisterwerk barocker Holzschnitzerei ist der 1621 geschaffene Bischofsstuhl unter der Orgel. Vor dem Verlassen der Kirche lohnt sich ein Blick auf die Innenwand der Fassade, für die Celesti u. a. einen bewegten »Kindermord zu Bethlehem« gemalt hat. (Mo–Sa nur nachmittags, So länger zur Messe geöffnet.)

Neben S. S. Pietro e Paolo stehen in Richtung Papierfabrik vier schlanke Säulen: ein Rest des Zeus-Ammon-Tempels. Noch ein Stück weiter sind in einem kleinen, eher lieblos angelegten Park römische Mosaiken (farbige und schwarz-weiße) in je zwei größeren und kleineren Räumen eingezäunt und wettergeschützt, aber gut zu erkennen. Sie stammen wohl aus dem 1./2. Jh. Erst 1967 entdeckt, wurden sie nur teilweise ausgegraben. Hinter der Papierfabrik, der **Cartiera di Toscolano** (s. S. 185), beginnt ein beliebtes Wohngebiet. Die neueren Häuser wurden zum Teil architektonisch gekonnt in die alten Papierfabriken bzw. deren hohe Trockenhallen integriert. Am See davor

DIE PAPIERMÜHLEN VON TOSCOLANO

Etwa 10 km fließt der reißende Toscolano-Bach vom gestauten Valvestino-See in rund 500 m Höhe bis zum Gardasee, hat also ein Gefälle von mehr als 400 m. Die dunkle und doch malerische, tiefe Schlucht, die der Bach bildet, ist das Papiermühlental des Gardasees, Camerata- oder Toscolano-Tal genannt. Als Beweis dafür, wie alt und bedeutend die Papierindustrie bereits im Mittelalter war, gilt ein Dokument von 1381, mit dem die Verteilung des Wassers des Toscolano-Baches zwischen Toscolano und Maderno geregelt wurde. Eine Art Papyrus und Büttenpapier wurden hier hergestellt – allein von etwa 70 Brescianer und venetischen ›Papierdynastien‹. Am 27. März 1617 schrieb der Landvogt von Venetien einen Bericht, in dem er Toscolano als einen »sehr belebten Ort durch die Herstellung und den Handel mit Papier« bezeichnete. 50 Nasspressen soll es zu jener Zeit im Tal gegeben haben. Das lockte natürlich auch Drucker aus Venedig und Brescia sowie Treviso an den Gardasee, die für eine hervorragende Druckqualität sorgten: gestochen scharf und künstlerisch wertvoll. Die hier üblichen Wasserzeichen wie Lamm und Waage, Ochse mit Kreuz und Schere verbreiteten sich bald über ganz Europa. Auf Büttenpapier von Toscolano wurden zum Beispiel Werke Dantes, Petrarcas und Boccaccios gedruckt. Angeblich auch die erste Bibel Luthers.

Mitte des 19. Jh. standen noch immer 25 Papiermühlen in Toscolano und am Bach, dessen Kraft zu dieser Zeit bereits Strom lieferte. In den 60er Jahren des 20. Jh. wurde die letzte Papiermühle am Bergbach geschlossen. Ihre hohen Ruinen kann man bei einigem guten Willen als Anschauungsmaterial, eine Art Freilichtmuseum der Papierproduktion, betrachten. Vorerst, denn was seit Jahrzehnten geplant ist, nämlich ein richtiges Freilichtmuseum, könnte bald durch ein paar engagierte Gemeindemitglieder von Toscolano-Maderno Formen annehmen.

Seit 2001 arbeitet in Toscolano nur noch die große, recht erfolgreiche Papierfabrik nahe der Kirche S. S. Pietro e Paolo. Sie war 1905 mit den damals modernen Maschinen entstanden und ist seit 1989 Teil des Familienkonzerns Marchi aus Arzignano bei Vicenza (im Veneto). Dieser moderne Papierkonzern geht auf das Jahr 1886 zurück, drei Papierfabriken gehören nun dazu: Valchiampo, Sarego und eben Toscolano, mit einer Gesamtproduktion von mehr als 200 000 t Papier pro Jahr (in Toscolano allein: 140 000 t). Die Marchi-Gruppe nimmt heute den dritten Platz im Bereich Kunstdruck- und Naturpapier in Italien ein, übrigens ein unentbehrlicher Partner auch für manche deutsche Verlage.

In Toscolano finden 420 Menschen Arbeit in der Papierfabrik. Ein Drittel der Produktion geht ins Ausland: nach Deutschland und Frankreich, Großbritannien, Spanien und Kanada. Und die Marchi-Familie zeigt ein Herz für die Ökologie: 1989 schenkte sie das zu ihrem Besitz gehörende Toscolano-Tal der Gemeinde, die daraus einen Teil des Regionalparks Oberer Gardasee machte, es also unter Naturschutz stellte. Nun wartet man nur noch auf den Aufbau eines Freilichtmuseums …

Das sechsfach abgestufte Portal der Kirche Sant'Andrea in Maderno

breiten sich die Campingplätze und ein langer Kiesstrand aus.

Direkt hinter der Pfarrkirche (mit der kleinen Wallfahrtskirche Madonna del Benaco) Richtung Gargnano versteckt sich, von der Straße aus kaum zu sehen, der alte Hafen von Toscolano, dessen Mole verlängert wurde. Seine umgebenden Paläste könnten eine behutsame Restaurierung brauchen ...

IAT Maderno: Lungolago Zanardelli 18 (am Anleger), 25088 Toscolano-Maderno, Tel./Fax 0365 641330.

Maderno: Via Statale 12, Tel. 0365 641070, Fax 0365644277, www.gardalake.it/hotel-maderno, April–Okt. Etwas nostalgisch verstaubtes Haus in einer alten Villa im großen Garten zwischen Haupt- und Uferstraße gegenüber dem Fährhafen; mit Pool, Parkplatz und Restaurant mit lokaler Küche; 33 nette altmodische Zimmer. DZ mit Frühstück 80–130 €.

Milano: Lungolago Zanardelli 12, Tel. 0365540595, Fax 0365547182, April–Okt. 38 Zimmer großes Haus in renovierter Jugendstilvilla mit modernerem Anbau in einem Garten mit Pool gegenüber der Bootsanlegestelle unweit des Fährhafens; Restaurant nur für die Hausgäste. DZ mit Frühstück 70–90 €.

San Marco: Piazza San Marco, Tel. 0365 641103, Fax 0365540592, ganzjährig geöffnet. Hübsches, kleineres Hotel mit nur 20 netten, aber kleinen Zimmern in einer schmalen Jugendstilvilla mit bekanntgutem Terrassenrestaurant zurückversetzt von der Uferstraße. DZ mit Frühstück 60–78 €.

Belvedere: Località Monte Maderno, Via Maclino, Tel./Fax 0365641210, hbelvedere@tin.it, Weihnachten–Ende Okt. Kleines, sehr familiär geführtes 7-Zimmer-Haus mit einladendem kleinen Garten in hübscher Panoramalage; mit hervorragendem, ländlichem Restaurant mit lokalen Spezialitäten. DZ mit Frühstück 52 €.

Agriturismo

Scuderia Castello: Località Gaino, Via Trento 135, Tel. 0365644101, Fax 0365 541555, ganzjährig geöffnet. Reiterhof mit Manege (Reitunterricht sowie Ausritte) mit 8 Zimmern und Restaurant (lokale Küche). DZ mit Frühstück rund 53 €.

Camping

Toscolano: Toscolano, Via Religione 88, Tel. 0365641584, Fax 0365642510, April–Sept. Auf ummauertem Gelände einer alten Papierfabrik gelegener Platz mit Bungalows; sportliches Freizeitprogramm, Kinderanimation; breiter Strand mit Badesteg. Stellplatz 13 €, p. P. 7 €.

Belvedere, Scuderia Castello und **San Marco:** s. Hotels.

La Tana: Via Aquilani 14, Maderno, Tel. 03 65 64 42 86, Mi–Mo mittags und abends geöffnet. Urige kleine Kneipe in zwei rustikalen Untergeschossräumen in ›zweiter Reihe‹ nahe dem Hotel San Marco (Hinweis) mit preiswerter lokaler Küche sowie hausgemachter Pasta; sehr gut: der gemischte Vorspeisenteller.

Ganzjährig donnerstags: einer der besten **Wochenmärkte** des Gardasees im Ortsteil Toscolano.
Juni–Sept. jeden Mi nachmittags sowie Okt.–April jeden 4. So des Monats ganztägiger **Antiquitätenmarkt** in Maderno vor der Kirche Sant'Andrea.
Sonst gilt der Doppelort, vor allem Richtung Toscolano, als sehr guter Einkaufsplatz mit u. a. drei Supermärkten und einem hervorragenden **Fischladen** (Lagomar Fish; ausgeschildert).

Mai: Gardalonga – neu eingeführtes, sehr populäres Ruderbootrennen.
Juni: Patronatsfest für S. S. Pietro e Paolo mit gastronomischen Ständen, Musik.
Um den 11. Aug.: Patronatsfest für Sant' Ercolano mit großem Feuerwerk.

Bootshäfen: in Maderno (mit Werft Gianluca, Tel. 03 65 64 18 23) sowie am alten Hafen von Toscolano.
Golf: in Bogliaco (s. S. 195), Tel. 03 65 64 30 06. Gepflegte 9-Loch-Anlage in wunderschöner Gardasee-Landschaft.
Reiten: Scuderia Castello im Vorort Gaino oberhalb (s. Agriturismo S. 186). Mit 25 Pferden in der Manege. Reitunterricht sowie Ausritte in wunderschöner Umgebung.
Schwimmen und Sonnenbaden: am Lido Azzuro, einem netten Strandbad mit aufgeschüttetem schmalen Sandstrand nahe dem Fährhafen von Maderno; auch Pedalo-Verleih gibt es am langen Kiesstrand von Toscolano (mit Bar-Pizzeria) im Scheitelpunkt der breiten Halbinsel. Klein und steil abfallend, aber hübsch von ein paar Olivenbäumen beschattet, ist der Kiesstrand im nördlichen Bereich von Toscolano nahe der Pfarrkirche.

Boote: Ganzjährige **Fährverbindung** zwischen Maderno und Torri del Benaco am Ostufer; außerdem Bootsverbindungen Ostern–Ende Okt. zu den anderen Seeorten.
Busse: Maderno und Toscolano werden von den Bussen zwischen Brescia (über Salò) bzw. Desenzano und Riva regelmäßig bedient.

Gargnano

Die lang gestreckte Gemeinde (ca. 3000 Einw.) besteht unten am See aus den drei Teilen Bogliaco, Villa und dem Hauptort Gargnano, im Hinterland aber liegen die zahlreichen kleinen Bergdörfer auf dem Monte Gargnano – zusammen machen sie aus Gargnano eine der flächenmäßig größten Gemeinden der Lombardei. Hier leben hauptsächlich Handwerker, weiterhin sind sie Nebenerwerbsbauern, aber doch mit so intensiver Landwirtschaft, dass sie nicht nur die eigene Familie versorgen können, sondern damit auch noch ein wenig dazu verdienen. Es sind freundliche, zurückhaltende Menschen, die hier wohnen.

Bogliaco

Gardasee-Atlas: S. 234, C 1
Bogliaco ist stolz auf seinen **Hafen,** der trotz Erweiterung nicht alle Boote fassen kann, deren Besitzer hier gerne einen festen Standort hätten. Denn es ist

La Supina

Vom Ortsteil Fornico aus, wo man am Ortsrand den Wagen abstellen kann, führt ein Wanderweg zur einsam stehenden Wallfahrtskirche (ausgeschildert), die man Sonntagnachmittag zur Messezeit auch von innen (Fresken) bewundern kann. Weiter geht es Richtung Cécina und rund um den Golfplatz von Bogliaco (eine gute Stunde).

der Hauptaustragungsort der Centomiglia, der wohl berühmtesten Segelregatta auf einem europäischen See, die immerhin schon seit 1951 jährlich mit immer größerer internationaler Beteiligung ausgetragen wird. Im September verwandelt sie den netten, beschaulichen Ortsteil in einen Wallfahrtsort für Segelfans, ob aktive oder Zuschauer. Aber auch sonst dreht sich alles um den kleinen Hafen, wie übrigens auch in den beiden anderen Ortsteilen. Bogliaco dehnt sich auch jenseits der Gardesana auf der Bergseite aus. In Panoramalage stehen seine beiden Kirchen: die Pfarrkirche **San Pietro d'Agrino** von 1576 mit ihrer interessanten Sonnenuhr und ihr gegenüber die kleine Wallfahrtskirche, das **Santuario del Cristo** (praktisch den ganzen Tag über geöffnet) mit einem intensiv angebeteten Kruzifix, Christus mit langem Echthaar.

Richtung **Cécina** breitet sich ein besonders schöner Golfplatz in einer typischen Gardasee-Landschaft aus. Er wurde mitsamt Clubhaus, das einer vornehmen Landvilla gleicht, 1912 geschaffen – der erste am Gardasee und der dritte in Italien überhaupt.

Bereits in Bogliaco sind einige **Limonaie** (s. S. 196) zu sehen, teilweise zu Wohnzwecken und als Hotel ausgebaut. Das durfte man, bis das Denkmalamt sie unter strengsten Schutz gestellt hat. Die Kette der Zitronengewächshäuser setzt sich dann bis Gargnano und weiter nach Limone fort.

Villa

Gardasee-Atlas: S. 234, C 1

Weiter nach Norden ziehend, sollte man besser motorisiert sein. Denn eine hohe, mächtige Villa steht so hart an der Straße, dass praktisch kein Bürgersteig mehr frei bleibt: die **Villa Bettoni-Cazzago** (18. Jh.), der man beim Bau der Gardesana den Zugang zu ihrem Garten auf der Bergseite abgeschnitten hat. Den herrlichen, terrassenartig angelegten Park (1764–67) entwarf übrigens einer der größten Gartenbau-Architketen der Toscana, Amerigo Vincenzo Pietrallini. (Eine kleine halbrunde Parkbucht ermöglicht es, wenigstens den Park zu bewundern.)

Hinter der Bootswerft Feltrinelli gelangt man wieder an den See (Einbahnstraße vom Süden her), vorbei am nur im Sommer geöffneten Barrestaurant des Lido und am Sitz der für den Naturpark zuständigen Comunità Montana. Der enge historische Kern von Villa ist erreicht. Auch hier lebt man am und um den noch kleineren **Hafen,** kauft in den gut gehenden Lebensmittelgeschäften ein und trifft sich in der Bar Al Porto. Und die Einheimischen wundern sich noch immer über die ausländischen Touristen, die auch im Winter bei jedem Wetter lieber draußen ihren Cappuccino trinken – windgeschützt übrigens …

Eine schöne Bausubstanz von Villen aus mehreren Jahrhunderten hat sich in Villa erhalten (einige sind heute nette, von Familien geführte Hotels). In einer eher bescheidenen Villa an der Durchgangsstraße südlich vom Hafen hat D. H. Lawrence gewohnt und seine Reisetagebücher verfasst. In der »Italienischen Dämmerung« erzählt er von seiner Wanderung über die Alpen bis zum Gardasee.

Von Villa kann man nach Gargnano schlendern, vorbei an Villen hinter hohen Mauern. In Höhe der AGIP-Tankstellen trifft man auf die Gardesana, kann jedoch gleich wieder abwärts nach Gargnano hineinlaufen.

Gargnano

Gardasee-Atlas: S. 234, C 1
Der Ort besticht durch seine herrliche Lage an den Hängen des 1047 m hohen Monte Magno, im Norden vor kühlen Winden durch den 1458 m hohen Monte Denervo geschützt. Zwischen den zur Gemeinde gehörenden, zehn kleinen Bergdörfern, heute beliebte Wohn- und Erholungsorte, erstreckt sich ein panoramareiches Wandergebiet.

Unter der österreichischen Herrschaft entstand in Gargnano 1829 die Società Lago di Garda, eine Gesellschaft, die sich um die Pressung des Olivenöls kümmerte. Jetzt ist Gargnano Sitz der Comunità Montana in Villa, die sich um den Naturpark Alto Garda Bresciano kümmert, genauer um alles, was mit Land- und Forstwirtschaft im großen Gebiet des Naturparks zu tun hat. Außerdem stehen in und um Gargnano die meisten *limonaie* des Gardasees, schließlich sollen hier die ersten Zitrusfrüchte am See gepflanzt worden sein – ein Hinweis auf das milde Klima des früheren Fischerdorfes.

Galerie Pane

»Brot« heißt übersetzt die kleine Galerie der Deutschen Sabine Frank direkt am winzigen Hafen Villas. Sie malt Brote auf beschriebenes Kanzleipapier, die man hier anschauen und erwerben kann. Es handelt sich um eine Art Reisetagebuch, weil sie auf ihren vielen Reisen das jeweils typische Brot kauft, es malt und dann verzehrt.

Am Hafen
An der neuen Tiefgarage von Gargnano kann man gleich zum See hinabgehen, und erreicht den Hafen über den Holzsteg, der vor den früheren Fischerhäusern ›schwebend‹ ins Zentrum führt. Hier fühlt man sich angesichts der an die Häuser schlagenden Wellen fast nach Venedig versetzt. Und in der Ferne genießt man den Blick auf den lange ins Frühjahr hinein verschneiten Koloss des Monte Baldo auf der anderen Seeseite. In der Nähe aber das hübsche Ortsbild eines Gardasee-Städtchens, das meist ganz in sich zu ruhen scheint. Es gehört zu den wenigen stillen, den besonders angenehmen und vor allem ganzjährig bewohnten Orten

am See, die eine funktionierende Infrastruktur besitzen. Auch in kulinarischer Hinsicht braucht man nicht zu darben: Außer einer Pizzeria mit Tischen auf einem Steg im See und vier einladenden Cafés gibt es hier auch noch einen von Michelin besternten, winzigen Gourmettempel. Fischer Gianni, längst pensioniert, verkauft unter der alten Rathausloggia die Fische, die seine Neffen aus dem See holen. Und am Mittwoch, wenn auch nur alle 14 Tage, findet ein kleiner Markt statt. Natürlich am Hafen.

Überhaupt dreht sich ja auch hier alles um den kleinen Hafen, der nicht nach außen in den See gebaut wurde, sondern zwischen drei Häuserzeilen, altes Rathaus inbegriffen, seinen Platz gefunden hat. Noch sind nicht alle Wohnpaläste restauriert, aber es sind gute Fortschritte zu verzeichnen. Vor allem seit sich ein Nobelhotel in den historischen Mauern der Villa Feltrinelli am nördlichen Ortsrand in San Faustino eingenistet hat, verspricht man sich ein wenig mehr ›feinen‹ Tourismus. Dabei kommen alle offensichtlich auch so ganz gut zurecht mit den Gästen, die sie bereits haben. Leuten, die das noch spürbar italienische Leben der Gargagnesi erleben und doch das Gefühl vom Dolcefarniente bei einem guten Drink oder einem *caffè* genießen wollen. Mit einem sehr weiten Blick über den Gardasee, der im Süden von der markanten Rocca di Manerba bzw. der Punta San Vigilio gegenüber eingeengt zu werden scheint. An schönen Winterabenden sieht man von hier die Sonne hinter dem zackigen Monte Castello und dem höheren, rundlichen Monte Pizzócolo rot glühend untergehen.

Kloster San Francesco

Dem fast ruinösen Zustand des Klosters am südlichen Ortseingang sieht man nicht mehr an, dass Gargnano im 13. Jh. ein bedeutendes Franziskanerzentrum war. Es soll sich sogar um eine Gründung des hl. Franziskus von 1289 handeln. Sicher ist jedoch, dass es die Franziskanermönche waren, die hier mit dem Anbau der Zitrusfrüchte begonnen haben. Der interessante Kreuzgang aus dem 14. Jh. könnte eine Sanierung vertragen, bevor die schlanken Säulen mit ihren spätgotischen, teils recht merkwürdig geratenen Arkaden und den mit Fischen und Zitrusfrüchten geschmückten Kapitellen völlig auseinander fallen. Der stille Kreuzgang ist nur im Winter im Rahmen eines kleinen Missionsmarktes zu-

Die Villa Feltrinelli im Vorort San Faustino

gänglich. Die Kirche mit ihrem noch romanischen, rundbogigen Hauptportal mit Lisenengliederung lieben die Gargagnesi, weshalb man fast den ganzen Tag über Gelegenheit hat, sie zu besuchen. Sie wirkt recht düster. Haben sich die Augen daran gewöhnt, erkennt man, wie stark sie im 17. und 18. Jh. verändert, also barockisiert wurde.

Vom Anleger nach San Giacomo

Wer mit dem Boot ankommt, wird geradezu betäubt vom Duft der jungen Mandarinenbäume an der herausgeputzten, kurzen Promenade. Hier findet man gleich drei der Cafés dicht beisammen, eines mit Ganzjahresbetrieb (Gelateria Azzura), Treff der Einheimischen auch an kältesten Wintertagen. Im Sommer kann man hier gut auf das nächste Boot für einen geruhsamen Ausflug über den See warten.

Von der früheren Bedeutung Gargnanos zeugen außer dem **Palazzo Comunale** (16. Jh.), der jetzt nur noch als Veranstaltungs- und Ausstellungsraum dient, prachtvolle Villen. Mehrere Gebäude und zwei zurückhaltende Prachtvillen verdankt Gargnano der Verlegerfamilie Feltrinelli, die durch den Holzhandel reich wurde. Ihnen hat Gargnano auch soziale Einrichtungen in allen größeren Ortsteilen zu verdanken (Ende 19./Anfang 20. Jh.).

Und die beiden Feltrinelli-Villen eben: Im **Palazzo Larghi Feltrinelli** (Ortskern) im gepflegten Neorenaissancestil des ausgehenden 19. Jh. hat die Mailänder Ausländeruniversität einen würdigen Rahmen gefunden hat. Die **Villa Feltrinelli** im Vorort San Faustino (hinter dem hübschen Strandbad Fontanelle, nahe der modernst ausgestatteten Olivenölpresse) diente der Familie als Sommersitz. Sie ließen sie in eklektischem Stil vom Mailänder Architekten Belgioioso 1894 errichten, über und über mit Holzschnitzereien und dem Anfangsbuchstaben ihres Familiennamens, dem »F«, dekorieren. Diktator Benito Mussolini lebte hier 1943–45 während der so genannten Republik von Salò. Daher heißt sie in Gargnano nur »Villa del Duce«. Nachdem sie jahrzehntelang leer stand und ziemlich heruntergekommen war, hat sie 2001 eine neue Bestimmung als kleines, sehr ambitioniertes Luxushotel auf einem der schönsten Seegrundstücke im

Blick auf Musaga und den Monte Baldo am jenseitigen Ufer

Gardesanischen überhaupt gefunden (s. Hotels S. 193).

Geht man hinter dem Hotel, parallel zum See, weiter, kommt man an mehreren **Liomonaie** vorbei und entdeckt am Berghang oberhalb noch viele, sehr große Zitronengewächshäuser. Der Weg – auf der Bergseite von eher modernen Villen in üppigen Gärten gesäumt – führt an hohen *limonaia*-Mauern vorbei, die immer wieder den Blick auf den See und den Monte Baldo versperren. Er endet auf einer kurzen Staubstraße, an deren Ende das Kirchlein **San Giacomo di Calino** aus dem 11./12. Jh. steht (Schlüssel nebenan bei der Fischerfamilie). Es besitzt innen Freskenreste aus dem 15. Jh., seitlich aber eine kleine Vorhalle, darunter an der Wand Fresken aus dem 13. Jh. Die hier dargestellten Heiligen, insbesondere ein Christophorus, schauen auf den winzig kleinen Hafen, der noch heute von der letzten Fischerfamilie von Gargnano benutzt wird. (Ca. einstündiger Spaziergang vom Hafen Gargnanos bis hierher und zurück.)

Von San Martino bis San Valentino

Nicht zu übersehen ist die Pfarrkirche **San Martino** an der dem See zugewandten Seite der Gardesana Occidentale mit ihrem hohen Glockenturm. Das überraschend große, 1837 im historisierend barocken Stil über einem Renaissancebau errichtete Oval mit vorgesetzter Säulenhalle schuf der Brescianer Architekt Rodolfo Vantini. Vorbild muss das römische Pantheon gewesen sein. Vom Vorgängerbau ist der Glockenturm übrig geblieben, der ebenfalls einen ›barocken‹ Aufsatz erhielt. Die Madonna des Hauptaltars im Inneren wird Moretto zugeschrieben.

In Höhe von San Martino führt die Provinzialstraße 9 Richtung Valvestino, Magasa etc. Nach 6 km zweigt eine schmale Straße zum kleinen Dorf **Musaga** mit seinen schlichten Bauernhäusern inmitten von Ölbaumterrassen ab, wo man den Wagen stehen lassen kann. Am oberen Ende des Dorfes, an einem buckligen, restaurierten Wehrhaus, wird der Weg steiler und führt mit großartigen Ausblicken auf den See nach **Sasso** (mit kleinem Lebensmittelladen) in 550 m Höhe. Wer den Wagen nehmen will, fährt ab Gargnano die SP 9 – nicht nach Musaga – hinauf. Auf dem großen Parkplatz von Sasso steht das Fahrzeug sicher, dann geht es nur zu Fuß weiter zur Wallfahrtskirche San Valentino (Wegweiser). Steil und anstrengend führt der Weg hinauf, sprichwörtlich über Stock und Stein und über Wildbäche hinweg, aber durch einen wundervoll-wilden Wald mit üppiger Flora. Im Winter begleiten den Wanderer riesige, wilde Christrosen, im Frühjahr und Herbst kleine, dunkle Alpenveilchen, blaues Immergrün etc. Immer wieder bieten sich herrliche Ausblicke über den Berg mit seinen kleinen Dörfern und über den See.

San Valentino, das in 772 m Höhe liegt, diente den Bewohnern Gargnanos während der Pest 1638 als sicherer Zufluchtsort. Es wurde in den letzten Jahren von den Bewohnern der Dörfer am »Monte Gargnano«, wie sie ›ihren‹ Berg nennen, restauriert. Am Sonntag um den 14. Februar, dem Tag des hl. Valentin, trifft man sich oben zur Messe, geht aber auch sonst gerne hinauf. Junge Leute bleiben vielfach über Nacht, denn in der Einsiedelei finden sie einen kleinen Raum zum Übernachten oder schlafen gleich draußen. Unter einem hohen Felsüberhang wurde eine große Grillstelle mit Tisch und Bänken eingerichtet – und davor genießt man einen herrlichen Gardasee-Blick. (Wanderzeit Sasso–San Valentino je nach Kondition 40 Min.–1 Std.)

Pro Loco (zusammen mit der Associazione Albergatori): Piazza Feltrinelli 2, 25084 Gargnano, Tel./Fax 036 57 12 22, www.prolocogargnano.com, im Winter nur Sa vormittags geöffnet.

Villa Feltrinelli: Località San Faustino, Via Rimembranza, Tel. 036 57 98 00, Fax 036 57 98 001, www.villafeltrinelli.com, ganzjährige Öffnung geplant. Erst 2001 eröffnetes Luxushotel im herrlichen Park einer historischen Jugendstilvilla am See im nördlichen Vorort von Gargnano mit 20 sehr unterschiedlichen Zimmern, davon 12 in der Hauptvilla; Parkplatz und Pool. DZ mit Frühstück 350–1200 €.

Villa Giulia: Località San Faustino, Via Rimembranza 20, Tel. 036 57 10 22, Fax 036 57 27 74, www.villagiulia.it, Ende März–Mitte Okt. 25 zum Teil sehr komfortable Zimmer in einer Jugendstilvilla am See auf einem schönen Parkgrund mit hohen Bäumen; im Anbau Designerzimmer; ohne Restaurant; Pool; abgeschlossener Parkplatz. DZ mit Frühstück 160–220 €.

Meandro: in Gargnano, Via Repubblica 40, Tel. 036 57 11 28, Fax 036 57 20 12, www.hotelmeandro.it, März–Dez. Freundlich geführtes Hotel mit 38 komfortablen Zimmern und 2 Apartments 100 m von Strand; mit beheizbarem Schwimmbad, Sauna und Whirlpool, Parkplatz; gutes Restaurant. DZ mit Frühstück 82–100 €.

Du Lac: in Villa, Via Colletta 21, www.hotel-dulac.it, April–Ende Okt. Angenehmes Hotel in einer Jugendstilvilla direkt am See; die 12 unterschiedlichen Zimmer (mit SAT-TV) sind teils mit Terrazzoböden und Stilmöbeln eingerichtet; Restaurant mit solider Küche in einer Art Wintergarten über dem See, besonders schön zum Frühstück und abends; große Sonnenterrasse. DZ mit Frühstück rund 75–100 €.

Gardenia: in Villa, Via Colletta 53, Tel. 0365 71195, Fax 0365 72594, www.hotel-gardenia.it, April-Ende Okt. Das kleine Haus mit 29 individuell renovierten Zimmern besitzt einen schönen Garten direkt am See und eigene Parkplätze, eine große Sonnenterrasse und einen eigenen Bootsanlegesteg; familiäre Atmosphäre. DZ mit Frühstück rund 70–90 €.

Bogliaco: in Bogliaco, Via Battisti 20, Tel. 0365 71404, Fax 0365 72780, hotelbogliaco@virgilio.it, Mitte März– Nov. Traditionsreiches Hotel mit 35 Zimmern am See im Herzen Bogliacos; auch bei Passanten beliebtes Restaurant mit Garten am See (saisonbedingte Seeküche). DZ mit Frühstück 70–90 €.

Gargnano: in Gargnano, Piazza Feltrinelli, Tel. 0365 71312, April–Okt. Direkt am Hafen gelegene Familienpension, in der schon D. H. Lawrence unterkam, mit einfachen, aber netten, teilweise großen Zimmern mit Seeblick; einfaches Caférestaurant mit lokaler Küche; die Gäste frühstücken bei schönem Wetter mit Vorliebe draußen direkt am hübschen Hafen. DZ mit Frühstück 62–75 €.

Cristina e Mariano: am Monte Gargnano, Via Sasso 8, Tel./Fax 0365 71689, www.hotelmariano.it, Ostern–Okt. Familiär geführtes Hotel in freier Lage über dem See unterhalb von Sasso, mit großem Garten, Tennis und 10 Zimmern, teilweise sehr groß, auch die Einzelzimmer mit französischem Bett; mit Restaurant-Pizzeria und Seeterrasse. DZ mit Frühstück 55–72 €.

Ferienwohnungen/Privatzimmer

Liegen über die ganze Gemeinde verstreut (Infos im Pro Loco, s. S. 193). Darunter besonders schöne Anlagen wie:

Fondo La Campagnola: Gargnano, Via Repubblica 40, auf der Bergseite gegenüber Hotel Europa, Tel. 0365 71191, Fax 0365 71063, www.gardalake.it/campagnola, ganzjährig. 6 gemütliche Apartments in einem idyllischen Zitronengarten mit Seeblick 50 m vom See und 500 m vom Badestrand. Apartment je Woche für 4 Pers. 362–672 €.

La Limonaia: Località San Faustino, Via Rimembranza 18, Tel./Fax 0365 71694, www.gardalake.it/lalimonaia, ganzjährig. Vier in einer früheren Limonaia untergebrachte Ferienwohnungen am See; mit Garten und Parkplatz. Einheit für 4 Pers. pro Woche je nach Saison 330–650 €.

Camping

Rucc: an der schmalen Uferstraße Richtung San Giacomo, Tel./Fax 0365 71805, ganzjährig. Kleinerer Platz für 56 Zelte mit 2 Bungalows in Panoramalage. Stellplatz 6–10 €, p. P. 5–6 €.

In Bogliaco und Umgebung:
Al Bertansi: Località Roina oberhalb von Fornico, Via Roina 49, Tel. 0365

Gut ausgerüstet ...

Man sollte trotz der CAI-Zeichen eine Wanderkarte und außerdem Wasser und Proviant dabei haben, denn die verschiedenen Abzweigungen am Monte Gargnano können verwirrend sein und man hat zwischen Gargnanos Ortskern und San Valentino keine Gelegenheit zur Einkehr und nur eine (in Sasso) für den Kauf von Proviant.

64 31 26, Mi–Mo mittags und abends geöffnet, abends mit Pizza bis Mitternacht. Lokal in einsamer Hanglage zwischen Olivenbäumen mit Terrasse; Spezialität: Fleisch (auch vom Pferd) und Seefische vom Grill; mittelpreisig.

Al Marinaio: Gardesana Occidentale, Tel. 036 57 12 26, im Sommer tgl., im Winter Do–Di mittags und abends geöffnet. Familiäre, auf Seefisch spezialisierte kleine Trattoria mit angenehmem Ambiente unweit des Hafens; relativ preiswert.

Belvedere: Località Zuino, Via Zuino 30, Tel. 036 57 10 84, im Sommer tgl. mittags und abends, im Winter nur Sa, So mittags geöffnet. In wunderschöner Lage mit weitem Seeblick mitten im kleinen Dorf gelegene Trattoria mit einfacher lokaler Küche: gemischte Vorspeisen (Wurst- und Schinken mit Sauergemüse) und Fleischspieß mit Polenta gehören zum guten Standard; preiswert.

In Gargnano und Umgebung:

La Tortuga: Via XXIV Maggio 5, Tel. 036 57 12 51, Weihnachten und 15. Jan.–Ende Feb. geschl., sonst Di–So abends, Juni–Sept. tgl. abends geöffnet (mittags nur auf Anfrage). Feines, von Michelin besterntes, ganz kleines Restaurant in zauberhaftem privaten ›Wohnzimmer-Ambiente‹ mit hervorragender Fischküche, aber auch anderen verfeinerten lokalen Spezialitäten; hochpreisig.

Pizzeria Cristina: Navazzo, s. Hotel Cristina e Mariano S. 194, im Sommer tgl. geöffnet. Einfache Pizzeria mit auch guten lokalen Gerichten in herrlicher Lage; normale bis leicht gehobene Preise.

Da Mary: Formaga, Via della Quiete, Tel. 036 57 22 64. Preiswerte Dorftrattoria in schöner Panoramalage in der Dorfmitte; die für ihren *spiedo* berühmte Küche ist normalerweise nur an Wochenenden geöffnet, sonst bekommt man außer Do nachmittags an den Tischen auf der aussichtsreichen Terrasse etwas zu trinken und auch innen an der Bar; mit ein paar einfachen Zimmern.

Running Club: Navazzo, Via Tavernini 50, Tel. 036 57 28 88, im Sommer tgl. mittags und abends geöffnet, sonst Do–Di. Die beliebteste Kneipe des Dorfes auf der Rennstrecke der Mountainbiker, mit fantasievoller Holzofenpizza vom Feinsten in drei Räumen (Hauptraum am Pizzaofen unter Gewölbedecke), im Sommer auch draußen unter einer überdachten Terrasse, an Wochenenden *spiedo*; preiswert.

Bar Gelateria Azzurra: Gargnano, Largo Zanardelli, Tel. 036 57 13 88, im Sommer tgl. von früh bis spät geöffnet, sonst Di–So. Der ›In-Treff‹ von Gargnano am See nahe der Bootsanlegestelle; mit guten *panini* und vor allem im Sommer fantasievollen Drinks und Eisbechern.

Bootssport/Segeln: Parallelo 43, Bogliaco, Via Bettoni 25/a, Tel. 03 65 79 00 35, parallelo43@numerica.it. Bootsverleih mit und ohne Mannschaft; Segelschule.

Marina di Bogliaco (Bogliaco 2000), Via Bettoni 25/a, Tel. 036 57 25 75.

Cantiere Nautico Feltrinelli, Villa, Via Libertà 59, Tel. 036 57 12 40, www.nauticofeltrinelli.it.

OK Surf, Località Fontanelle, Tel. 03 65 79 00 12 (am gleichnamigen Strandbad). Verleih, Kurse und Ausflüge/Touren für **Surfer** und Segler.

Golf: Golf Bogliaco, Via Golf 21, Tel. 03 65 64 30 06, www.golfbogliaco.com. Wunderschön angelegter 9-Loch-Golfplatz Richtung Cécina, mit Bar/Restaurant und Pool.

Mountainbikes: Leihräder und Touren (s. o.) OK Surf.

Boote: während der Saison regelmäßige Verbindungen.

Busse: Auf der Strecke Brescia–Salò–Riva halten Busse an der Gardesana.

TOURISTEN STATT ZITRONEN

Bereits aus dem 13. Jh. ist der Zitronenanbau bis Limone überliefert, den vermutlich die Franziskanermönche von Gargnano an den Gardasee gebracht hatten. Ende des 16. Jh. waren die hier *zardì de limù* genannten Früchte so berühmt, dass ihr Anbau bereits an der gesamten Uferstrecke von Limone bis Salò (35 km) florierte. In den charakteristischen Gewächshäusern, den *limonaie* oder *limonare*: Diese gestelzten, gemauerten und verputzten Pfosten wurden im Winter mit Holzdächern und Glasscheiben verschlossen und boten sowohl Windschutz als auch gespeicherte Wärme. So machte man aus dem Gardasee das nördlichste Agrumen-Anbaugebiet Europas. Exportländer waren vor allem Deutschland, aber auch Österreich, Ungarn, Polen und Russland. Sirup und Getränke auf der Basis von Gardasee-Zitronen waren noch bis in die 20er Jahre des 20. Jh. Mode.

Die erste Hälfte des 19. Jh. brachte Probleme: den Befall durch die so genannte Gommosi-Krankheit, außerdem durch die Vereinigung Italiens die Konkurrenz aus Sizilien, wo billiger produziert werden konnte. Der Fortschritt im Transportwesen, Bau der Eisenbahn, aber auch der Erste Weltkrieg und ein strenger Frost 1928 machten den Zitronen vom Gardasee schließlich den Garaus – geblieben sind die steinernen Zeugnisse dieses einst blühenden Erwerbszweiges. Was blieb vor allem den Leuten von Limone (und auch anderswo am See) übrig, als sich, dank der neuen Uferstraßen ›erschlossen‹, dem Tourismus zu öffnen?

Abstecher über den Lago di Valvestino zum Lago d'Idro

Gardasee-Atlas: S. 232, C 4 und A/B 3

Hinweisschilder der Comunità Montana Alto Garda Bresciano locken in der Nähe der Pfarrkirche von Gargnano auf die Provinzialstraße 9 in die darüber liegenden Berge, zum Valvestino-Stausee und zum größeren Idro-See (35 km). Charakteristisch für die Landschaft sind Ölbaumterrassen und dichte Lorbeerhecken, Akazien und Zypressen, ausladende Hopfenbuchen (tatsächlich mit hopfenähnlichen Früchten) und jahrhundertealte Kastanien. Vor allem aber viel Wasser: Es plätschert und rauscht überall. Man sollte genügend Zeit einplanen, denn die Straße ist kurvenreich, teilweise steil ansteigend, im Sommer ist größte Vorsicht wegen Gegenverkehr in unübersichtlichen Kurven angeraten. Und: In fast jedem Dorf trifft man auf eine kleine, manchmal einsam stehende Kirche …

Den dunkelgrünen **Valvestino-See** (503 m) mit seinen starken Verzweigungen könnte man fast übersehen, weil er tief unterhalb der Straße liegt. An der Kreuzung mit der SP 58 geht es Richtung **Capovalle** (905 m) an einem großen Almgebiet vorbei zum Sattel. Mit 12 % Gefälle erreicht man das nächste Tal.

Dann wird der Blick frei auf den fjordähnlichen **Idro-See** in 368 m Höhe, dessen umgebende Hänge mit dunklen Wäldern bedeckt sind. Die Berge steigen am westlichen Seeufer auf mehr als 1000 m an. Zuerst stößt man auf **Crone** mit seiner Kirche San Rocco (15. Jh.) und so manchen Geschäften für den Tourismusbetrieb. Nach rechts, also nördlich, führt die Uferstraße nach **Vantone,** das aus lauter Campingplätzen zu bestehen scheint, und weiter in eine Sackgasse namens **Vesta.** Nahe dem kiesigen Strand liegen zahlreiche Ferienhäuser. Vesta ist auch Ausgangspunkt für Wanderwege auf den 1466 m hohen **Monte Stino.** Südlich von Crone folgt fast übergangslos **Lemprato.** Hier beginnt die Valsàbbia oder das Chiese-Tal, *das* Zentrum der metallurgischen Industrie der lombardischen Provinz Brescia, einst auch berühmt für Waffen und Rüstungen, heute vor allem für Armaturen.

Man kann von hier auf die Westseite des Idro-Sees fahren und bis nach Norden, wo ein langer Strand angelegt wurde. Oder der Straße durch das Giudicarie-Tal nach Norden folgen bis nach **Storo** mit seiner dem hl. Florian geweihten Pfarrkirche. Auffällig sind hier die hohen Bauernhäuser, in deren offenen Obergeschossen der Mais teilweise noch heute gelagert wird. Aus diesem Nest kommt übrigens die am Gardasee besonders angesehene *Polenta di Storo,* meist aus dem ganzen Maiskorn gemahlen.

Folgt man nun der SS 240 Richtung Riva, kommt man durch ein wildes, tief

Der Idro-See wird von waldbedeckten Berghängen umrahmt

Ungarische Schober

Auf dem Weg zum Valvestino-See kann man nach Magasa abzweigen. Von dort führen die nächsten 3 km nach Cima Rest, wo auf dem Bergplateau eigenartige Heuschober stehen. Tatsächlich gelten ihre Erbauer als ungarische Flüchtlinge aus der Puszta, die ihr Land zu Beginn des 20. Jh. verließen. Inzwischen stehen diese Schober, meist zu Ferienhäusern der weiter unten wohnenden Dörfler ausgebaut, unter Denkmalschutz.

eingeschnittenes Tal mit kleineren Wasserfällen. Interessant sind unterwegs die Kalklöschöfen, die in jüngster Zeit restauriert wurden. Nach vielen Kurven ist der kleine **Ledro-See** (s. S. 65 ff.) und nach einem langen Tunnel auch Riva von Norden her erreicht.

Alpino: Via Lungolago Vittoria 20, Crone d'Idro, Tel. 036 58 31 46, Fax 03 65 82 31 43, www.hotelalpino.net, März–Dez. Freundliches Hotel mit komfortablen 25 Zimmern (mit SAT-TV) und gutem Restaurant gegenüber dem See; Parkplatz; Vermittlung von Ferienwohnungen. DZ mit Frühstück 66–86 €.
Gabriella: Via Indipendenzia 6, Crone d'Idro, Tel. 03 65 82 33 78, ganzjährig. Einfaches 8-Zimmer-Haus mit Ausflugsrestaurant am öffentlichen Strand. DZ mit Frühstück 55–60 €.

Alles für den Ausflug bzw. den Picknickkorb gibt es mitten in Crone im **Jolly Market** (Juni–Mitte Sept. 7–19 Uhr).

Hochebenen von Tignale und Tremósine

Noch im Gemeindegebiet von Gargnano beginnen die unzähligen Tunnels und Galerien der nördlichen Gardesana Occidentale, weil die Hochebenen von Tignale und Tremósine fast senkrecht in den Gardasee abfallen und südlich wie nördlich des San-Michele-Tales in 400–560 m Höhe ein fast zusammenhängendes, riesiges Almgebiet bilden. Beschützt wird es wiederum von den noch höher aufsteigenden Bergen der Trentiner Voralpen, die entlang der Regionalgrenzen mit dem Trentino eine fast 2000 m hohe Gipfelkette bilden: Monte Campione (1977 m), Monte Lavino (1837 m), Corno della Marogna (1954 m). Gemeinsam mit den Gemeindegebieten zwischen Salò und Gargnago sind sie unter der Bezeichnung **Parco Naturale dell'Alto Garda Bresciano** als Naturpark geschützt.

Die inzwischen durch einen neuen Tunnel zwischen Limone und Riva sowie durch Galerien und eine umfangreiche Netzsicherung der Abhänge sicherer gemachte Tunnel- und Galeriestrecke ist nicht besonders angenehm zu fahren. Es sei denn ganz früh morgens, wenn weder Touristen noch Lieferwagen und Busse unterwegs sind, oder außerhalb der Saison.

Hochebene von Tignale

Gardasee-Atlas: S. 233, E 4
Schöner sind die engen Bergstraßen, die sich in langen Serpentinen die steilen Hänge hinaufwinden. Zuerst auf die Hochebene von **Tignale** (Sammelbe-

griff für die kleinen Ortschaften Aèr, Olzano und den Hauptort Gardola). Nur 1270 Menschen leben fest im gepflegten und doch durch Mischarchitektur mit Neubauten gesichtslosen Tignale auf 560 m Höhe. Die meisten Ortschaften sind inzwischen nicht mehr von der Landwirtschaft (Vieh- und Milchwirtschaft) abhängig, sondern vom Tourismus, ob direkt vor Ort oder am See.

Einige der Dorfhäuser von **Gardola** stammen noch aus dem 17.–19. Jh. und besitzen schöne Steinportale und querovale Dachgeschossfenster. Auch ein Fußweg führt entlang der Straße zu den Vororten **Olzano** und **Aèr.** Letzteres besitzt sehr enge Gassen zwischen den kleinen Steinhäusern, sodass man besser nicht in das Dorf hineinfährt (Parkplatz am Ortsrand).

Ein zumindest lokal gesehen bedeutendes Ausflugsziel ist Tignale durch die Wallfahrtskirche **Madonna di Montecastello.** Sie thront anstelle einer Skaligerfestung auf einem steilen Felsen in 779 m Höhe und ist, bei einem Gefälle von 25 %, nur mühsam über einen Pilger-(Treppen)weg und eine enge Fahrstraße erreichbar. Oben reicht der kleine Parkplatz meist nicht für alle Gehfaulen, sodass sie dann das Nachsehen haben … Also lieber gemütlich zu Fuß hochsteigen. Die Wallfahrtskirche entstand im 13.–15. Jh. und wurde im 17. Jh. barockisiert, die Orgel 1644 eingeweiht. Die Casa Santa jedoch, eine Grottenkapelle, die hinter dem Hochaltar durch Glas abgeschirmt ist, soll bereits 802 für das wundertätige Marienbild aus dem Felsen geschlagen worden sein. Das Fresko der Maria mit Goldkrone ist von vier Medaillons umgeben (ein Werk von Palma il Giovane) und wiederum in ein Fresko aus der Giotto-Schule integriert. Ein Votivbild von Andrea Bertanza zeigt die Ermordung des Ganoven Zuan Zanone, der sein Unwesen am westlichen Ufer des Sees trieb und 1617 sein Ende auf dem Bergplateau von Tignale durch die tapferen Dorfbewohner fand. (Mitte März–Ende Okt. 9–18 Uhr.)

Pro Loco: Piazza Umberto I, 25080 Gardola di Tignale, Tel. 036 57 34 62 (zusammen mit der Hoteliervereinigung).

Tignale: Gardola di Tignale, Tel. 03 65 76 00 82, Fax 03 65 76 01 05, April–Okt. Kleines, gepflegtes Haus mit 23 Zimmern mitten im Dorf, mit Pool und preiswertem Restaurant. DZ mit Frühstück 52–74 €.

Castello: Gardola di Tignale, Tel./Fax 036 57 30 41, ganzjährig geöffnet. Kleines

Schau-Limonaia

Porto di Tignale heißt der winzig kleine Hafen unterhalb von Tignale an der Gardesana, für Surfer ein idealer Ausgangspunkt. Auf der Bergseite verdecken ihre Bretter im Sommer die Limonaia-Wand von Prà de la fam – zu Deutsch: »Hungerwiese«, sodass selten jemand auf die Idee kommt, einmal hineinzuschauen. Dabei handelt es sich um die ausnehmend schöne Schau-Limonaia des Westufers (Öffnungszeiten an der kleinen Eingangstür zu finden). Die Bar nebenan ist natürlich ein Surfer-Treff.

Hotel mit 7 Zimmern und Restaurant. DZ mit Frühstück 47–55 €.

Al Torchio: Gardola di Tignale, Via Europa 1, Tel. 0465 73 4 00, während der Saison tgl. mittags und abends geöffnet. Preiswertes und freundliches, im Sommer sehr gut besuchtes Restaurant mit Pizzeria.
S. auch o. Hotels.

April: Sagra dell'Olio di oliva extravergine – gastronomisches Fest rund ums Olivenöl.
Aug.: Sagra di San Lorenzo am 10., Sagra di Santa Maria Assunta am 15., Sagra di San Rocco am 16. des Monats.
Sept.: Patronatsfest am 8. des Monats.
Okt.: Sagra del Tartufo in der 1. Woche – alles rund um Trüffel.

Wandern: Das Pro-Loco-Büro von Tignale ist rührend bemüht, seinen Gästen die schöne, waldreiche Umgebung zu zeigen; im Sommer mehrmals wöchentlich geführte Wanderungen.

Busse: Die Verbindungen sind so schlecht, dass man normalerweise auf ein eigenes Fahrzeug angewiesen ist.

Hochebene von Tremósine

Gardasee-Atlas: S. 233, E/F 3
Von Tignale führt eine mehr als 12 km lange, gut befahrbare Bergstraße mit einem Gefälle von 12 % bis zum Hochtal von **Tremósine,** das aus 17 kleinen Fraktionen mit etwa 1900 Einwohnern besteht. Man kann es natürlich auch von Limone aus direkt erreichen. Ein schlechterer, aber schönerer Weg verläuft parallel zum Bach über Sermerio und Pregasio, um dann ganz oben in Pregasio die Orte Arias und Pieve anzusteuern.

Die Preise hier oben beweisen, dass man sich seiner Sonderstellung als seenahe Sommerfrische sehr wohl bewusst ist. Größte Sehenswürdigkeit Tremósines sind mit Sicherheit die Ausblicke auf den See und das gegenüberliegende Ufer mit dem stolzen Monte Baldo, dann aber die atemberaubenden Blicke in die Tiefe direkt zu Füßen des Ortes: Irgendwie hat man immer das Gefühl, falsch zu schauen oder auf dem Kopf zu stehen angesichts der steil abfallenden Felswände, an denen sich höchstens ein paar Blumen und Sträucher festhalten können. Schließlich entdeckt man doch noch ein paar lange Kehren der Straße, die mühsam aus dem Felsen geschlagen wurden.

Am besten genießt man dies vom Hauptort **Pieve,** 533 m über dem Meer, also etwa 460 m über dem Gardasee gelegen, wo unten, leicht nach Süden versetzt, das winzige Campione del Garda (s. S. 204 ff.) auf der Kiesaufschüttung des San-Michele-Baches liegt. Pieve ist einfach zauberhaft, ein schöner Ort für einen Ausflug oder einen längeren Aufenthalt. Der historische Kern ist den Fußgängern vorbehalten, ringsum Hotels, Tennisplätze, Geschäfte, eine Bank sowie ein großer Parkplatz. Die meisten Häuser des Dorfes stammen aus dem 18. Jh. und sind liebevoll restauriert, viele von ihnen mit Panoramablick auf den See, den Monte Baldo und Malcésine, das ganz na-

Pieve ist berühmt für seine atemberaubende Lage hoch über dem See

WANDERN AUF DEN HOCHEBENEN

Die beiden Hochebenen mit ihren winzigen Dörfern, die teilweise bereits fest in den Händen vor allem von Neu-Einwohnern und Touristen aus dem deutschsprachigen Raum sind, bilden zusammen ein geradezu paradiesisches Wandergebiet. Die Wege verlaufen zwischen Kuhweiden und Buchen, Kiefern und Haselnusssträuchern, hoch aufragenden Walnussbäumen, weiter unten zwischen Ginster und Akazien, Steineichen und Olivenbäumen. Besonders schön wandert man natürlich auch entlang der Steilküste (für Schwindelfreie), etwa von Pregasio nach Campione (Wanderweg 267), direkt vom Kirchlein San Marco weg. Empfehlenswerte Wanderkarte: »Parco Alto Garda Bresciano«, 1:50 000, Kompass (mit Führer auf der Rückseite). Oder in kleinerer Ausführung die nur vor Ort erhältliche Karte »Tremósine, Passegisate ed escursioni« (beide im Pro-Loco-Büro zu kaufen).

Stufenartig angelegte Wanderwege erleichtern An- und Abstieg

he gerückt scheint. Ein Stück südlich des Ortes steht etwas erhöht die kleine **Pfarrkirche** (ursprünglich romanisch) aus dem 15. Jh., ebenfalls mit Panoramaterrasse. Die einschiffige Kirche mit je drei tiefen Kapellen wurde 1712 blumenreich barockisiert, mit auffällig gedrehten Säulen am Hauptaltar und schönen Schnitzereien am Chorgestühl. Auch die Orgel zeigt ein hübsch gearbeitetes Gehäuse und die Sakristei (nicht immer zugänglich) Intarsienarbeiten. Das Hotel Miralago mitten im Ort verdient seinen Namen, »Seeblick« – auf seiner Terrasse eine Pause einzulegen, ist sicher eine gute Idee.

Pro Loco: Piazza Marconi, 25010 Pieve di Tremosine, Tel./Fax 03 65 95 31 85, Fax 03 65 91 86 70, www.info tremosine.it (nur im Sommer).

Piccola Italia: Via Mezzema, Pieve, Tel. 03 65 91 81 41, Fax 03 65 91 81 70, www.piccola-italia.com, ganzjährig geöffnet. Großzügiges, luxuriös geführtes Apartmenthotel oberhalb von Limone, zu dem es geografisch eher gehört, mit 32 Studios mit je einem oder zwei Schlafräumen sowie einer besonderen Suite mit Whirlpool in der Mitte; Lift zum beheizbaren Pool am Hang, Restaurant, Fitnessraum, Radverleih u. a. Sportmöglichkeiten; Parkplatz. DZ mit Frühstück 88–116 €.
Villa Selene: Localitá Pregasio, Tel. 03 65 95 30 36, Fax 03 65 91 80 78, www.tremosine.com, Mitte März–Mitte Nov. Ganz zauberhaftes kleines, familiär geführtes Hotel in herrlicher Ortsrandlage mit Monte-Baldo- und Seeblick; 11 individuell ausgestattete Zimmer mit tollen Bädern (Whirlpool), großer Garten in Hanglage; Parkplätze; nicht für Familienferien geeignet. DZ mit Frühstück (auf Wunsch bis 12 Uhr) 70–150 €.

Einkauf auf der Alm

Die Alpe di Garda in Tremósine (Tel. 03 65 95 30 50) ist eine große Alm mit Käse-Kooperative, Verkauf und Imbissstube mit traditioneller Küche sowie Sportmöglichkeiten (Bogenschießen, Mountainbiking, Trekking, Reitausflüge). Mittags bleibt der Verkaufsladen meist geschlossen – nicht aber die urige Kneipe gegenüber.

Le Balze: Campi über Voltino, Tel. 03 65 91 71 55, Fax 03 65 91 70 33, www.hotel-lebalze.it, April–Okt. Das Paradehaus von Tremósine in wunderbarer Lage auf einem natürlichen Balkon über dem See mit 81 Zimmern in Reihenbungalows, die sich terrassenartig den Berghang nach unten ziehen, Hallenbad, 13 Tennisplätzen, Sauna und Minigolf; mit Restaurant La Baita. DZ mit Frühstück 65–130 €.
Miralago: Pieve, Piazza Cozzaglio 2, Tel. 03 65 95 30 01, Fax 03 65 95 30 46, www.miralago.it, Mitte Feb.–Mitte Jan. Familiäres Hotel in herrlicher Panoramalage auf einem Felsvorsprung mitten im Hauptort mit 7 Zimmern und gutem Terrassenrestaurant (im Sommer tgl., sonst Fr–Mi geöffnet); in der Nähe Sport- und Unterhaltungszentrum mit Tennis, Pool und Sauna. DZ mit Frühstück 45–80 €. Zum selben Besitz gehört auch das **Benaco** mit 17 Zimmern, aber ohne Restaurant.
Sermerio: Sermerio, Tel. 03 65 91 81 63, ganzjährig geöffnet. 11-Zimmer-Haus in einsamer Lage mit schönem Blick und Restaurant sowie Parkplatz. DZ mit Frühstück 50 €.

S. Hotels **Le Balze** (Restaurant La Baita) und **Miralago.**

Reiten: Azienda Agricola La Betulla, Vesio di Tremosine, Tel. 03 65 95 10 22, 03 65 95 10 60. Agriturismo mit Haflinger-Pferdezucht und Ausritten in die Umgebung.
Tennis: in den größeren Hotels.

Campione del Garda

Gardasee-Atlas: S. 233, F 3
Am spannendsten ist die Fahrt nach Campione, das auf einer 700 m x 300 m großen Aufschüttung des gleichnamigen Wildbaches liegt, von Pieve di Tremosine aus. Man durchfährt dabei eine so enge Klamm, dass man meint, sich ducken zu müssen. Die Strecke ist nur etwas für erfahrene Autofahrer, die auch Spaß am Fahren haben und keine Angst bei Gegenverkehr. Man fährt an Wasserfällen vorbei, oder das Wasser zischt über eine Brücke, die wie eine romantische Ruine aussieht, über der Straße in die Tiefe. Auch eine kleine Kapelle in einer natürlichen Felsgrotte kann man entdecken und unglaublich tiefes Grün – wahrlich eine Märchenlandschaft, wenn man das Fahren gerne auf sich nimmt! Zwei Restaurants bieten Ruhe- und Genusspausen auf der Strecke, die gerade im Hochsommer bei größter Hitze ein kühles Erlebnis ist. Man kann Campione freilich auch vom See aus erreichen: Im Tunnelgewirr zwischen Limone und Gargnano den Hinweisschildern folgen und dabei das Gefühl unterdrücken, man fahre im Dunkeln im Kreis …

Campione, das einen ganz besonderen Charme besitzt und seine innigen Fans unter Campern hat, belohnt die Strapazen mit einer besonderen Atmosphäre. Eigentlich sind es die Ruinen einer riesigen, längst stillgelegten **Baumwollfabrik,** die heute das Bild des Ortes bestimmen. Die Baumwollspinnerei wurde 1880 von den Brüdern Feltrinelli mitsamt Wohnungen für die Arbeiterfamilien, Kindergarten und Schule so gebaut, dass niemand die schwer erreichbare Enklave unbedingt verlassen musste. Vorher gab es in Campione und in der zu ihm führenden Schlucht mehrere Hammerschmieden, in denen Eisen verarbeitet wurde, vielfach zu Nägeln. Diese Schmieden waren im Besitz der von Maria Theresia geadelten Familie Archetti aus Brescia. 1730–40 ließen sie sich hier einen stattlichen Palast errichten, der beim verheerenden Hochwasser des Campione-Flusses 1807 als einziges Gebäude des Platzes nicht dem Erdboden gleich gemacht wurde.

Einige der Gebäude wurden bereits saniert und dienen als Zweitwohnungen. Doch kaum jemand wohnt hier wirklich. Campione erwacht erst im Sommer zum Leben. Umweltschützer konnten es nämlich durchsetzen, dass das Spekulationsobjekt Campione nicht zum Tragen kam: Es sollte ein großes, ganz exklusives Yachtzentrum mit angeschlossenen Ferienwohnungen werden. Nun freuen sich die Camper am kiesigen Ufer und die Bars sowie der Lebensmittelladen am einzigen Platz wiederum auf ihre Stammgäste. Im Sommer kommt sogar der öffentli-

Auf der Straße nach Pieve

che Bus bis hierher. Wer etwa von der Hochebene herabwandern will, kann dann mit dem Bus wieder hinauffahren (vorsichtshalber vorher nach dem Fahrplan erkundigen).

Pro Loco: Tel. 03 65 95 31 85, Fax 03 65 91 86 70.

Am Hauptplatz von Campione gibt es eine Bar mit guten *panini* und ein einfaches Restaurant mit Plätzen im Freien. In der Campione-Klamm findet man zwei Ausflugslokale.
Brasa: in der Campione-Klamm, Tel. 03 65 91 81 19, Di–So mittags und abends geöffent. Einfache und doch ambitionierte Trattoria mit hübsch gedeckten Tischen in einer früheren Hammerschmiede und rustikaler Terrasse über dem Wildbach, mit guter Hausmannskost vom Grill (Seefisch oder Fleisch) oder Pizza; preiswert bis leicht angehoben.

Dienstags: **Wochenmarkt.**

Bootssport/Werft: Paghera Marzio, Campione, Tel. 03 65 91 69 09.

Limone sul Garda

Gardasee-Atlas: S. 233, F 2
Für viele, allenfalls noch nach Sirmione, ist Limone der schönste Ort am Gardasee. Seinen Ruhm hat er seiner zauberhaften Lage, dem reizvollen alten Hafen, dem milden Klima und den *limonaie* zu verdanken, die man fälschlicherweise für die Namensgeberinnen hält: Limone kommt aber vom lateinischen *limes* und bedeutet »Grenze«. Heute ist es mit seinen weniger als 1000 Einwohnern längst zum Opfer seiner Fans geworden, die es überfallartig einnehmen, sobald die ersten warmen Sonnenstrahlen das Frühjahr ankündigen. Und so bleibt es bis zum Herbst: volle Gassen, kitschige Souvenirläden, Nepppreise in den Cafés und manchen Restaurants. Und mit wenigen Ausnahmen Hotelkästen der Neuzeit, die ohne Rücksicht auf die alte Bausubstanz mitten in die Zitronen- und Orangengärten gesetzt wurden.

Mit der neuen Fährschiff-Anlegestelle am südlichen Ortsrand (Porto Nuovo am Piazzale de Gasperi) vor dem beliebten Kiesstrand hat Limone noch an Bedeutung gewonnen. Gleichzeitig wurden Hafen, Parkplatz und alter Hafen mit einer verbreiteten Promenade angebunden – noch mehr Platz für Menschenmassen. Menschenmassen, die sich vom Anlegeplatz durch die en-

gen, mit Steinen gepflasterten Gassen zum alten, winzigen Hafen schieben, der noch immer romantisch wirkt. Weiter oben in Limones historischem Kern scheint die Welt noch recht in Ordnung. Allerdings droht der ›Schleichweg‹ zum neuen Parkhaus auf der Bergseite der Gardesana auch diesen Teil mit Touristen zu überschwemmen.

Eine einzige Gasse durchzieht Limone nach Norden, vorbei am **Porto Vecchio,** dem alten Hafen mit den kleinen Booten in seinem an sich bescheidenen, in den Ort eingelassenen Geviert. Dahinter ist die Piazza Garibaldi auf den See gerichtet, danach führt die enge Dorfgasse auf **San Rocco** (14. Jh.) zu, das leicht erhöht steht und über ein paar Stufen erreichbar ist. Von Juni bis August finden Führungen durch das Kirchlein statt, aber auch sonst kann man durch die meist offenen, vergitterten Fenster einen Blick auf die Chorfresken aus der Renaissance werfen, die Scheinarchitektur um die Lebensbilder des hl. Rochus zeigen. Hübsch ist der Blick von der kleinen Terrasse vor der Kirche auf den Ortskern um den alten Hafen, auf die erhöht stehende Pfarrkirche (s. u.) und auf die Anlegestelle. (Mo, Fr 17.45–18.45, Mi 13.30–14.30 Uhr.)

Auf der anderen Seite des Porto Vecchio beginnen niedrigere Bogengänge *(sottoportici)* mit Geschäften und Restaurants sowie einigen Hotels. Geht man oben auf der Via Comboni weiter, weist eine Tafel hinauf Richtung Gardesana. Direkt vor der Gardesana steht die große barocke Pfarrkirche Limones, **San Benedetto** (nur zu den Gottesdiensten geöffnet), die 1685 über den Grundmauern eines romanischen Baus entstanden ist. Sehenswert sind ihre marmorintarsierten Altäre sowie die Bilder von Andrea Celesti (1637–1711).

IAT: Piazzale De Gasperi, 25010 Limone, Tel. 03 65 95 42 65.
Hoteliervereinigung Associazione Albergatori Limone sul Garda: Via IV Novembre 2/c, Tel./Fax 03 65 95 46 20, www.limone.com; während der Saison auch in einem Kiosk vor dem Parkhaus.

Park Hotel Imperial: Via Tamas 10/B, Tel. 03 65 95 45 91, Fax 03 65 95 43 82, www.telmec.it/imperial, ganzjährig geöffnet. Großartige Luxusanlage mit fernöstlich gehaltener modernster Dependance »Imperial Suite« oberhalb von

Die ehemaligen Zitronengärten *(limonaie)*

Limone in einem schönen Park inmitten von Ölbaumterrassen, insgesamt 50 Zimmer und 6 Suiten; großzügiges Ambiente mit Frei- und Hallenbad, Tennis, Sauna, Fitnessraum und Tao-Gesundheits- und Schönheitsfarm (für Italienisch Sprechende); sehr gutes Restaurant; bewachter Parkplatz und Garage. DZ mit Frühstück 150–250 €.

Le Palme: Via del Porto 36, Tel. 03 65 95 46 81, Fax 03 65 95 41 20, April–Okt. Umgebaute Villa (17. Jh.) am See mit Terrasse, eigenem Strandabschnitt, Pool im Garten; Pianobar und privater Parkplatz, 28 komfortable Zimmer und Restaurant. DZ mit Frühstück 66–138 €.

All'Azzuro: Piazzale Gerardi, Tel. 03 65 95 40 00, Fax 03 65 95 43 57, im Prinzip ganzjährig geöffnet. 30-Zimmer-Haus ganz in Weiß am See, mit Restaurant. DZ mit Frühstück 63–83 €.

Coste: Via Tamas 11, Tel. 03 65 95 40 42, Fax 03 65 95 43 93, www.hotelcoste.com, Jan.–Nov. Freundliches Hotel mit 30 Zimmern und Pool in einem Olivengarten in schöner Lage. DZ mit Frühstück 60–85 €.

San Pietro Cristina: nahe San Pietro, Tel. 036 95 46 41 (Resevierung 03 65 95 41 74), Fax 03 65 95 44 47, im Prinzip ganzjährig geöffnet. 86-Zimmer-Haus mit Restaurant und Dependance in schöner Panoramalage, umgeben von Ölbaumterrassen. DZ (nur) mit Halbpension 50–150 €.

Camping

Garda: Via V Novembre 10, Tel. 03 65 95 45 50, Fax 03 65 95 43 57, horstmann.hotel@tin.it, März–Okt. Großer Platz auf terrassierten Wiesen zwischen der Hauptstraße und dem See nahe dem kommunalen Sportzentrum, Pool und Plantschbecken, eigener Strandabschnitt. Stellplatz 13 €, p. P. 7 €.

Nanzel: Via V Novembre 3, Tel. 03 65 95 41 55, Fax 03 65 95 44 68, April–Mitte Okt. Schmale Terrassen in einem Olivenhain zwischen Straße und See am Pura-Bach südl. von Limone mit eigenem Strand, 7200 m² für nur 68 Zelte. Stellplatz 10 €, p. P. 5,70 €.

La Cantina del Gato Borracho: Gardesana Occidentale/Via Caldogno 1, Ecke Parkhaus, Tel. 03 65 91 40 10, im Sommer Mi–Mo 15–4, im Winter 17–3 Uhr geöffnet. Super-gute Enothek mit besten Weinen aus aller Welt und tgl. wechselnden festen, zum angebotenen Wein passenden Menüs zu gehobenen Preisen.

Al Pirata: Lungolago Marconi 56, Tel. 03 65 95 43 85, tgl. 12–23 Uhr geöffnet. Preiswerte Pizzeria und Spaghettihaus.

In Limone kann man in der Fußgängerzone der kleinen Altstadt und an der Uferpromenade Souvenirs aller Couleur erstehen, aber auch recht hübschen Schmuck und junge Mode finden.

Wochenmarkt: 1. und 3. Di des Monats.

Juni: Sagra di San Pietro – Patronatsfest am 29. mit Feuerwerk.

Juli: Festa del Pesciolino – Fest des kleinen Fisches mit Feuerwerk.

Aug.: Beach Party mit Feuerwerk.

Sept.: Internationales Tennisturnier.

Okt.: Bike X-treme – Internationales Mountainbike-Rennen.

Surfen: Geri Surf Center, am Strand im Süden, Tel. 03 65 95 40 40. Windsurf Lino, am Strand im Süden, Tel. 033 84 09 74 90.

Radsport: Für Mountainbiker gibt es am Monte Tremalze eine berühmte Abfahrt auf der früheren Militärstraße Richtung Limone (Strecke wichtiger Wettkämpfe wie der Bike X-treme).

Fähren/Boote: Limone ist inzwischen sowohl Anlegestelle für die großen Fährschiffe als auch der Schnell-

Blick von Norden auf den beliebten Ort

und normalen Boote der Navigarda für den Personentransport. Da der Ort eine wichtige Haltestelle ist, wird es während der Saison häufig angefahren. Außerdem gibt es **Wassertaxis** zwischen Limone sul Garda und Malcésine am Ostufer.

Busse: Verbindungen sowohl mit Riva und Arco bzw. weiter nach Tórbole, Rovereto und Trento als auch nach Süden entlang dem Westufer bis Salò und nach Brescia bzw. nach Desenzano.

Parken: Großes Parkhaus in Höhe des historischen Ortskerns von Limone auf der Bergseite, wo der Pkw bequem und sicher abgestellt werden kann, denn: Limone ist **Fußgängerzone.**

106480
HOBIE CAT
106474
HOBIE CAT
WHEELER

REISEINFOS VON A–Z

Alle wichtigen Informationen rund ums Reisen auf einen Blick – von A wie Anreise bis Z wie Zeitungen

Extra: Ein Sprachführer mit Hinweisen zur Aussprache, wichtigen Vokabeln und Redewendungen und Zahlen

Bei Tórbole

REISEINFOS VON A-Z

Anreise

... mit dem Flugzeug
Ganzjährig angeflogen wird der Flughafen von Verona, also der südöstliche Gardasee-Bereich, seit 1999 auch der nahe Flughafen Brescias, Montichiari, im Südwesten des Gardasees.

... mit der Bahn
Gute Bahnverbindung auf der EC-Strecke von München über den Brenner nach Trient, Rovereto und Verona. Weiterfahrt mit der Bahn Richtung Brescia und Mailand bis nach Peschiera und Desenzano. Autoreisezüge verkehren von Deutschland nach Verona.

... mit dem Bus
Der Gardasee ist das ganze Jahr über ein beliebtes Ziel von organisierten Bustouren (s. S. 43).

... mit dem Auto
Der gültige nationale Führerschein und die üblichen KFZ-Papiere genügen, wobei die Grüne Versicherungskarte im Falle eines Unfalls immer nützlich, wenn auch nicht vorgeschrieben ist. Das ovale Nationalitätszeichen sollte am Auto angebracht sein.

Die üblichen Autorouten zum Gardasee: Aus Deutschland und Österreich auf der Autobahn (in Österreich und Italien gebührenpflichtig) über Innsbruck und den Brenner nach Trient oder bis Rovereto, von beiden aus gelangt man an das Nordende des Sees; bis Affi, von dort direkt nach Garda oder Abfahrt zur autobahnähnlichen SS 450 bis kurz vor Peschiera; oder bis Verona und von dort aus an das südöstliche Uferstück, bei Bedarf weiter über Peschiera und Sirmione nach Desenzano/Westufer.

Apotheken

Die Apotheke heißt auf Italienisch *farmacia*. Die Auswahl an Medikamenten entspricht in etwa dem internationalen Standard. Italienische Apotheker sind sehr gut ausgebildet und ersparen bei kleinen Problemen den Arztbesuch.

Ärztliche Versorgung

Am Gardasee gibt es einige deutschsprachige Ärzte, deren Anschrift man normalerweise im Hotel erfährt. Der medizinische Standard entspricht dem mitteleuropäischen.

Deutsche und Österreicher, die einer gesetzlichen Krankenversicherung angehören, können inzwischen auch ohne eine Anspruchsbescheinigung bei Bedarf zu einem italienischen Arzt gehen, der Sozialversicherte annimmt. Schweizer Staatsbürger hingegen werden von vornherein wie Privatpatienten behandelt, sie müssen die Arztrechnung gleich zahlen und können sie dann mit ihrer Kasse zu Hause verrechnen. Pflichtversicherte sollten für die Reisedauer eine Auslandskrankenversicherung abschließen, um im Bedarfsfall als Privatpatient zu einem Arzt ihrer Wahl gehen zu können.

Autofahren

Für die Autobahngebühren empfiehlt sich die **Viacard** (für 25 €), mit der man spezielle Autobahnausfahrten benutzen darf: Man spart Wartezeit und die lästige Suche nach Kleingeld. Die Magnetkarten sind an den Grenzübergängen, bei den Automobilclubs, an manchen Autobahnzahlstellen und auch in einigen Banken erhältlich.

Der Italienische Automobilclub **ACI** (vertreten an allen wichtigen Stellen und in den Provinzhauptstädten) steht auch allen Mitgliedern eines ausländischen Automobilclubs kostenlos zur Verfügung; der **Straßenhilfsdienst** ist italienweit kostenlos zu erreichen unter Tel. 80 31 16. Der deutschsprachige **ADAC-Notruf** in Mailand ist erreichbar unter Tel. 02 66 10 11 06.

Das **Tankstellennetz** ist dicht, allerdings werden die Öffnungszeiten ziemlich strikt eingehalten: Mittags von 12.30/13 bis 15.30/16 Uhr und ab 19/20 Uhr sind die Tankstellen (außer an den Autobahnen) stets geschlossen! Man findet aber immer häufiger Tankstellen mit 24-Stunden-Service (meist mit Automaten). Außerhalb der Autobahnen halten die Tankstellen einen unterschiedlichen Ruhetag ein.

Bleifreies Benzin ist inzwischen auch in Italien kein Problem mehr; Normalbenzin ist nicht zu empfehlen, man tankt am besten gleich Super; Diesel ist auch in Italien preiswerter als Benzin.

Die Verkehrsbestimmungen gleichen mit wenigen Ausnahmen den Verkehrsregeln in Deutschland, Österreich und in der Schweiz. Auf den Autobahnen beträgt die **Höchstgeschwindigkeit** 130 km/h, auf vierspurigen *superstrade* (autobahnähnlich) 110 km/h, auf Landstraßen 90 km/h. Die Strecke Bozen–Brenner ist grundsätzlich nur mit 110 km/h zu befahren.

Außerdem darf man an gelb markierten Bordsteinen nicht parken; zeitlimitierte Parkplätze (mit Parkschein) sind blau markiert.

Achtung: Die örtliche Polizei ahndet Übertretungen der Parkdauer oder andere noch so kleine Verkehrsdelikte mit hohen Geldbußen (Minimum ca. 60 €). Sicherheitshinweise s. S. 219.

Behinderte auf Reisen

Ein italienisches Gesetz besagt, dass alle neuen und alle renovierten Hotels je nach ihrer Größe eine bestimmte Anzahl an behindertengerechten Zimmern haben müssen. Auch Museen werden immer mehr mit speziellen Rampen und/oder Behindertenaufzügen im Treppenhaus ausgerüstet. In den praktischen Hinweisen bei den jeweiligen Ortsbeschreibungen wird auf diesen Service besonders hingewiesen. In den Städtchen rund um den See kommt man mit Rollstühlen ganz gut zurecht, weil die meisten Fußgängerzonen keine oder abgesenkte Bordsteine haben.

Diplomatische Vertretungen

Italienische Botschaften
... in Deutschland
Dessauer Straße 28, 10963 Berlin
Tel. 030/25 44 00, Fax 25 44 01 20

... in Österreich
Metterlinggasse 13, 1030 Wien
Tel. 01/712 51 21, Fax 713 97 19

... in der Schweiz
Elfenstraße 14, 3006 Bern
Tel. 031/352 41 51, Fax 351 10 26

Generalkonsulate
… der Bundesrepublik Deutschland
Via Solferino 40, 20121 Mailand
Tel. 026231101, Fax 026 554213

… Österreichs
Via Cremona 27, 20145 Mailand
Tel. 024812937, Fax 0248009630

… der Schweiz
Via Palesto 2, 20121 Mailand
Tel. 027779161, Fax 0276014296

Im Großraum Gardasee gibt es keine Botschaften oder konsularische Vertretungen der deutschsprachigen Länder.

Einreisebestimmungen/Zoll

Auch ohne Zoll- und Passkontrolle innerhalb der EU benötigen Deutsche, Österreicher und Schweizer für die Einreise nach Italien den gültigen Personalausweis, den sie z. B. auch an der Hotelrezeption vorlegen müssen.

Generell können Gegenstände des persönlichen Bedarfs in unbegrenzter Menge ein- und ausgeführt werden. Antiquitäten dürfen nur mit einer Sondergenehmigung der Kunstkammer außer Landes gebracht werden.

Für Schweizer Staatsbürger gelten folgende zollfreien Ein- und Ausfuhrmengen: 200 Zigaretten oder 50 Zigarren oder 250 g Tabak, 1 l Spirituosen und 2 l Wein.

Elektrizität

Generell ist in Italien 220 Volt Wechselstrom üblich, doch der Fantasie italienischer Steckdosen und Systeme sind keine Grenzen gesetzt: Die deutschen Schukostecker passen selten, man braucht Zwischenstecker *(adattore)*, die man in jedem Elektro- oder Haushaltswarengeschäft erhält.

Feste und Feiertage

Januar/Februar
1. Januar: Neujahr
6. Januar: Dreikönigsfest (Epifania)

März/April
Ostern, besonders Ostermontag *(pasquetta)* wird gefeiert
25. April: Tag der Befreiung

Mai/Juni
1. Mai: Tag der Arbeit
Juni: ›Feste Vigiliane‹ – Festwochen in Trento zum Andenken an den Schutzpatron San Vigilio mit ›Palio dell'Occa‹ (Geschicklichkeitswettbewerbe auf der Etsch)
1. Sonntag im Juni: Proklamation der Republik
Mitte Juni–Mitte September: Trentiner Schlossfestspiele

Juli/August
Juli/August: Opernfestspiele in Verona
3. Sonntag im Juli: Erlöserfest
15. August: ›Ferragosto‹ (Mariä Himmelfahrt), Ferienbeginn in ganz Italien
15. August: ›Palio delle Contrade‹ in Garda, eine Art Fischerfest mit Bootscorso der acht *Contrade* (Ortsteile) von Garda
Letzter Samstag im August: ›Notte delle Favole‹ in Riva, Höhepunkt der Trentiner Schlossfestspiele mit großem Feuerwerk

September/Oktober
›Trento Musicantica‹: Konzerte mit alter Musik in Trento
1. Septemberhälfte: ›Oriente Occidente‹ in Rovereto
2. Septemberhälfte: ›Mozart-Fest‹ in Rovereto
3. Sonntag im September: ›Festa dell' Uva‹ in Mozambano, Weinfest mit Umzug in historischen Kostümen

Oktober
Weinlesefest in Bardolino

November/Dezember
November: ›Bardolino-Fest‹ in Bardolino
1. November: Allerheiligen
1. Sonntag im November: Tag der Nationaleinheit
8. Dezember: Mariä Empfängnis
25. Dezember: Weihnachten
26. Dezember: hl. Stephan
31. Dezember: Silvester

Fotografieren

Filmmaterialien sind vor Ort problemlos erhältlich, sie sind jedoch meist teurer als in Deutschland. Man sollte genügend Vorräte mitnehmen.

Fotografieren ist in manchen Museen – allerdings nur ohne Blitz – möglich, ebenso in den Sakralbauten (nicht während der Gottesdienste!).

Frauen unterwegs

Dafür dürfte der Gardasee eines der am wenigsten komplizierten Reisegebiete Italiens sein. Dass man im Hotel keinen Katzentisch bekommt, davor ist man/frau allerdings niemals sicher. Es sei denn, man gehört zum Stammpublikum. Auch ein Trinkgeld an den Ober gleich zu Beginn des Aufenthaltes kann Wunder wirken.

Geld

Seit dem 1.1.2002 ist das Währungsproblem erledigt. Auch in Italien gilt der Euro. Hotels und Restaurants sowie Geschäfte akzeptieren im Allgemeinen die üblichen Kreditkarten. Mit der Eurocard und anderen Kreditkarten kann man an vielen Geldautomaten durch Eingabe der persönlichen Geheimnummer wie zu Hause Geld abheben. Inhaber von Postsparbüchern können in italienischen Postämtern Geld abheben.

Gesundheitsvorsorge

Eine besondere Vorsorge braucht man für den Urlaub am Gardasee nicht zu treffen. Im Sommer sollte man allerdings Mückenschutzmittel mitnehmen oder vor Ort kaufen. Und den üblichen Sonnenschutz nicht vergessen!

Informationsstellen

Ausführliches Informationsmaterial und meist auch gutes Kartenmaterial gibt es bei den Büros des Staatlichen Italienischen Fremdenverkehrsamtes ENIT. Prospektbestellung unter der kostenlosen Servicenummer 008 00 00 48 25 42.
Im Internet: www.enit.it

In Deutschland
– Karl-Liebknecht-Str. 34
10178 Berlin

Tel. 030/2478397, Fax 2478399
enit-berlin@t-online.de
– Kaiserstr. 65, 60329 Frankfurt/M.
Tel. 069/237430, Fax 232894
enit-ffm@t-online.de
– Goethestr. 20, 80336 München
Tel. 089/531317, Fax 534527
enit-muenchen@t-online.de

In Österreich
Kärntnerring 4, 1010 Wien
Tel. 0900970228 (kostenpflichtig)
Fax 01/5050248, enit-wien@aon.at

In der Schweiz
Uraniastraße 32, 8001 Zürich
Tel. 01/2113031, Fax 2113885
enit@bluewin.ch

Am Gardasee
– **Comunità del Garda** (für den gesamten See, auch in Deutsch):
Via Roma 8, 25083 Gardone Riviera
Tel. 0365290411, Fax 0365290025
www.lagodigarda.it
– **APT der Garda Trentino**
(für den Norden)
Giardini di Porta Orientale 8
38066 Riva del Garda (TN)
Tel. 0464554444, Fax 0464520308
– **APT Riviera degli Olivi**
(für das Ostufer)
Lungolago Regina Adelaida 13
37016 Garda (VR)
Tel. 0456270384, Fax 0457256720
www.aptgardaveneto.com
– **APT del Bresciano**
(für das Westufer)
Corso Zanardelli 38,
25100 Brescia (BS)
Tel. 03043418, Fax 030293284
www.bresciaholiday.com
– **Associazione Turistica Colline Moreniche del Garda**
Piazza Torelli 1, 46040 Solferino (MN)
Tel. 0376893160, Fax 0376854360
www.collinemoreniche.it

Die kleineren Orte rings um den Gardasee und an den kleineren benachbarten Seen verfügen über eigene Touristenbüros. Sie sind meist an Hauptplätzen oder an den wichtigsten Sehenswürdigkeiten unter der Bezeichnung **Pro Loco** oder **Informazioni Turistiche** zu finden.

Informationen im Internet

Staatliches Italienisches Fremdenverkehrsamt ENIT: www.enit.it
Infos rund um den Gardasee:
www.lagodigarda.it
www.gardalake.it
www.gardaseereisen.de
Unter allen Ortsbeschreibungen sind auch Internetadressen angegeben.

Karten

Bei den ENIT-Büros erhält man kostenlos recht gutes Kartenmaterial, vor Ort von den Provinzen und Gemeinden auch gute Detailkarten oder Stadtpläne. Recht ordentlich sind die beiden ADAC-Karten ›Gardasee und Venetien‹ sowie ›Oberitalienische Seen‹, beide im Maßstab 1:150000. Empfehlenswert sind die Wanderkarten von ›Kompass‹.

Lesetipps

Renzo Bertasi/Tullio Ferro: Azurblauer Garda. Streifzug zwischen Kultur

und Geschichte. Euroteam, Brescia 1989
Tullio Ferro, Laura Ferro Francesconi: Visti sul Garda. Zanetti, Montichiari 2000.
Johann Wolfgang von Goethe: Italienische Reise 1786–1788, Erster und Zweiter Teil. Weimar, Taschenbuchausgabe z. B. bei dtv, München
Paul Heyse: Novellen vom Gardasee. Cotta, Stuttgart/Berlin 1902.
Ders.: Ein Wintertagebuch. Cotta, Stuttgart/Berlin 1903
D.H. Lawrence: Italienische Dämmerung. Diogenes, Zürich, 2. Auflage 1995
Wolfgang Lippert: GU Naturführer Alpenblumen. Gräfe und Unzer, München 1996
Walter Pippke/Ida Leinberger: DuMont Kunstreiseführer Gardasee, Verona, Trentino. DuMont, Köln 1998
Giulio Toffoli: Il Romanico del Garda Bresciano. Grafo Edizioni, Brescia 1996 (kleiner Führer und Video)

Maße und Gewichte

Die Maße sind die gleichen wie nördlich der Alpen, folgen also dem metrischen System. Mit einer Ausnahme: 100 g werden als *un etto* bezeichnet, 200 oder 300 g heißen *due/tre etti,* und den Begriff Pfund für 500 g kennt man hier nicht, es heißt ein halbes Kilo, also *un mezzo chilo.*

Notruf

Polizei: 112
Rettungsdienst: 113
Pannenhilfe des ACI: 80 31 16

Öffnungszeiten

Banken: Mo–Fr ca. 8.30–13.30 und 14.45–15.45 Uhr, in touristischen Zentren auch samstags und länger.
Postämter: Mo–Fr 8.15–14, Sa bis 12 Uhr, Hauptpostämter sind teilweise ganztags geöffnet.
Geschäfte und Apotheken: Die Öffnungszeiten können von Ort zu Ort variieren. Kernzeiten sind Mo–Fr 8.30–12.30 und 15.30/16–19/20 Uhr, Sa ist häufig nachmittags geöffnet, So in touristischen Zentren während der Saison vormittags. Notdienste der Apotheken *(farmacia;* mit einem grünen Kreuz gekennzeichnet) sind angeschlagen.

Post

Briefmarken gibt es in Postämtern, Tabakläden *(tabacchi),* Geschäften, die Postkarten verkaufen, und an der Hotelrezeption (Öffnungszeiten s. o.).

Radio & Fernsehen

Am Gardasee sind Rundfunksendungen aus dem nahen Südtirol sowie deutschsprachige Kurzwellen-Programme zu empfangen. In vielen Hotels können deutschsprachige TV-Sender über Satellit empfangen werden.

Reisekasse & Preise

Die Preise für Hotels und andere Unterkünfte richten sich natürlich nach der Kategorie der Häuser. Generell dürfte der Gardasee mittelpreisig einzustufen sein, wobei es unter den Luxusherbergen sehr teure gibt, vor allem dann, wenn sie eine besondere Lage zu bieten haben. Ferienhausurlauber können sich auf den Märkten und in den Supermärkten recht preiswert versorgen.

Sicherheit

Am Gardasee darf man sich normalerweise so sicher fühlen wie im besagten Schoß Abrahams. Doch vor ›bösen Buben‹ ist man nirgendwo gefeit, weshalb man sich bei großem Gedränge vor allem auf den Wochenmärkten vor Langfingern in Acht nehmen sollte. Ferienwohnungsbesitzer haben besonders in einsamen Lagen Fälle von Einbruch-Diebstahl zu beklagen.

Vor Autoaufbrüchen ist man auch an den Seen nicht sicher, speziell in den touristischen Zentren. Wertsachen und Papiere sollte man daher grundsätzlich nicht im Wagen liegen lassen.

Souvenirs

Traditionelle Mitbringsel sind vor allem Wein und Olivenöl vom Gardasee, Wein und Sekt aus der Valpolicella, Bardolino, Custoza etc. sowie Käse und Wurstwaren von den Brescianer wie den Veroneser Bergen.

Es gibt auch sehr schöne Keramik aus den heimischen Werkstätten und Lederwaren (Schuhe und Bekleidung).

Telefonieren

Die italienische TELECOM hat in den letzten Jahren zahlreiche Telefonzellen eingerichtet, die allerdings fast nur noch mit Telefonkarten funktionieren. Diese gibt es an Automaten, in Hotels und an vielen Zeitungskiosken. Telefonieren von den Hotels aus ist mit unterschiedlich hohen Zuschlägen (je nach Kategorie) verbunden.

Die Ortsvorwahl inklusive der Null ist in Italien fester Bestandteil jeder Teilnehmernummer, gleich ob man aus dem Ausland anruft, von einem anderen italienischen Ort aus oder innerhalb des Ortes.

Telefonieren ins Ausland: Je nach Land entfällt die Null der Ortsvorwahl nach dem Wählen der Landesvorwahl.
Vorwahl nach Deutschland 00 49, Österreich 00 43, in die Schweiz 00 41
Landesvorwahl Italien: 00 39

Trinkgeld

Italiener geben generell ein recht großzügiges Trinkgeld. Üblich sind 10–15 % Aufschlag auf den Rechnungsbetrag im Restaurant, wenn man zufrieden ist, 1–2 € für den Kofferträger je Gepäckstück im Hotel, 5–10 € für das Zimmermädchen pro Person und Woche, bei längeren Hotelaufenthalten auch für das Restaurantpersonal – und die Rezeption, wenn sie Sonderwünsche erfüllt hat. Taxifahrer entlohnt man nach dem Taxameter und rundet die Summe auf, beim Friseur schlägt man etwa 10 % auf.

Umgangsformen

Italiener sind generell viel förmlicher als man allgemein vermutet, sie pflegen einen sehr höflichen Ton miteinander und erwarten dies auch von ihren Gästen. Wird man zu einem *caffè* eingeladen, muss es nicht immer ernst gemeint sein; nimmt man die Einladung an, so sollte man an ein kleines Mitbringsel denken.

Unterkunft

Ausführliche Informationen zu Unterkünften s. auch S. 46 f.

Camping

Zahlreiche Campingplätze, die zum Teil herrlich gelegen sind, gibt es an den Seen in jeder erdenklichen Komfort- und Ausstattungsklasse, auch mit Pools und anderen Freizeiteinrichtungen (Adressen s. praktische Hinweise bei den einzelnen Orten). Die richtige Empfehlung für den eigenen Geschmack findet man am einfachsten, indem man im aktuellen **ADAC-Campingführer Südeuropa** nachschlägt.

Jugendherbergen

Am Gardasee direkt gibt es nur eine Jugendherberge: in Riva del Garda, (s. S. 58). Dafür findet man in Verona gleich mehrere Einrichtungen für junge Leute (s. S. 123).

Verkehrsmittel am Gardasee

Linienboote: Der Gardasee ist während der Saison von Ostern bis Oktober hervorragend mit Linienbooten erschlossen. Zwischen Torri del Benaco am Ostufer und Maderno am Westufer verkehrt ganzjährig eine Autofähre.

An jeder Abfahrtsstelle und in den Touristenbüros sind die aktuellen Fahrpläne kostenlos erhältlich.

Linienbusse: Praktisch jeder der Seeorte ist mit dem Autobus erreichbar. Von Verona aus gibt es sehr gute Verbindungen an das Ostufer, von Brescia an das Westufer; die nördlichen Orte sind auch von Trento oder Rovereto aus schnell erreichbar.

Leihwagen: Internationale und lokale Leihwagenfirmen gibt es in den größeren Orten am Gardasee, am Flughafen und in Verona. Eine Reservierung im Voraus ist zu empfehlen.

Taxis: Direkt am Gardasee gibt es kaum Taxis, da die Ortschaften zu klein und meist verkehrsberuhigt sind. Taxistände findet man am ehesten in Sirmione vor dem historischen Zentrum sowie am Bahnhof von Desenzano.

Wasser

Das **Trinkwasser** in den Hotels ist normalerweise einwandfrei, aber Italiener trinken immer nur Mineralwasser, am liebsten sogar ohne Kohlensäure. Man bestellt *acqua minerale con gas* (mit Kohlensäure) oder *frizzante* (perlend).

Das **Wasser des Gardasees** gilt seit Jahren als ordentlich; es wird auf Antrag der Seegemeinden in der Sommersaison vom ADAC-Sommerdienst kontrolliert. Ein Anruf genügt, um sich darüber zu informieren – entweder bei der Comunità del Garda, Tel. 00 39/03 65 29 04 11 oder beim ADAC-Sommerdienst, Tel. 018 05/23 22 21.

Zeitungen und Zeitschriften

Alle großen deutschsprachigen Tageszeitungen und Illustrierten findet man zumindest während der Saison an den Brennpunkten des Tourismus, normalerweise aktuell vom Tage.

SPRACHFÜHRER

In Mittelitalien wird ein relativ reines Italienisch gesprochen. Am Gardasee werden je nach Provinzzugehörigkeit in der einheimischen Bevölkerung zumindest von den Älteren verschiedene Dialekte gesprochen, die sich sogar zwischen benachbarten Gemeinden stark unterscheiden können.

Aussprache

Die Aussprache italienischer Wörter ist verhältnismäßig einfach. Im Regelfall wird auf der vorletzten Silbe betont. Die Aussprache entspricht der Schreibweise, mit folgenden Ausnahmen:

– **c** und **g** werden vor i und e als ›tsch‹ bzw. ›dsch‹ gesprochen (also *Cina* = ›Tschina‹, *Giorgio* = ›Dschordscho‹), vor a, o, u und h als ›k‹ bzw. ›g‹ (also: Chianti = ›Kianti‹).

– **gn** und **gl** werden wie ›nj‹ bzw. ›lj‹ gesprochen (also: *gnocchi* = ›njokki‹, *maglia* = ›malja‹).

– Der Buchstabe **h** wird nicht ausgesprochen (ha = ›a‹).

– **Doppelvokale** sind getrennt zu sprechen (*polizia* = ›poli-zi-a‹, *automatico* = ›a-utomatico‹).

Zahlen

1	uno
2	due
3	tre
4	quattro
5	cinque
6	sei
7	sette
8	otto
9	nove
10	dieci
11	undici
12	dodici
13	tredici
14	quattordici
15	quindici
16	sedici
17	diciassette
18	diciotto
19	diciannove
20	venti
21	ventuno
22	ventidue
23	ventitre
24	ventiquattro
25	venticinque
26	ventisei
27	ventisette
28	ventotto
29	ventinove
30	trenta
40	quaranta
50	cinquanta
60	sessanta
70	settanta
80	ottanta
90	novanta
100	cento
200	duecento
300	trecento
400	quattrocento
500	cinquecento
600	seicento

700	settecento
800	ottocento
900	novecento
1000	mille
2000	duemila
Million	un milione

Wichtige Vokabeln und Redewendungen

Zeit

Montag	lunedì
Dienstag	martedì
Mittwoch	mercoledì
Donnerstag	giovedì
Freitag	venerdì
Samstag	sabato
Sonntag	domenica
Feiertag	giorno festivo
Werktag	giorno feriale
heute	oggi
morgen	domani
übermorgen	dopodomani
gestern	ieri
vorgestern	l'altro ieri
Tag	giorno
Monat	mese
Jahr	anno
Stunde	ora
Minute	minuto
Morgen	mattina
Nachmittag	pomeriggio
Abend	sera
Nacht	notte
früh	presto
spät	tardi
bald	fra poco, presto

Die wichtigsten Ausdrücke

Guten Tag	buon giorno
Auf Wiedersehen	arrivederci
Sprechen Sie Deutsch (Englisch)?	Parla tedesco (inglese)?
Ich spreche nicht Italienisch.	Non parlo italiano.
Ich habe nicht verstanden.	Non ho capito.
bitte	prego (per favore)
danke	grazie
links	a sinistra
rechts	a destra
Entschuldigung	scusi
Gibt es eine Toilette, bitte?	C'è un bagno, per favore?
Gibt es Platz?	C'è posto?
Wie geht's?	Come va?
Danke, gut.	Bene, grazie.
Woher kommen Sie?	Da dove viene?
Wo ist …?	Dov'è …?
Es ist ausgezeichnet.	È ottimo (buonissimo).
Die Rechnung, bitte.	Il conto, per favore.
Wann öffnet (schließt) …?	Quando apre (chiude) …?
Wie viel kostet es?	Quanto costa?
Ich möchte bitte …	Vorrei … per favore
Wo kann man telefonieren?	Dove si può telefonare?

Besichtigungen

Ausstellung	mostra
Eintritt	ingresso
Kirche	chiesa
Museum	museo
Öffnungszeit	orario di apertura
Ruhetag	giorno di chiusura

Einkaufen

Ausverkauf	saldi
bar	in contanti
Geschäft	negozio
Größe (für Kleidung, Schuhe)	misura
Kleidung	abbigliamento
Kreditkarte	carta di credito
Lebensmittelgeschäft	(negozio di) alimentari
Markt	mercato
Quittung	ricevuta
Rabatt	sconto
Scheck	assegno
Schuhe	scarpe
Straßenkarte	carta stradale

Notfälle/Krankheiten

Apotheke	farmacia
Arzt	medico
Entzündung	infezione
Erste Hilfe	pronto soccorso
Feuerwehr	vigili del fuoco
Fieber	febbre
Fundbüro	ufficio oggetti smarriti
Krankenhaus	ospedale
Notfall	(situazione di) emergenza
Pannendienst	soccorso stradale
Polizei	polizia
Schmerzen	dolori
Unfall	incidente
Wunde	ferita
Zahnarzt	dentista

Post

Brief	lettera
Briefkasten	buca delle lettere
Briefmarke	francobollo
Postamt	ufficio postale
Postkarte	cartolina
Telefonbuch	elenco telefonico
Telefonkarte	scheda telefonica

Straßen-/Bahn-/Flugverkehr

Abfahrts-/Ankunftszeit	orario di partenza/arrivo
Fahrkarte	biglietto
Fahrplan	orario
Führerschein	patente
Gepäckaufbewahrung	deposito bagagli
Hin- und Rückfahrt	andata e ritorno
Parkplatz	parcheggio
Raststätte	area di servizio
Tankstelle	stazione di servizio
Wagenpapiere	libretto, documenti

Unterkunft

absagen	disdire
Adapter	adattatore
Anzahlung	caparra
(mit/ohne) Bad	(con/senza) bagno
Bett	letto
Doppelzimmer	camera doppia
Dusche	doccia
Einzelzimmer	camera singola
Empfang	recezione
(mit/ohne) Frühstück	(con/senza) colazione
Gepäck	bagagli
Halbpension/Vollpension	mezza pensione/pensione completa
Handtücher	asciugamani
Ich habe reserviert.	Ho prenotato.
Klimaanlage	aria condizionata
reservieren	prenotare
Schlüssel	chiavi
Übernachtung	pernottamento
wecken	svegliare

REGISTER

GARDASEE-ATLAS

LEGENDE

1 : 120.000

0 5 km

Autobahn	Hafen; Leuchtturm
Schnellstraße	Burg; Ruine
Fernstraße	Kirche; Kapelle
Hauptstraße	Sehenswürdigkeit
Nebenstraße	Archäologische Stätte
Straße in Bau / in Planung	Skigebiet
Fahrweg	Berghütte
Fußweg	Wasserfall
Wanderweg; Wanderpfad	Campingplatz
Eisenbahn	Naturschutzgebiet
Fähre, Schiffsverbindung	Höhle; Aussichtspunkt
Seilbahn	Badestrand

A
B
C
1
2
3
4
Lago di Tenno
T. Magnone
Rifugio San Pietro (CAI SAT)
Padaro
Grotte S. Martino
Canale
S. Antonio
Ville del Monte
S. Maria
Rif. Nino Pernici 1600 m (CAI SAT Riva del Garda)
Capanna Grassi 1050 m
Pranzo
Vigne
Castel d'Arco
Chiarano
Varignano
Caneve
Massone
Zona Archeologica
Tenno
Castello Tenno
ARCO
Bolognano
Dos da Trat 1840 m
Campi
M. Caret 1793 m
Varone
Cascate di Varone
Ceole
F. Sarca
San Rocco
M. Tombio 841 m
Cima Pari 1988 m
T. Albola
S. Tomaso
S. Nicolò
Albola
S. Giorgio
San Giovanni
Cima SAT 1246 m
VE DI LEDRO
Cima d'Oro 1802 m
RIVA DEL GARDA
Biotopo Monte Brione
Bastione
M. Brione 376 m
Marmitte dei Giganti
Capanna Santa Barbara 560 m (CAI SAT Riva del Garda)
Santa Barbara
Rocca di Riva
Brione
Lago di Ledro
Mezzolago
Miniera di Dolomite
Grotta Daèl
Linfano
Riva/Sabbioni
Marmitte dei Giganti
Museo Palafittico
Molina di Ledro
Madonna Addolorata
Nago
Castel Penede
Belvedere
Biotopo Lago di Lòppio
Pur
Prè di Ledro
Biacesa di Ledro
San Giovanni
Tórbole
T. Ponale
Dos de Trat 980 m
Val di Ledro
Spiaggia delle Lucertole
Valle Casarno
Pregàsina
Gardesana Occidentale
Leano
Cima al Bal 1260 m
Cappella di Dosso Casina
Punta Calcarolle
Monte Carone 1621 m
Bocca dei Fortini 1243 m
Dos Remit 1223 m
C. Bandiera 1361 m
Rif. Baita B. Segala 1250 m
Punta Larici 908 m
Prati di Nago
M. Traversole 1444 m
Reamol di sotto
M. Varagna 1780 m
Corna Vecchia 1415 m
S. 233
Valle del Singol
Corno Nero 1402 m
San Rocco
Gardesana Orientale
Rif. Chiesa Altissimo 2060 m (CAI SAT Trento)
LIMONE SUL GARDA
S. Giovanni Nepomuceno
Punta Valle San Giovanni
C. Selva 1278 m
Monte Altissimo 2079 m
San Pietro
Riserva Naturale Integrale Gardesana Orientale
San Marco
Laste di Tolghe
Albergo Graziani 1650 m
M. Bestone 917 m
Navéne
Corna Piana 1735 m
Vesio
Crosta di Navene 1510 m
Riserva Naturale Bes-Corna Piana
Molini
TREMÓSINE
Rif. Baita Fos-Ce 1430 m (CAI SAT Brentonico)
Voltino
Punta di Corlor
Cime di Ventrar 1757 m
Cascata Val Brasa
Pieve
Baita dei Forti 1800 m
Lago di Pra de la Stua
Pregasio
Monte Baldo
M. Dossioli 1518 m
M. Cola 1336 m
MALCÉSINE
Marco
Campione del Garda
Malga Dossioli 1437 m
S. Maggiore
S. 233
Isola dell'Olivo
Val di Sogno
Riserva Naturale Integrale Selva Pezzi
Cascata Preafessa
Doss Castion
Eremo San
Madonna
Lago di Garda

D
E
F
1
2
3
4
Cima Bassa
1684 m
Rifugio
Prospero Marchetti
(CAI SAT)
M. Stivo
2059 m
Busola
S. Sisinio
Pomarolo
Chiusole
Nomi
Piazzo
A 22
E 45
Vallagarina
Castellano
la Zolina
Pedersano
Capitel
Val d'Agort
Villa
Lagarina
Castel Noarna
Noarna
Nogaredo
Rovereto Nord
Volano
Castellino
la Becchetta
1504 m
Albergo
Passo Bordala
Passo Bordala
S. Corrado
Capanna dell'Alpino
(CAI SAT)
Santa
Barbara
Patone
Sasso
Sant'Ilario
Praolini
Pra della
Malga
M. Somator
1309 m
Brancolino
Francesco
S. Antonio
Marano
ROVERETO
Moietto
Albergo
Genzianella
Albergo
S. Barbara
F. Adige
S. Giorgio
S. Biago
Castel Corno
Ronzo-Chienis
Rifugio Baita Biaena
(CAI SAT)
Folas
Isera
Borgo
Sacco
Chiesa
Martino
Creino
292 m
Villa Romana
le Porte
M. Biavena
1615 m
Castel Pradaglia
Pannone
lla dei
Signori
Lenzima
Ex Castello
Gresta
S. Bernardo
Lizzanella
S. Colombano
Sen
S. Croce
Sacrario Castel Dante
S. Nicolò
Valle
Felice
S. Anna
Lizzana
Moscheri
Lago di
San Colombano
Pozza
Manzano
Nomesino
Ravazzone
S. Apollonia
Seghel
Castel
Albano
Grotta
Damiano
Boccaic
Castello Castelbarco
Albaredo
elverde
pio
Mori Vecchio
Prime
Biotopo
Laghetti di Marco
240
R. Cameras
Vanza
MORI
Pinera
Colombo
Piste dei
Dinosauri
Tierno
Sano
Rovereto Sud-
Lago di Garda Nord
Marco
Foppiano
S. Rocco
Pozzacchi
Besagno
Castione
46
Castello di
Dossomaggiore
12
ex Forte
Pozzacchio
Valmorbia
Brentònico
Crosano
Fontéchel
S. Antonio
Serravalle all'Adige
Matassone
Cazzano
T. Sorna
Rifugio Malga Zugna
1616 m
T. Leno
Sorne
Corné
Chizzola
ex Fortino di Gerra
Prada
S. Margherita
M. Zugna
1864 m
Giacomo
Castel Saiori
Saccone
S. Lucia
Coni
1772 m
Sorna
T. Lodrone
Cornale
998 m
Cava di
marmo
Valle Cipriana
Cava di
marmo
Selvata
1708 m
ino
S. Valentino
Ospedaletti
Polsa
Cava di marmo
Fiume Adige
M. Vignola
1606 m
Val di S. Valentino
Vignoletto
1557 m
Coal degli Spiriti
Pilcante
C. Mezzana
1643 m
d. Paura
39 m
Culma Alta
1308 m
ALA
S. Antonio
S. Pietro
La Madonnina

A
B
C
1
2
3
4
Val Dorizzo
Valle Sorino
T. Sorino
Costone delle Cornello
2203 m
Col Perpetue
2016 m
Brione
San Gregorio
Condino
Cartiera
Valli Giudicarie
Rif. Faserno
1436 m
Faserno
M. Telegrafo
2175 m
T. Sorino
M. Stigolo
1699 m
Rocca Pagana
1668 m
San Lorenzo
STORO
ex Forte
Ampola
M. Carena
1808 m
R. Riccomassimo
R. S. Barbara
Darzo
237
240
F. Chiese
Zona Industriale
T. Palvico
Castel
Santa Barbara
Lodrone
Corno
1319 m
Nar
Valle di Lorina
Bagolino
Cerreto
Riccomassimo
PONTE CAFFARO
Cima Spessa
1320 m
S. Gervasio
F. Caffaro
Valle del Caffaro
R. di Levras
S. Giacomo
R. Torto
Baitoni Superiore
Bondone
Baitoni
Inferiore
M. Breda
1503 m
Residence
San Antonio
San Giovanni
di Bondone
Valle Setta
Cortina
1757 m
T. Liperone
Rif. Rosa di Baremo
1450 m
M. Cingla
1669 m
T. Armarolo
Lago
d'Idro
Magasa
Albergo
Tombea
Valle di Piombino
Vesta
T. Re
Rocca d'Anfo
Persone
Armo
Rango
T. Magasino
Anfo
M. Stino
1467 m
T. Personico
M. Paghera
1125 m
Valle di Canale
Turano
F. Toscolano
Vantone
CAPOVALLE
Tre Capitelli
M. Camisino
909 m
Moerna
VALVESTINO
Val dei Molini
F. Molini
Valle dei Fondi
237
Crone
Parco Re
PIEVE
VECCHIA
Valle Loere
Bollone
R. di Rino
Lemprato
M. Manós
1517 m
M. Pinel
1068 m
Reperti
archeologici
IDRO
M. Proace
1009 m
Rif. Cavacca
1100 m
Rif. Cavallino
1091 m
Alto Gar
Valle Grande
M. Pallotto
1371 m
M. Fassane
1188 m
TREVISO BRESCIANO
Madonna di Roane
Lago di
Valvestino
Valle di Vestino
C. Moltrino
1395 m
Valle Corpaglione
S. 234
Vico
Val delle Sigole
Toscolano

1 cm = 1,2 km 1 : 120.000
0
3 km
Tiarno di sopra
Tiarno di sotto
Bezzacca
Locca
PIEVE DI LEDRO
S. 230
Cima d'Oro 1802 m
Val di Ledro
Baita S. Lucia 950 m
Lago di Ledro
Mezzolago
Miniera di Dolomite
Molina di Ledro
Museo Palafittico
Madonna Addolorata
Prè di Ledro
240
M. Corno 1731 m
San Martino
Biotopo
Centro Visitatori
Cima Casèt 1748 m
Valle di Dalena
Pur
Dos de Trat 980 m
Val Rubrei
Santa Anna
Val Scaglia
Val di Pur
Valle Casarno
Col Pasovri 1678 m
Cima Tivei 1523 m
Leano
Rifugio Garibaldi 1522 m
Rifugio Tremalzo 1582 m (CAI SAT Trento)
Monte Tremalzo 1974 m
Rifugio Garda 1708 m
C. Tuflungo 1715 m
Rif. Pedercini 1150 m
Bocca dei Fortini 1243 m
Monte Carone 1621 m
C. Bandiera 1361 m
Rif. Baita B. Segala 1250 m
Cima Avez 1895 m
M. Lavino 1837 m
Passo di Tremalzo 1665 m
Corno della Marogna 1953 m
M. Traversole 1444 m
Cima Bussà 1526 m
Cima delle Sclape 1538 m
Valle di Bondo
Corna Vecchia 1415 m
Cima del Fratone 1795 m
V. di Préda
Corno Nero 1402 m
Valle dei Singol
San Rocco
LIMONE
Punta Valle
S. Giovanni Nepomuceno
C. Selva 1278 m
Punta di Cisano 1428 m
Corno delle Volte 1421 m
San Pietro
45bis
San Marco
C. Belinghera 1774 m
Monte Zenone 1424 m
Valle Negrini
San Michele
Riserva Naturale Alveo Lago Bondo
M. Bestone 917 m
Valle Bus de Bali
Vesio
TREMÓSINE
Cime del Costone 1743 m
Voltino
Passo della Puria 1374 m
M. Pùria 1475 m
C. Tignalga 1411 m
Punta di Corlor
Valle San Michele
Sermério
Cascata Val Brasa
Càdria
Passo di Scarpapè 1242 m
M. Casarole 1141 m
Valle Tignalga
Pieve
C. Mughera 1344 m
Torrente Campione
Punta Retello 1342 m
Pregasio
Rio di Nota
San Marco
Passo d'Ere 1131 m
M. Asino 1198 m
Campione del Garda
S. Zenone
M. Sernità 1245 m
Dosso Piemp 1207 m
Prabione
Isola dell'Olivo
Val di Sogno
Val di Sogno
R. Sernita
Madonna di Montecastello
Benigno
Olzano
Passo di Fobia 907 m
R. della Costa
Gàrdola
Aer
TIGNALE
249
Oldèsio
Cassone
Isola Trimelone
Sommavilla di Brenzone
Assenza
Limonaia
Porto di Tignale
Piovere
Bresciano
Bochetta Lovere 1052 m
M. Denervo 1459 m
Brenzone
Castello di Brenzone
Val Me
Muslone
S. 235
C. Comér 1280 m
Magugnano
Boccino
Occidentale
Ferrera
Garda

A
B
C
1
2
3
4
S. 232
S. 236
M. Zingla
1497 m
Campiglio di Cima
M. Alberelli
1166 m
Passo della Fobbiola
961 m
Valle di Campiglio
M. Spino
1488 m
Rif. Pirlo allo Spino
1165 m (CAI Salò)
il Palazzo
M. Forametto
1240 m
Dosso le Prade
1517 m
M. Pizzòcolo
1582 m
Eno
Cecino
S. Martino
San Alessandro
Valle del Prato della Noce
Eremo S. Valentino
Sasso
S. Antonio
Liano
Formaga
S. Rocco
S. delle Laf
Navazzo
Santa Maria
GARGN
Villa
Zuino
Bogliaco
Villa Bettoni
Fornico
M. Castello di Gaino
866 m
Roina
Madonna di Supina
C. Marcellina
Valle Toscolano
Verghere
Valle di Polano
San Urbano
Valle della Prera
Gaino
Cecina
Croce di Ortello
San Michele
Vobarno
Toscolano-Maderno
S. Martino
Madonna di Benaco
Toscolano
M. Lavino
907 m
Albergo Colomber
S. Paolo
Collio
San Michele
Maclino
Maderno
Tresnico
Gardone di Sopra
Serniga
Crocetta
Vittoriale degli Italiani
Bornico
Madonna del Rio
Fasano del Garda
Gazzane
San Bartolomeo
Villa Alba
Renzano
Morgnaga
Gardone Riviera
Trobiolo
Rimbalzello
Barbarano
Palazzo Martinengo
S. Anna
S. Maria Annunziata
TORRI
BEN
SALÒ
San Rocco
Porto Portese
Porticcioli
Santella del Pomo
Portese
Baia del Vento
Isola di Garda
Cisano di San Felice
Villa
S. Felice del Benaco
Santella
Monteacuto
Madonna d. Carmine
Porto di San Felice
Baia delle Sirene
Punta San Vigilio
Raffa
Palude
Isola di San Biagio
Puegnago del Garda
Castello
Pieve Vecchia
Santa Maria
Lido di Manerba
Mura
Manerba del Garda
S. Bernardo
Rocca di Manerba
Picedo
S. Lucia
Solarolo
Montinelle
Polpenazze del Garda
Balbiana
SS. Trinità
San Giorgio
Manerba del Garda
Gardoncino
Dusano
Valtenesi
Soiano del Lago
Gardesana Occidentale
Castello Medievale
Punta San Sivino
Lago
45bis
572

D
E
F
1
2
3
S. 233
S. 237
S. 238
Magugnano
S. Giovanni di Brenzone
Marniga
S. Antonio delle Pontare
Madonna dell'Aiuto
Punta Telegrafo 2200 m
Punta Pettorina 2192 m
Rif. Barana al Telegrafo 2150 m (CAI Verona)
Valle delle Nogare
Grotta Trovai
Valle di Trovai
P.ta Sascaga 2136 m
Vetta delle Buse 2154 m
Coàl Santo 2072 m
Bocchetta di Coàl Santo
2053 m
B R E N Z O N E
Castelletto di Brenzone
Valle di Senaga
Prada Alta
Rif. Chierego 1911 m
Rif. Fiori del Baldo 1815 m
Ferrara di Monte Baldo
S. Francesco
Rif. Mondini 1494 m
Monumento Czeco
Croce de Piagne
Cassone
San Zeno
Madonna della Neve
ex Forte Naole
Prada
P.ta Naole 1661 m
Punta Cottarella
San Gregorio
Pai
C. Mandra 1297 m
V. Sabaina
Dosso dei Cavalli 1326 m
Dosso della Croce 967 m
Spiazzi
M. Sparavero 1516 m
Punta Rosetto o di San Siro
Albergo Sceriffo
Crero
T. Tasso
S. Carlo
San Zeno di Montagna
Lumini
Dosso Buca Pomar 1168 m
Preabocco
Pazzon
M. Nugoli 841 m
Croce dei Pontoroi
Vilmezzano
Op Napoleon
Castello Scaligero
Albisano
M. Belpo 884 m
S. Michele
Porcino
Castion Veronese
Villa Pellegrini
Rubiana
Vignól
M. Gordespino 632 m
San Vérolo
Caprino Veronese
S. Faustino
Virle
Pésina
Boi di Pesina
Lubiara
F. S. Marco
Mad. di Marciaga
Castagnari-Park
Marciaga
San Rocco
Ceredello
Costermano
Il Progno
S. Cristina
M. Luppia 418 m
Canale
Villa Albertini
Val dei Molini
Deutscher Kriegerfriedhof
Monumento a Napoleone
S. Zeno
GARDA
Gazzoli
Villa
S. Bernardo
S. Lorenzo
Albarè Stazione
Eremo di Rocca
Eremo d. Camaldolesi
Ceraino
Vezzano
S. Pietro
Rocca 295 m
S. Romualdo
Albarè
Rivoli Veronese
ex Forte Monte
M o n t e
Punta Cornicello
S. Vito
Pertica
Progno Tasso
M. Moscal 428 m
S. Fermo
S. Andrea (ex Convento)
A 22
E 45
Vajo di mezzo
Weinmuseum
P. Cornicello
S. Zeno
Incaffi
Affi
Vajo dei Lori
Grotta di Costa Lunga
BARDOLINO
P. Mirabello
Affi-Lago di Garda Sud
Cavaión Veronese
Volargne
Campagnola
Capitello d. Napoli
V a l p o
San G
Cisano
Ölmuseum
S. Ambrogio di Valpolicella
249
450
12

A
B
C
1
2
3
4
Chizzoline
Carzago
della Riviera
S. 234
S. Martino
Moniga del Garda
Punta San Sivino
M. Spigone
240 m
Cimit. di
Padenghe
Santa Maria di Neve
Arzaga
Pratello
Padenghe sul Garda
Drúgolo
S. Emiliano
S. Rocco
Punta della Rocchetta
Fabbrica
S. Anna
Sedena
Barcuzzi
Castelvecchio
Maguzzano
Punta
del Vò
572
Lido di
Lonato
Punta Grotto
Grotta di Catullo
Fonte termale
San Pietro
in Mavino
Santa Maria M
Sirmione
Rocca Scalige
Béttola
11
S. Martino
S. Maria Maddalena
DESENZANO
del Garda
Lazzaretto
Galeazzi
Colombare
Santa
di Lug
LONATO
Molini
567
A 4
E 70
ex Convento
Desenzano
del Garda
V. la del Sole
Rivoltella
S. Zeno
Scolo Cambedello
Garda della Sei
San
Tomaso
Madonna
di Seraglio
Colombara
167 m
Le Tassere
Fossa
San Martino
della Battaglia
Sirmione-
San Martin
Malocco
M. Nuvolo
230 m
M. Malocco
181 m
Brodena
San Pietro
Montanale
Centenaro
Selvetta
Allevamento
Avicolo
M. Regina
167 m
Villa
San Girolamo
Casa
Bianca
Castel
Venzago
Ossário
Esenta
Campo di
Battaglia
Vaccarolo
Pon
M. Merlo
165 m
Chisiola
M. del Confine
146 m
M. Castellero
161 m
Abbazia di
San Viglio
Abb. a di S. Viglio
Palude de
Mantellina
Rondotto
236
Astore
Allevamento
Avicolo
Porte Rosse
CASTIGLIONE
delle Stiviere
Madonna
della Scoperta
Ballino
La Sa
Barche
di Castiglione
Cadelora
Vagri
Fontane
Stáffolo
Casarole
Bande
Grole
Pozzo
Catena
Solferino
Guárdola
Gozzolina
M. Roccolo
144 m
Ridello
M. il C
178 m
San Cassiano
Scarnadore
San Viglio
Cavriana
Ca Morino

D
E
F
S. Maria
S. 235
Calmasino
Ponton
Sega
Madonna della Pergolana
Vallesana
Tauli
LAZISE
Castello Scaligero
R. Bisaola
Piovezzano
Pagliari
Pastrengo
S. Faustino
Saline
S. 238
San Gaetano
Canevaworld
Gardesana Orientale
Dugale del Palù
450
Parco Zoo del Garda
Madonna della Neve
Colà
Parco Natu
Pacengo
Sandra
l'Immaco
249
D. dei Ronchi
San Benedetto
Ronchi
San Martino
Rovizza
Gardaland
CASTELNUOVO del Garda
Laghetto del Frassino
ex Forte Laghetto
Fortezza
Confine
PESCHIERA del Garda
Cavalcaselle
11
Bróglie
Madonna del Frássino
Dolci
Peschiera del Garda
A 4
San Giórgio in Salici
Boschetti
E 70
Corte Cavalli
Camalavicina
Ponti sul Mincio
Martelosio
Pivi
Zenati
Olivi
Oliosi
Parco del Mincio
Salionze
S. Rocco
Guastalla Nuo
La Merlotta
Rosolotti
Ponte del Cantone
Monzambano
Ca Brusà
Moscatello
Colombara Melchiori
Fiume Mincio
Via Cava
M. Vento 181 m
S. Lucia
Bonfaini
Cavalchina
Fornelletti
La Barzisa
M. Rianco 155 m
M. Mamaor 192 m
Montemagrine
Gazi
Caselle
Custoza
Fornello
Olfino
Venturelli
Parco Giardino Sigurtà
Vittori
Madonnina
Pille
Borghetto
VALÉGGIO sul Mincio
Bezetti

A
B
C
1
2
3
4
S. 235
S. 237
S. 237
841 m
M. Belpo
884 m
Albisano
Castello Scaligero
Castion Veronese
Villa Pellegrini
San Vérolo
S. Faustino
Virle
Pésina
Rubiana
Boi di Pesina
Caprino Veronese
Vignól
S. Michele
Porcino
Napole
M. Cordespino
632 m
Lubiara
F. S. Marco
Mad. di Marciaga
Marciaga
Castagnari-Park
San Rocco
Ceredello
Tasso
Il Progno
S. Cristina
M. Luppia
418 m
Costermano
Canale
Villa Albertini
Val dei Molini
Deutscher Kriegerfriedhof
S. Zeno
Monumento a Napoleone
GARDA
Gazzoli
Villa
S. Bernardo
S. Lorenzo
Albarè Stazione
Eremo di Rocca
Eremo d. Camaldolesi
Rocca
295 m
S. Pietro
S. Romualdo
Albarè
Caraino
Vezzano
Rivoli Veronese
ex Forte Monte
Mont
S. Vito
Punta Cornicello
Pertica
M. Moscal
428 m
Progno Tasso
S. Fermo
S. Andrea (ex Convento)
A 22
E 45
Vajo di mezzo
Vajo di sotto
Vajo dei Lo
Weinmuseum
P. Cornicello
S. Zeno
Incaffi
Affi
Grotta di Costa Lunga
BARDOLINO
P. Mirabello
Affi-Lago di Garda Sud
Volargne
Cavaión Veronese
Campagnola
Capitello d. Napoli
Progno R.
Can. Alto Agro Veronese
N a l p e
Cisano Ölmuseum
S. Maria
S. Ambrogio di Valpolicella
S. Ambrogio
Calmasino
Ponton
Sega
Madonna della Pergolana
Domegliara
Vallesana
Tauli
R. Bisàola
LAZISE
Castello Scaligero
Piovezzano
ex Forte Degenfeld
Ospedaletto
Pagliari
S. Faustino
Pastrengo
S. Lucia
Saline
Can. Alto Veronese
Fiume Adige
Can. Medio Adige
San Gaetano
Canevaworld
Gardesana Orientale
Dugale del Paìo
R. Bisàola
Arc
Parco Zoo del Garda
Madonna della Neve
Colà
Parco Natura Viva
BUSSOLENGO
Pacengo
Sandra
l'Immacolata
A 22
E 45
D. dei Ronchi
Ronchi
San Martino
Palazzolo
Gardaland
CASTELNUOVO del Garda
Bosco
Confine
Fortezza
SONA
249
450
12
11

D
E
F
1
2
3
4
Cava di Marmo
Ponte naturale di Veia
Molina
Cascate di Molina
Parco d. Cascate di Molina
1031 m
Boar
Cerna
Vaggimal
Corso
Corbiolo
Masua
Manune
M. Tesoro 917 m
Giare
Lughezzano
Grotta di Campore
R. Mandrago
Bellori
S. Cristina
Fane
E5
Grotta del Mondo
Vaio delle Cavazze
Vaio dell' Anguilla
M. Noroni 788 m
Prun
Lugo
Cerro Veronese
M. Rumala 704 m
Corrubio
Vaio Pangoni
Cavalo
Castel Colombare
Castel Bugna
Mazzano
Castel Pissoti
S. Rocco
Vaio Caramalda
Pràole
M. Rivoli 642 m
Madonna di Valverde
Pezza
Progno di Fumane
Purano
Torbe
Marano di Valpolicella
Busoni
Progno di Valpantena
Vaio di Cavalo
Alcenago
Rosaro
Casotto Calisto
S. Ciriaco
Stallavena
Fumane
Ca Bepetto
Prognol
Villa
Paverno
Negrar
M. Tondo 704 m
Casterna
Valgatara
S. Micheletto
M. Sarte 586 m
S. Peretto
Grezzana
S. Floriano
Montecchio
Costagrande
Pietro Cariano
S. Vito
Progno Gallina
Novare
Castelrotto
Pedemonte
S. Maria
Progno Borago
Quinto di Valpantena
Negarine
Le Sassine 323 m
Arbizzano
Progno di Quinzano
Sta Maria in Stelle
12
Pescantina
Parona di Valpolicella
ex Forte Parona
S. Vito al Mantico
Aeroporto turistico
la Crocetta
Poiano
S. Rocchetto
la Sorte
S. Martino
Avesa
Fiume l'Adige
Madonnina
Porcelia
Bassone
Chievo
S. Leonardo
Progno Nuovo
VERONA
Croson
11
Ca di Capri
Borgo Trento
Piazza delle Erbe
San Mássimo
S. Zeno Maggiore
Borgo Milano
Arena
Verona-Nord
Valpantena

Abbildungsnachweis
Gottfried Aigner, München S. 1, 18, 26, 36, 45, 50, 59, 67, 71, 76, 109, 112, 113, 129, 141, 143, 156, 159, 167, 182, 192, 201, 202, 206/207, 209
Archiv für Kunst und Geschichte, Berlin S. 24
Manfred Braunger, Freiburg S. 138, 177, 190/191,
Hedda Eid/laif, Köln S. 10, 14, 96/97 100, 104, 106, 136, 171, 178/179
Gerhard Heidorn/laif, Köln S. 48, 62/63
Joachim Hellmuth, Seeshaupt Titelbild, vordere Umschlagklappe, hintere Umschlagklappe, S. 54/55, 68, 81, 84/85, 121, 145, 152, 161, 164/165, 205
Heiko Specht/laif, Köln S. 29, 42, 174/175
Reinhardt Scholz, Düren S. 131
Martin Thomas, Aachen S. 2/3, 8, 32, 38, 40, 90, 92/93, 115, 119, 124/125, 126, 133, 148, 150, 197, 210

Abbildungen
Titelbild: Der alte Hafen von Torri del Benaco
Vordere Umschlagklappe: Fähre vor Torri del Benaco
Hintere Umschlagklappe: Die Uferstraße Gardesana Occidentale
S. 2/3: Blick auf das Nordufer mit Riva, dem Monte Brione und Tórbole

Kartografie
Gerald Konopik, Puchheim

Danksagung:
Die Autorin dankt den Musaghesi für die herzliche Aufnahme in ihrem Dorf.

Die Deutsche Bibliothek – CIP-Einheitsaufnahme

Nenzel, Nana Claudia
Gardasee mit Verona / Nana Claudia Nenzel.
– Köln: DUMONT Reiseverlag, 2002
(Reise-Taschenbuch)
ISBN 3-7701-5925-X

Grafisches Konzept: Groschwitz, Hamburg

Druck: Rasch, Bramsche
Buchbinderische Verarbeitung: Bramscher Buchbinder Betriebe

Printed in Germany ISBN 3-7701-5925-X